MW01707280

RELIGIONS
DU MONDE

PEACE
salvation
love

RELIGIONS DU MONDE

ORIGINES • HISTOIRE • PRATIQUE • FOI • CONCEPTION DU MONDE

FRANJO TERHART
JANINA SCHULZE

p

Sommaire

L'ISLAM 72

L'HINDOUISME 120

AUTRES RELIGIONS 254

Préface

Croire en quoi? Dans cet essai publié en 1999, l'écrivain italien de renommée internationale Umberto Eco (né en 1932) et l'évêque de Milan Carlo Maria Martini (né en 1927) avancent la thèse d'une crise morale des Églises chrétiennes et s'interrogent sur le sens de cette crise : le non-croyant serait-il incapable de distinguer entre le bien et le mal? La foi en Dieu est-elle le seul salut pour l'homme? Ou encore, s'interroge Umberto Eco, les non-croyants disposent-ils aussi de critères à l'aune desquels ils distinguent entre le bien et le mal? Et, si tel est le cas, ne s'agit-il pas aussi d'une forme de religion?

La distinction entre le bien et le mal, à savoir le respect des commandements de Dieu mais aussi leur rejet, constitue la question centrale de la religion. L'étymologie du mot «religion» (du latin *religare,* relier) évoque le «rétablissement d'un lien» avec le Créateur, mais le terme peut aussi être compris au sens de «culte et reconnaissance de l'autorité». Dans la religion au sens de lien au Créateur, l'homme se remet de lui-même entre les mains de Dieu et s'en remet entièrement à lui. L'homme doit se soumettre à Dieu et suivre ses commandements; en contrepartie, il attend de Dieu sa protection et, de surcroît, une vie meilleure après la mort. Si l'on considère le nombre important de religions qui placent Dieu au centre de la vie, cette conviction semble compréhensible. Les visages de ce Dieu sont multiples : chrétiens, juifs et musulmans reconnaissent en lui un être supérieur créateur de l'Univers, qui n'a rien à voir avec le principe sans visage du taoïsme. Un astrophysicien comme Stephen Hawking (né en 1942), qui réfléchit sur l'Univers et les trous noirs, voit en Dieu l'incarnation des lois de la physique : quelque chose qui se développe dans le monde et avec lui.

Cet ouvrage présente les principales religions connues, classées selon le nombre de leurs fidèles à l'heure actuelle. On dénombre ainsi environ 2 milliards de chrétiens, 1,3 milliard de musulmans, 830 millions d'hindouistes, 380 millions de taoïstes, 360 millions de bouddhistes, 12 millions de juifs et 6,5 millions de confucianistes. Tao, Brahmâ, Jahvé, Allah, Dieu sont autant de dénominations pour désigner l'insaisissable. D'ailleurs, des mystiques hindous ont souligné qu'un croyant ne saurait affirmer que seule sa religion est la vérité et que toutes les autres sont dans l'erreur, comme Ramakrishna (1836-1886) l'explicitait par une image : sur les rives opposées d'un lac immense, les peuples divers donnent des noms différents à l'eau qu'ils y puisent ; tous boivent cependant la même eau. C'est justement cette vérité que les religions ont du mal à reconnaître, aspirant, par essence, à se différencier et à se démarquer des autres.

Il est nécessaire d'approfondir ses connaissances sur une religion avant de pouvoir porter un jugement. Qui veut comprendre l'actualité, comme le conflit entre chiites et sunnites en Iraq, doit en connaître l'arrière-plan religieux et culturel. Cet ouvrage aborde avec le même souci du détail tant les grandes religions du monde – christianisme, islam, hindouisme, bouddhisme et judaïsme – que des religions moins diffusées, comme le confucianisme, le taoïsme, le bahaïsme, la religion des mandéens établis en Iraq, les religions traditionnelles pratiquées aux quatre coins du monde ou encore le shintoïsme japonais. Les monographies des religions sont articulées autour des points suivants : origines et histoire, foi et conception du monde, puis pratique. Quelle que soit sa motivation, toute personne trouvera dans cet ouvrage une mine d'informations.

LE
CHRISTIANISME

1

Origines et histoire du christianisme
Aux sources du christianisme

Un long chemin

La recherche des racines de la foi chrétienne pose une série de questions préliminaires. Quand le christianisme a-t-il pris sa forme actuelle? Y a-t-il – ou y avait-il à l'origine – un christianisme unifié? D'où provient et comment a évolué la foi dont se réclament à l'heure actuelle plus de 2 milliards de fidèles, soit la plus grande communauté de croyants de la planète?

Le christianisme a profondément marqué le monde. Sans lui, la civilisation occidentale ne serait pas ce qu'elle est. C'est cependant un long chemin qui a été parcouru, à partir de ce qui n'était au début qu'une secte juive rassemblée autour d'un prophète itinérant du nom de Jésus jusqu'à un système de croyances qui, bien au-delà de son berceau au Proche-Orient, s'est implanté sur tous les continents.

Hérode, roi des Juifs

L'histoire du christianisme commença au Ier siècle avant notre ère en Palestine. Depuis une soixantaine d'années, la Palestine était sous protectorat romain. Des rois vassaux de Rome, qui jouissaient d'une autonomie limitée, régnaient sur les provinces juives. L'un d'eux, Hérode Ier le Grand (73-4 av. J.-C.), fut nommé à la tête du pays des Juifs en 37 av. J.-C. La conversion de sa famille au judaïsme étant de fraîche date, il ne pouvait espérer au départ qu'une confiance limitée de la part du peuple.

Ci-dessous : Maquette de Jérusalem à l'époque d'Hérode.

À gauche :
Sous le règne d'Hérode (à partir de 37 av. J.-C.), le royaume des Juifs connut une renaissance.

Cependant, Hérode et sa famille protégèrent et défendirent la foi juive, et ce à une condition : la pratique de cette religion ne devait en aucun cas porter atteinte à la puissance de l'État romain.

Pharisiens et sadducéens

À l'époque de Jésus, deux sectes avaient la suprématie en Palestine : les sadducéens et les pharisiens.

Les sadducéens formaient l'élite juive : ils jouaient un rôle politique éminent, et le grand prêtre était souvent issu de leurs rangs. À la destruction du second temple de Jérusalem (70 apr. J.-C.), ils perdirent cependant leur assise religieuse et économique. Jusqu'à cette date, ils avaient représenté l'élite conservatrice et composé avec l'occupant romain. Leur foi reposait exclusivement sur les cinq livres de Moïse : ils ne reconnaissaient aucune tradition orale postérieure, contrairement aux pharisiens.

Ces derniers étaient issus des couches inférieures de la société : ils comptaient dans leurs rangs avant tout des artisans et autres laïcs, mais aussi des docteurs de la Loi jouissant d'une grande considération, ce qui leur garantit un statut social élevé du vivant de Jésus. Ils se considéraient comme les juifs authentiques et appliquaient le canon de la foi à leur vie quotidienne. Ils se concentraient sur l'interprétation des textes, appliquaient les règles à la lettre et ne reconnaissaient le leadership des saducéens que partiellement ; ils exigeaient une séparation entre la religion et l'État : le roi devait choisir entre le trône et la fonction de grand prêtre. De plus, les pharisiens étaient assujettis à deux obligations : d'une part, se conformer à la loi de Dieu de la manière la plus rigoriste qui soit ; d'autre part, propager la croyance en la fin prochaine du monde et dans le Jugement dernier. Ils attendaient aussi la venue d'un messie oint de l'Éternel, qui libérerait Israël.

À gauche :
Jésus prêche à Jérusalem. De la secte juive de la première heure jusqu'au christianisme, un long chemin a été parcouru.

Jésus

Le Jésus historique

Il y a deux mille ans, un homme du nom de Jeshua Ben Josef parcourait le désert de Judée en prêchant. Jeshua signifie «Il sauvera», ou bien «Dieu aide». On ne dispose guère d'informations fiables sur la vie réelle de ce personnage, seuls les rois et autres grandes figures de l'histoire ayant laissé des annales, des chroniques écrites.

Jésus était le fils de Joseph, charpentier à Nazareth, un petit village de Galilée qui comptait alors de deux cents à trois cents âmes. Sa mère, Marie, était – selon les Évangiles – «une vierge». On suppose aujourd'hui qu'il s'agissait d'une distinction symbolique, compte tenu de la nature déclarée divine de cet enfant.

La naissance de Jésus remonte au moins à l'an 4 avant notre ère, car on sait qu'elle eut lieu sous le règne d'Hérode. C'étaient des temps d'instabilité économique, où il n'était pas rare de s'endetter lourdement. Quiconque n'était pas en mesure de régler ses dettes risquait l'esclavage.

Hérode mourut quatre ans avant notre ère. C'est au VIe siècle seulement que le moine scythe Denis le Petit fixa le début de notre ère, en prenant comme point de départ l'année considérée comme étant celle de la naissance du Christ. C'est ce calendrier qui mesure encore à l'heure actuelle le temps de l'histoire de la civilisation chrétienne et, sauf de rares exceptions, celui du monde entier.

Les récits des Évangiles

Ce sont les quatre Évangiles qui fournissent le plus d'informations sur la vie de Jésus, à cette réserve près qu'il ne s'agit pas de récits historiques mais de témoignages : des récits sur la résonance que la vie et les enseignements de Jésus eurent chez ses contemporains. C'est pourquoi il faut les lire dans le contexte du judaïsme au Ier siècle.

Il en ressort néanmoins quelques informations sur l'identité de Jésus : Jésus naquit l'année de la mort d'Hérode à Nazareth, village insignifiant sur le plan politique. Ses parents étant juifs, il avait pour langue maternelle l'araméen. Il était l'aîné d'une fratrie vraisemblablement nombreuse.

À gauche :
Jean-Baptiste était le fils du prêtre Zacharie et de sa femme Élisabeth (une cousine de Marie). Il annonçait la venue du Messie et baptisait les gens en signe de rédemption des péchés. Jésus se fit lui aussi baptiser par Jean, et cela se passa dans les eaux du Jourdain.

Ci-contre :
À l'origine disciple de Jean, Jésus se mit vite à prêcher lui aussi. Dans ses voyages missionnaires, il rassemblait autour de lui des personnes auxquelles il prodiguait son enseignement.

Jeunesse et premières apparitions publiques

On suppose que, comme son père, Jésus apprit le métier de charpentier. Très certainement, il connaissait les textes religieux ainsi que les préceptes des pharisiens. En effet, à cette époque, de nombreux prédicateurs itinérants parcouraient le pays, exorcisaient les démons, réalisaient des miracles et alimentaient la croyance en un messie, qui serait un roi de la tribu de David et libérerait le peuple d'Israël, marquant ainsi l'avènement de temps meilleurs. Jésus lui aussi croyait à l'avènement du royaume de Dieu. Jean le Baptiste, également prédicateur itinérant, baptisa Jésus dans les eaux du Jourdain, rituel censé assurer la vie éternelle dans le royaume de Dieu imminent. Jésus aurait ainsi été disciple de celui que l'on appelle depuis Jean-Baptiste.

Alors âgé de trente ans, Jésus commença à prêcher lui-même, après que Jean-Baptiste, qui avait attiré le courroux des Romains sur lui, avait été exécuté. Ses enseignements se diffusèrent rapidement, car ils attaquaient l'occupant romain et promettaient au peuple un avenir radieux. Jésus prêchait le judaïsme de son temps, confirmant que Dieu s'était révélé à Moïse dans les cinq livres. Mais ses enseignements allaient plus loin. Il apparaissait souvent en public sur les rives du lac de Tibériade, et une foule de disciples de plus en plus nombreuse l'accompagnait dans ses déplacements. Contrairement aux pharisiens, qui avaient une interprétation et une pratique très rigoristes des lois que Moïse avait reçues de Dieu, Jésus mettait l'accent sur l'indépendance du jugement et de l'interprétation des Écritures.

Le prénom Jésus

Jésus est une variante de Josué, forme francisée du nom hébreu Jeshua ou Joshua. Ce prénom, très répandu en Espagne, est aussi donné en France, surtout dans les familles d'origine espagnole. Néanmoins, depuis 1940, seules 692 personnes ont reçu ce prénom en France (source : Insee).

Page ci-contre :
Les parents de Jésus se rendirent à Jérusalem pour satisfaire à l'obligation de recensement. Arrivant de nuit, ils ne trouvèrent pas d'hébergement, et c'est ainsi que Marie mit son fils au monde dans une étable.

Ci-dessus :
La Cène, le dernier repas pris par Jésus en compagnie des douze apôtres, ses disciples, a inspiré un sacrement chrétien, l'eucharistie, célébré en mémoire de ce moment.

La réinterprétation de la Loi

Jésus tenta de contrer l'obéissance aveugle aux lois. Il avait compris que Dieu, mais aussi la foi risquaient de devenir inaccessibles derrière un code qui comportait plus de six cents règles. C'est ainsi qu'il entreprit de réinterpréter la Loi juive, mais aussi de la réfuter partiellement, comme avec l'affirmation qu'on lui prête : « Le sabbat a été fait pour l'homme, et non l'homme pour le sabbat » (Marc, 2,27). Jésus répandit la représentation d'un Dieu qui n'évalue pas les hommes à l'aune de leurs richesses temporelles, mais à la manière dont ils se comportent à l'égard de leur prochain. Le commandement d'aimer son ennemi (un des messages centraux du *Sermon sur la montagne*) est certes reconnu comme une invitation à rompre le cercle vicieux de la violence et des représailles, mais n'est pas vraiment compris ni mis en pratique par tout le monde. Les idées de ce prophète fascinaient ses contemporains, qui le regardaient cependant d'un œil critique.

Un enseignement explosif

Jésus dispensait des enseignements révolutionnaires et prêchait l'amour. Selon lui, tous les hommes étaient égaux, du roi aux esclaves, en passant par les mendiants. Or le monde était encore sous domination romaine, avec un système de classes et la pratique de l'esclavage. La liberté prêchée par Jésus était un détonateur social, en ceci qu'elle comportait des idées susceptibles de renverser l'ordre établi. Des préceptes tels que « Tu aimeras ton prochain comme toi-même » ne pouvaient guère trouver d'écho auprès des puissants, dans une société qui avait pour fondements l'oppression et l'exploitation des peuples soumis. Cela est particu-

Les Évangiles

Les douze disciples de Jésus, ses apôtres, voyaient en lui le Fils de Dieu. Ce point de vue n'étant pas autorisé par le judaïsme, ils prirent ainsi leurs distances par rapport à cette religion.

Après la mort de Jésus, les apôtres entreprirent de consigner ce qu'ils avaient vu et entendu. Les quatre Évangiles rapportent la vie de Jésus, à la manière de biographies qui porteraient la marque de leur auteur. On attribue les Évangiles à Marc, Matthieu, Jean et Luc, sans que l'on ait jamais eu toutefois la preuve irréfutable qu'ils en étaient les auteurs.

lièrement manifeste dans le *Sermon sur la montagne* (Matthieu, 5-7) : l'idée d'une égalité devant Dieu donnait aux hommes un espoir nouveau. Pauvres et malades, mendiants et laissés-pour-compte des couches sociales défavorisées voyaient un avenir possible dans le royaume de Dieu annoncé par Jésus.

Jésus, le Messie qu'on attendait

Le peuple de Palestine aspirait à être libéré de l'occupant romain et des lourds tributs imposés par ce dernier. Aussi croyait-il avoir trouvé en Jésus son Messie, le descendant du roi David qui devait lui rendre sa liberté. En effet, ce roi avait jadis obtenu de Dieu la promesse que le pouvoir resterait entre les mains de ses descendants. Or la famille de Jésus descendait, disait-on, de David.

La crucifixion de Jésus

Jésus scella certainement son destin, lorsque, probablement vers l'an 30, il décida de se rendre à Jérusalem à l'occasion de la Pâque juive (voir le chapitre «Judaïsme», Pessah). La ville était envahie par les pèlerins, ce qui garantissait à Jésus un auditoire important. Cependant, les Romains remarquèrent vite l'agitateur venu de Galilée et agirent sur-le-champ. Ils arrêtèrent Jésus – ses sermons étaient considérés comme tout aussi dangereux que ceux de Jean le Baptiste quelques années auparavant. La tradition veut que le maître ait été trahi par l'un de ses disciples, l'apôtre Judas Iscariote. Jésus fut traduit devant le procurateur Ponce Pilate, qui finit par ordonner sa crucifixion, peine à laquelle les rebelles étaient généralement condamnés. Cicéron (106-43 av. J.-C.), orateur et homme politique, voyait dans ce mode d'exécution la mort la plus cruelle qui soit : le condamné devait porter lui-même sa croix jusqu'à son lieu d'exécution. Au regard du droit romain, la condamnation de Jésus s'était faite dans les règles. Le jour de son décès remonte, selon la tradition, à la veille de la fête de Pessah. Jésus décéda dans les heures qui suivirent sa crucifixion. On ignore où se trouve son tombeau, ce qui donne lieu de nos jours à bien des spéculations.

Ci-dessous, à gauche : En sa qualité de procurateur romain en Judée, Ponce Pilate (assis sur l'estrade, à droite sur le tableau), joua un rôle déterminant dans la condamnation à mort de Jésus de Nazareth.

Ci-dessous, à droite : Après un sermon à Jérusalem à l'occasion de la Pâque juive, Jésus fut arrêté et condamné à mourir sur la croix. Tradition orientale, la crucifixion était un mode d'exécution très répandu dans l'Antiquité pour punir les crimes graves.

Le christianisme primitif

Ci-dessous :
Devant les portes de Damas, Saül eut une vision. Il entendit une voix lui demander : « Pourquoi me persécutes-tu ? » Impressionné, il se fit baptiser Paul (du latin paulus, *petit).*

De Saül à Paul

Saül de Tarse (le futur saint Paul) s'est révélé être un des grands apôtres du christianisme. Ce pharisien rigoriste, qui avait par ailleurs reçu une éducation grecque, était issu de la diaspora juive établie en Grèce, qui regroupait des adeptes tant du judaïsme que du christianisme. Il persécuta les chrétiens jusqu'au jour où, sur le chemin de Damas, il eut une vision du Christ. Profondément impressionné, il se convertit au christianisme et prit le nom de Paul (du latin *paulus,* petit). Paul entreprit des voyages missionnaires en Asie Mineure et établit que les païens ne devaient pas se convertir au judaïsme avant de devenir chrétiens. On lui doit de nombreux écrits, qui comptent à l'heure actuelle parmi les documents les plus anciens du christianisme. Ces textes s'adressaient à l'origine aux communautés chrétiennes. Paul prêcha dans tout le pourtour du Bassin méditerranéen, avec pour port d'attache les communautés de Grecs ayant fui l'emprise romaine des années auparavant. Il se vit en fin de compte contraint de rejeter en bloc le corpus de lois de la Bible des Hébreux, acte qu'il

justifia en mettant en avant l'Alliance nouvelle que Dieu avait conclue avec les hommes par l'intermédiaire de Jésus. Il donnait une interprétation nouvelle du commandement d'amour, interprétation selon laquelle quiconque s'y conformait n'était pas automatiquement lié à la loi de la Torah. Dieu avait accueilli l'ensemble du genre humain dans sa nouvelle Alliance, et pas uniquement les juifs.

Sous l'influence marquée de Paul, la rupture avec la première communauté judéo-chrétienne fut consommée. Cette nouvelle liberté de culte gagna au message d'amour tous ceux qui s'étaient jusqu'alors réclamés du paganisme. Les conditions étaient réunies pour que le christianisme se répande dans d'autres cultures.

La diffusion du christianisme

Le christianisme avait désormais la possibilité de prendre ses distances par rapport à ses origines juives et de faire ses preuves en tant que religion à part entière. S'il continuait d'avoir pour fondement les Écritures saintes des juifs, son enseignement allait bien plus loin encore. Jésus-Christ était considéré par les premiers chrétiens comme le fondateur de leur religion. Il était le Messie, oint par l'Éternel, qui leur était apparu sous les traits de Jésus. C'était lui qu'ils voulaient désormais suivre.

La mort de Paul et la destruction du Temple

Paul poursuivit son œuvre d'évangélisation, avant de mourir en martyr en l'an 64, sous l'empereur Néron.

À Jérusalem, le pouvoir avait changé de mains, et la pratique rigoriste des pharisiens s'était de nouveau imposée.

Mais Paul avait effectué un excellent travail. En Grèce et dans de nombreuses régions du Bassin méditerranéen, de petites communautés chrétiennes s'étaient formées, qui entretenaient le lien avec l'Église primitive de Jérusalem et étaient suffisamment fortes pour surmonter la destruction fatale du Temple de Jérusalem.

Vers l'an 62, Jérusalem connut le soulèvement contre l'occupant romain qui s'était esquissé depuis longtemps. Les communautés chrétiennes durent alors choisir entre deux options : rester aux côtés des juifs ou suivre le nouveau précepte d'amour, ce qui signifiait se désolidariser de la communauté juive. Face à ce dilemme insoluble, les chrétiens de l'Église primitive optèrent pour la fuite et s'établirent en Transjordanie.

La rébellion tourna cependant à la catastrophe. Le Temple juif fut détruit, et les Romains interdirent à tout jamais aux Juifs de refranchir les portes de Jérusalem.

Ci-dessus, à gauche : Après sa vision, Paul devint l'un des plus grands évangélisateurs de la foi chrétienne. C'était un érudit, c'est-à-dire qu'il savait lire les Écritures et formuler des enseignements.

Ci-dessus, à droite : Paul, un Grec de la diaspora, prêchait notamment à Athènes, où il jouissait d'un auditoire important.

Les persécutions contre les chrétiens

Ci-dessus :
Les exécutions en place publique de chrétiens étaient un spectacle très populaire. Il n'était pas rare que des condamnés soient livrés en pâture aux lions sous les yeux de spectateurs enthousiastes.

Des temps difficiles

Dans les temps qui suivirent l'exécution de Jésus, les grands prêtres sadducéens tentèrent d'affermir leur pouvoir. Ce mouvement dissident, qui prêchait la liberté et l'amour, les gênait fortement. De plus, tout soulèvement populaire était mal vu et contenu en application du droit romain. On soupçonna vite la doctrine chrétienne d'être en rébellion contre l'État. Si on la toléra dans un premier temps, c'est sous Festus, le successeur de Ponce Pilate, que la première lapidation eut lieu. Étienne fut lapidé pour blasphème en l'an 36. Cela marqua le début d'une vague de persécutions qui frappa dans un premier temps avec la même violence juifs et chrétiens. Les chrétiens furent nombreux à se réfugier dans les territoires limitrophes. Les Romains en étaient arrivés à vénérer leur empereur comme un dieu et à faire des sacrifices en l'honneur non seulement des dieux, mais encore de l'empereur, ce qui était contraire à la doctrine chrétienne, qui interdit de vénérer des hommes.

Quand la foi chrétienne commença à rassembler de plus en plus de fidèles, les Romains virent en elle un danger grandissant. C'est ainsi qu'en l'an 67 des incendies, ordonnés probablement par l'empereur Néron, ravagèrent des quartiers de Rome habités principalement par des chrétiens. À l'époque, on attribua la responsabilité de ces incendies aux chrétiens, que l'on exécuta en place publique : ils furent livrés en pâture aux lions dans l'arène, condamnés à l'exil ou crucifiés.

Si cette exécution de masse demeura un cas isolé, les persécutions ne cessèrent pas pour autant. De nombreux chrétiens préféraient mourir plutôt que d'abjurer leur foi. Et, au cours du siècle suivant, le nombre de chrétiens continua d'augmenter.

En 313, l'empereur Constantin établit, par l'édit de Milan, la liberté religieuse, ce qui marqua un tournant décisif dans l'histoire du christianisme.

L'alliance de l'Église et de l'État

L'empereur Constantin (306-337) reconduisit en 313 un édit de tolérance proclamé deux ans auparavant, ce qui l'amena à soutenir plus fermement la liberté de culte. Plusieurs croyances religieuses coexistaient désormais.

Vers la fin du IVe siècle, le christianisme fut déclaré religion d'État, événement d'une portée historique considérable : dès lors, religion et politique allaient être de plus en plus étroitement liées, et ce qui était à l'origine une religion des pauvres et des personnes sans défense allait devenir au fil des années un instrument de pouvoir pour le souverain et les élites dirigeantes. L'alliance des pouvoirs religieux et temporel prit au Moyen Âge une telle ampleur qu'une personne suffisamment fortunée et influente pouvait faire l'acquisition d'une charge ecclésiastique. Des familles nobles « casaient » ainsi leurs fils, non sans espérer des avantages matériels en retour. On justifiait même des guerres au nom de l'Église. On tuait au nom de l'amour : pour être admis dans le royaume de Dieu, il fallait convertir les autres au christianisme.

Le message chrétien d'amour et de générosité fut dénaturé à ce point que les croisades furent considérées comme compatibles avec les enseignements chrétiens et reçurent la bénédiction de l'Église. L'enseignement d'origine visant à rompre le cercle vicieux de la violence fut alors occulté. L'Église était désormais devenue un pouvoir temporel.

À gauche :
L'empereur Néron exerça le pouvoir à Rome entre 54 et 68. Connu pour ses penchants artistiques, il n'était guère apprécié du Sénat.

Ci-contre :
Saint Étienne serait l'un des premiers martyrs chrétiens. La lapidation, pratique déjà connue à l'époque, représentait une forme de purification. Étienne dut ainsi expier le blasphème dont on l'accusait.

Le christianisme devient religion d'État

La propagation de la foi

Dans l'encadré :
Cette statue de saint Pierre a été érigée dans la cité du Vatican en l'honneur du premier pape de l'Église catholique.

Vers la fin de l'Antiquité, le christianisme fut proclamé religion d'État par l'empereur Constantin. Il s'ensuivit trois conciles, à savoir des assemblées d'évêques, qui avaient pour objectif de fixer les fondements de la foi. Or les évêques ne parvinrent pas à s'entendre sur tous les points. Déjà, sur la question de la nature divine de Jésus les premières divergences se firent jour. Cela n'entrava cependant pas le développement ultérieur de l'Église. Ses missionnaires commençaient par convertir des villes entières. Une fois que la population d'une ville avait été évangélisée, l'évêque de ladite ville propageait lui-même la foi dans les villages environnants. C'est ainsi qu'apparurent des circonscriptions administratives, les diocèses (du grec *dioikesis,* administration, province). Les paysans embrassaient généralement la foi de leur seigneur. On donnait aux évêques particulièrement influents le nom de patriarches dans les territoires orientaux et celui de papes (du latin *pater,* père) à Rome. Les évêques de Rome avaient à cœur d'évangéliser et d'étendre leur sphère d'influence. Ils convertirent de nombreux membres de la classe dirigeante, ce qui accrut le crédit dont ils jouissaient et leur permit d'exercer leur autorité par-delà les frontières de l'Empire romain. Les membres de la commu-

Pierre, le premier pape

Pierre a été investi par Jésus de la fonction de premier pape : « Tu es Pierre, et sur cette pierre je bâtirai mon Église. » À Rome, sur la tombe de cet apôtre mort en martyr s'élève la basilique Saint-Pierre. Le pape s'exprime au nom du collège d'évêques. Bénéficiant du soutien de Dieu, il est considéré comme infaillible dans l'exercice de ses fonctions. Ses décisions sont inattaquables, définitives, et font autorité au sein de l'Église catholique.

À droite :
En 325, l'empereur Constantin convoqua le concile de Nicée pour écarter la menace d'un schisme au sein du christianisme.

nauté chrétienne étant pour certains très riches, ils étaient en mesure d'apporter un soutien financier à d'autres communautés.

Le premier concile œcuménique

Les patriarches d'Orient virent dans le pouvoir grandissant de la communauté de Rome une menace pour leur liberté de décision. Les victoires de Constantin sur les troupes de Maxence en 312 et de Licinius en 324, qui le rendirent maître de l'Empire romain, mirent un terme à la querelle entre Orient et Occident. En 313, Constantin plaça le christianisme sur un pied d'égalité juridique avec les autres religions. Dans l'espoir que cette nouvelle doctrine stabilise son empire récemment conquis, Constantin entreprit de fédérer les Églises chrétiennes. Mais les divergences entre les différentes doctrines étaient devenues si importantes qu'il était impossible de les concilier. Pour faire face à la menace d'une scission du monde chrétien, l'empereur convoqua en 325 un concile où l'ensemble des 1800 évêques aurait dû arrêter une foi unique. Or ils ne furent qu'environ 300 à participer à ce débat, le premier depuis le concile apostolique de Jérusalem. Ce que l'on appelle le concile de Nicée est néanmoins entré dans l'histoire comme premier concile œcuménique, c'est-à-dire universel.

L'un des points les plus âprement discutés fut la question de la véritable nature de Jésus : un être créé par Dieu et donc mortel, ou un être d'essence divine, donc immortel. Les évêques finirent par s'entendre sur cette dernière théorie et par reconnaître aussi la divinité du Saint-Esprit. La Sainte-Trinité était désormais officiellement établie. Si tous les évêques signèrent la confession de Nicée, l'Église ne surmonta pas son schisme.

Ci-dessous : À la veille de sa bataille décisive contre Maxence, Constantin, qui s'était converti au christianisme, eut la vision de la croix du Christ avec cette formule grecque : « En toutô nika » *(Par ce signe tu vaincras). En 313, l'empereur Constantin fit du christianisme la religion officielle de l'Empire romain.*

La fondation des Églises catholique romaine et orthodoxe

Ci-dessous : Rome abrite la cité du Vatican, une enclave territoriale indépendante où vit le pape, ou souverain pontife, chef de l'Église catholique romaine.

La rivalité Rome-Constantinople

Les dissensions entre évêques byzantins et romains à propos du célibat des prêtres, du culte et de divers points de doctrine débouchèrent sur ce que l'on appelle le schisme d'Orient : les communautés hellénophones d'Orient se séparèrent des communautés d'Occident, qui parlaient le latin. C'est ainsi que se formèrent deux centres de la vie religieuse : Rome resta celui des catholiques, tandis que Constantinople (actuelle Istanbul) devenait celui des orthodoxes. Dans l'Empire byzantin, comme on appelait désormais aussi l'Empire romain d'Orient, le monarque continua d'être le chef de l'Église jusqu'au XVe siècle, ce qui lui

L'Église orthodoxe

En 1054, le schisme d'Orient fut consommé. L'Église orthodoxe avait désormais à sa tête un patriarche et refusait de reconnaître l'autorité du pape.

Les chrétiens orthodoxes rejettent la Sainte-Trinité et s'en tiennent aux pratiques des premiers temps apostoliques. Ainsi, l'onction chrismale, sacrement correspondant à la confirmation dans le rite latin, est administrée peu après la naissance. Les prêtres orthodoxes, que l'on appelle des popes, sont ordonnés par les évêques. Un pope qui aurait été marié avant son ordination peut le rester. Il faut cependant avoir d'abord été moine et avoir respecté le célibat pour pouvoir être nommé évêque.

L'Église orthodoxe se caractérise aussi par le culte des icônes, dans lequel la personne (Jésus, la Vierge ou un saint) à vénérer est représentée de manière à rendre visible sa beauté intérieure. Le croyant peut alors communiquer directement avec elle en embrassant son image ou en lui adressant une prière, par exemple.

permit d'asseoir ses pouvoirs tant temporel que religieux. L'Église orthodoxe connut elle-même des schismes, notamment la création de l'Église copte d'Égypte. À la suite de la prise de Constantinople par les musulmans en 1453, de nombreux orthodoxes se convertirent à l'islam, tandis que d'autres partaient évangéliser l'Europe du Nord et de l'Est. Ces derniers créèrent l'alphabet cyrillique pour faciliter la diffusion écrite des Évangiles dans les pays de langues slaves. C'est ainsi que Kiev devint le centre politique et religieux orthodoxe, avant d'être supplantée par Moscou, où le christianisme fut proclamé religion d'État de la Russie au IXe siècle. Comme tous les territoires orthodoxes, à l'exception de la Russie, étaient passés sous la domination des musulmans, l'évêque de Moscou prit solennellement le titre de patriarche.

Le pape règne sur tout l'Occident

La papauté, à Rome, devint elle aussi plus puissante : l'évêque de Rome en vint à contrôler les territoires d'Occident dans leur intégralité. Le travail d'évangélisation mené jusque dans les îles Britanniques permit à l'Église d'accroître considérablement le nombre de ses fidèles ainsi que ses propriétés foncières, souvent grâce à des dons généreux de la part des seigneurs. La papauté eut bientôt suffisamment de pouvoir pour être en mesure d'imposer son autorité même à des souverains puissants. À la fin du XIIIe siècle, le pape Boniface VIII tenta même de soumettre l'ensemble du pouvoir temporel à l'autorité de l'Église. Cela aurait débouché sur un christianisme unifié si un sentiment national n'avait pas commencé à se faire jour au même moment dans les différents pays. En effet, la guerre de Cent Ans qui opposa le royaume de France à celui d'Angleterre à partir de 1337 entraîna une scission de la papauté.

La communion orthodoxe orientale

Le concept d'Église orientale recouvrait autrefois les Églises de la chrétienté d'Orient fondées aux Ve et VIe siècles. Il en est une qui a subsisté jusqu'à nos jours : l'Église copte d'Égypte. Après le bannissement du patriarche d'Alexandrie, les coptes se séparèrent de l'Église catholique, pour se rapprocher de l'Église orthodoxe. Ils rejettent la double nature humaine et divine de Jésus. L'Église copte compte 3 millions de fidèles, établis principalement en Égypte, au Soudan, dans le sud et l'est de l'Afrique, en Palestine et en Amérique du Sud.

Ci-dessus : Sainte-Sophie (Hagia Sophia), à Istanbul, fut autrefois la première église et le centre du royaume byzantin. De nombreux orthodoxes la considèrent encore aujourd'hui comme un sanctuaire, bien qu'elle ait été convertie en mosquée puis en musée. Son architecture a été maintes fois copiée.

Page ci-contre, dans l'encadré : Dans le rite orthodoxe, les icônes sont censées établir le contact avec les saints, d'où le culte que les fidèles leur vouent.

La querelle des Investitures

Ci-dessous :
Après sa déposition par le pape Grégoire dans le cadre de la querelle des Investitures, le roi de Germanie Henri IV entreprit un voyage d'humiliation de Spire à Canossa pour obtenir la levée de son excommunication et recouvrer ainsi sa totale liberté d'action.

Des temps troublés

Au XIe siècle, on assista à l'émergence des ordres des chevaliers, ainsi que d'autres structures préparant l'avènement de la bourgeoisie. Le modèle ancien que constituait le système féodal se fissura et, du point de vue de l'histoire des idées, il se développa avec la scolastique un système fondé sur la raison. Le pape Grégoire VII (1073-1085) exigea un renforcement du soin avec lequel les ecclésiastiques exerçaient leur ministère et mena énergiquement une série de réformes : farouchement opposé au mariage des prêtres, il exhorta les fidèles à ne plus suivre les messes dites par des prêtres mariés. Jusqu'alors, avoir une épouse légitime et des enfants n'avait rien d'exceptionnel pour un prêtre. Les enfants des prêtres furent alors asservis et comptabilisés comme biens de l'Église, tandis que les épouses étaient rabaissées au statut de concubines.

Grégoire VII poursuivit ses objectifs de manière implacable. Il se heurta dans un premier temps à une résistance acharnée, de la

À gauche :
Cette peinture médiévale représente Henri IV agenouillé devant l'abbé de Cluny et la comtesse Mathilde.

part des prêtres essentiellement. Ses réformes trouvèrent cependant progressivement un soutien dans les rangs du peuple.

Un autre point de discorde était l'investiture des abbés et des évêques par le pouvoir temporel, c'est-à-dire laïque. Grégoire VII interdit cette pratique en 1075, ce qui lui attira les foudres du roi de Germanie Henri IV. Excommunié et déposé par le pape, Henri IV alla ensuite à Canossa implorer le pardon de ce dernier, qui fit tout de même élire Rodolphe de Souabe roi de Germanie, en concurrence avec Henri IV.

À l'issue de plusieurs guerres civiles, Henri IV revint au pouvoir, renversa Grégoire VII et se fit couronner empereur par Clément III. Dans les années qui suivirent, l'Église ne parvint jamais à exercer pleinement son droit de regard sur la nomination des évêques.

Le concordat de Worms

En 1122, le concordat de Worms mit fin à la rivalité entre le pape et le souverain temporel à propos de l'investiture des évêques. Désormais, l'empereur Henri IV renonçait au droit d'accorder les insignes de l'évêque que sont l'anneau et la crosse, et reconnaissait à l'Église le droit de nommer librement les évêques. En contrepartie, l'Église s'engageait à élire abbés et évêques en présence de fonctionnaires impériaux, ce qui garantissait à l'empereur un certain contrôle.

Cet accord mit certes fin à la querelle des Investitures, mais il désacralisa l'empereur. La rupture entre le pouvoir impérial et la papauté était dès lors consommée.

La réforme grégorienne

Si la réforme vécue par l'Église au XIe siècle est passée à la postérité sous le nom de « réforme grégorienne », le pape Grégoire VII n'en fut pas l'unique artisan.

Par-delà la question de l'investiture des ecclésiastiques, il s'agissait pour le Vatican de redéfinir la relation entre l'Église et l'État. Aux yeux de l'Église, seul celui qui obéissait à ses règles respectait la volonté de Dieu. Un souverain, roi ou empereur, était considéré comme une personne dont le salut de l'âme était constamment menacé par son activité temporelle, et par là même vile.

Ci-dessous :
Le pape Grégoire VII fut un personnage central de la querelle des Investitures. Il dénonça des dysfonctionnements au sein de l'Église, tels la simonie (trafic d'objets du culte, de sacrements et de charges) et le mariage des prêtres, et entreprit une réforme de l'Église.

L'Église, la croix et l'État

À droite :
Richard Cœur de Lion à la tête des croisés pendant la troisième croisade (1189-1192), lors de la bataille d'Arsouf (aujourd'hui Tel-Arshaf, en Israël), en 1191.

Les croisades

La première croisade (1096-1099), lancée à l'issue du concile de Clermont (nov. 1095), en Auvergne, par le pape Urbain II (v. 1042-1099), avait pour objectif de chasser les musulmans de Terre sainte et de convertir des non-croyants. En 1099, les croisés prirent Jérusalem, qui allait cependant retomber entre les mains des musulmans un siècle plus tard. La quatrième croisade (1202-1204), ordonnée par Innocent III (1160-1216), mena les croisés à Constantinople. Sous couvert de cette mission sainte, l'Église guerroyait contre l'ensemble de la communauté des non-croyants, contre l'Empire byzantin essentiellement. De 1096 à 1270, la chrétienté entreprit huit grandes croisades, ainsi qu'une kyrielle d'expéditions de moindre importance. Les croisades modifièrent l'échiquier politique, contribuèrent à la naissance d'États croisés au Proche-Orient et firent de nombreuses victimes dans la population civile, décimant des villes entières. L'idée de croisade eut en outre des conséquences d'une portée considérable : elle présentait les musulmans comme des païens barbares, dont l'extermination était souhaitée. Cette représentation de l'ennemi fut promptement appliquée à d'autres peuples : les premières victimes des croisades furent les juifs de Rhénanie. Et environ un siècle plus tard, on appela à des croisades contre des chrétiens renégats. L'Inquisition repose elle aussi sur la pratique des croisades. Le christianisme donne l'impression d'avoir utilisé la destruction de l'église du Saint-Sépulcre pour justifier des siècles d'intolérance contre les personnes appartenant à une confession différente ou contre les hérétiques. Ils furent des millions à passer au fil de l'épée, que l'on dégainait au nom de Dieu.

Poursuivant aussi des objectifs économiques et politiques, les croisades n'eurent cependant aucun résultat durable en ce domaine.

Page ci-contre, en haut :
Faire périr par le feu en place publique des personnes accusées de sorcellerie était une pratique très répandue. Si les victimes de cette psychose furent principalement des femmes, on exécuta aussi des hommes, voire des enfants.

Page ci-contre, en bas :
Le recours à la torture pendant les interrogatoires ne laissait souvent à l'accusé pas d'autre choix que d'avouer sa culpabilité. Les condamnations prononcées par les tribunaux de l'Inquisition reposaient essentiellement sur des témoignages, faisant fi des preuves matérielles.

Les premiers ordres de chevalerie

On assista à l'époque des croisades à la création de grands ordres de chevalerie, comme ceux des hospitaliers du Temple, ou Templiers, et des Frères de l'hôpital Saint-Jean de Jérusalem, ou Hospitaliers. Leurs membres se dévouaient à la protection des lieux saints en Palestine et s'étaient donné pour mission de protéger les pèlerins ainsi que de soigner les malades et les blessés. L'ordre du Temple fut fondé en 1119 par neuf chevaliers français sur le mont Moria, à Jérusalem, et reconnu en 1129 par le pape à l'occasion du concile de Troyes. Sa règle fut rédigée par Bernard de Clairvaux, canonisé par la suite. Les moines de cet ordre présentaient la particularité d'être aussi des soldats : ils avaient le droit de tuer au nom du Christ. Ils occupaient des postes de commandement au sein des troupes, tandis que l'ordre tirait ses revenus de propriétés foncières répandues de l'Écosse à la Terre sainte et du Portugal à la Grèce. Cet ordre était donc riche et puissant, ce qui lui valut d'être dissous en 1312 par le pape Clément V au motif d'hérésie et d'atteinte aux bonnes mœurs. L'autorité ecclésiastique confisqua ses biens et les remit à l'ordre des Hospitaliers de Saint-Jean. Ces derniers ne s'étaient pas illustrés par des faits d'armes contre les ennemis de la chrétienté, mais par leur engagement au service des malades et des démunis, dans la plus pure tradition de l'idéal de la chevalerie.

L'Inquisition

La croyance en la magie

Dès le haut Moyen Âge, le fanatisme religieux se manifesta par la persécution des hérétiques, pour déboucher sur la mise en place de l'Inquisition. Or, la frontière entre hérésie – tout écart par rapport à la doctrine – et sorcellerie était depuis toujours mouvante. De vagues récits de pactes avec le diable ou de sorcières chevauchant des balais la nuit entretenaient dans la population une hystérie de masse qui fit de plus en plus de victimes. Pour échapper au supplice des procès en sorcellerie, les prévenues avouaient des faits qui leur étaient totalement étrangers. Elles avouaient par exemple s'être ointes d'un onguent spécial avant d'enfourcher un balai pour se rendre au sabbat de sorcières ou encore d'avoir ensorcelé la vache du voisin de manière qu'elle ne donne plus de lait. Au regard du droit romain, les sortilèges de cette nature étaient passibles de sanctions. *Le Marteau des sorcières (Malleus Maleficarum)*, un rapport rédigé par les moines Henri Kramer et Jacques Sprenger à la suite d'une enquête menée en Allemagne, devint l'ouvrage de référence des procès en sorcellerie en Europe centrale, et ce jusqu'au cœur du XVIIe siècle. Pour déterminer la culpabilité ou l'innocence des accusées, on les soumettait à diverses épreuves. L'épreuve de l'eau consistait à jeter à l'eau, pieds et poings liés, la sorcière présumée. Si elle coulait, elle était innocente; si elle flottait, elle était déclarée coupable. Les jugements divins de ce genre étaient répandus à l'époque. On en confia cependant l'exécution de plus en plus souvent à la justice des hommes.

La chasse aux sorcières

La psychose des sorciers et sorcières s'explique par la peur d'être victime d'un sortilège et par diverses circonstances historiques, telles que des mauvaises récoltes en série, ainsi que par la consommation d'hallucinogènes, comme l'ergot du seigle. La chasse aux sorcières s'amplifia à partir du XVIe siècle dans de nombreux pays d'Europe – en relation avec l'introduction de la torture – et se perpétua jusqu'au cœur du XVIIIe siècle. En Suisse, la dernière exécution pour sorcellerie eut lieu en 1782. La croyance en la magie ne fut pas pour autant balayée par les Lumières : l'Église catholique forme encore des exorciseurs censés libérer les possédés de l'emprise du diable.

La création des monastères et des ordres

Ci-dessus, à gauche : Fondé au VIe siècle par saint Benoît de Nursie, le monastère de Subiaco fut le premier monastère bénédictin.

Ci-dessus, à droite : L'ordre des Hospitaliers de Saint-Jean (ou des Frères de l'hôpital Saint-Jean de Jérusalem) fut le premier ordre religieux fondé à Jérusalem. Créé en 1099, il a perduré jusqu'à nos jours sous le nom d'ordre de Malte. Les chevaliers assurent des missions humanitaires.

« Ora et labora »

Tous les ordres chrétiens reposent en principe sur trois vœux fondamentaux : pauvreté, chasteté et obéissance. Mais chaque ordre a une règle qui lui est propre. Les ordres, tant masculins que féminins, se consacrent soit à la prière (ordres contemplatifs), soit à la société en assumant des tâches comme le soin des malades ou l'aumônerie (ordres actifs). La plupart des ordres se reconnaissent à un habit spécifique.

L'un des premiers ordres fut la communauté de Benoît de Nursie (480-547), dont les bénédictins suivent la règle. Les journées de cette communauté sont rythmées par la prière et le travail. En effet, c'est à Benoît de Nursie que l'on doit la célèbre formule : *« Ora et labora »* (Prie et travaille), à laquelle cet ordre religieux se conforme toujours.

À partir du XIe siècle, on vit fleurir de nouveaux ordres, tels l'ordre mendiant des franciscains ou les ordres érémitiques des chartreux et des cisterciens. Au cours des siècles suivants, les monastères furent les gardiens des textes sacrés du christianisme : leurs biblio-

Une conscience nouvelle : la création des écoles cathédrales

L'esprit de la Renaissance ainsi que l'humanisme contribuèrent à renforcer constamment chez les fidèles, à partir du XIVe siècle, le sentiment de leur propre valeur : les artisans signaient leur travail, voire s'immortalisaient dans l'architecture. Des symboles et sculptures compréhensibles de tous montraient des scènes de la Bible. Autour des cathédrales se développèrent des centres d'enseignement qui supplantèrent les écoles monastiques. On y enseignait les sept arts libéraux : grammaire, dialectique, rhétorique, arithmétique, géométrie, astronomie et musique. Certaines universités incluaient aussi dans leurs programmes la théologie, le droit et la médecine. Les monastères perdirent ainsi leur monopole sur l'enseignement.

Salerne au IXe siècle (école de médecine) et Bologne au XIe siècle sont les plus anciennes universités d'Occident. À Paris, l'école épiscopale créée au XIe siècle autour d'Abélard reçut de Philippe Auguste sa charte de droits et privilèges en 1200 (la Sorbonne sera fondée en 1253), puis ce fut au tour de Toulouse (1229), Montpellier (1289), Orléans (1306), etc.

Les enfants nobles dans l'Église

Les nobles confiaient souvent un ou plusieurs fils (généralement les cadets) à un monastère, quand la part d'héritage revenant à ces enfants (du fait du droit d'aînesse) aurait été insuffisante pour subvenir à leurs besoins. Entrés très jeunes au monastère et pour toute leur vie, ces enfants voyaient leur avenir assuré. En contrepartie, l'Église accueillait un nouveau moine qui lui apportait une « dot », accroissant ainsi sa richesse. Des liens se tissèrent de cette façon entre familles nobles et monastères, effaçant toujours davantage les frontières entre pouvoir temporel et pouvoir spirituel. Un moine qui apprenait à lire et à écrire se voyait souvent confier un travail de copiste des Écritures saintes. Quant aux filles nobles mais pauvres, sans espoir d'un « beau mariage », elles peuplaient les couvents.

thèques abritaient de nombreux manuscrits et des copies de la Bible, ainsi que d'autres textes religieux. Il faudra attendre Martin Luther et l'invention de l'imprimerie par caractères mobiles, en Allemagne, au XVe siècle, pour que ce monopole soit brisé. Fondée en 1534 par Ignace de Loyola, la Compagnie de Jésus (les jésuites) fut reconnue par le pape quelques années plus tard. Ces « soldats du Christ » propagent leur foi essentiellement par le biais de l'enseignement. On doit à l'ordre des Hospitaliers de Saint-Jean la création de nombreux hôpitaux, lycées et universités : ils voyaient leur mission dans les soins, l'instruction et l'éducation. La création d'ordres chrétiens se poursuit de nos jours : en 1950, mère Teresa a fondé la congrégation féminine des Missionnaires de la Charité, qui s'engage au service des orphelins, des malades et des mourants.

Ci-dessous : L'ordre des Frères mineurs, ou franciscains, fut fondé par des disciples de saint François d'Assise. Les franciscains portent une robe de bure serrée à la taille par une cordelière à trois nœuds, symbolisant les trois vœux de pauvreté, chasteté et obéissance.

La Réforme

Fondements intellectuels : scolastique et humanisme

On assista à la fin du XIe siècle à l'apparition de la scolastique, un courant de pensée animé par la volonté de concilier raison et foi, tout en les séparant strictement. Ce mouvement, qui marqua profondément la philosophie et les sciences au Moyen Âge, était l'héritier du rationalisme aristotélicien (384-322 av. J.-C.), selon lequel c'est la raison qui nous permet de penser le vrai. La scolastique, qui fut florissante jusqu'au cœur du XIIIe siècle, avant d'être supplantée par l'humanisme, eut pour éminents représentants Thomas d'Aquin (1225-1274) et Guillaume d'Occam (1285-1349).

L'humanisme issu de la Renaissance italienne renvoyait à l'étude des auteurs de l'Antiquité, allant jusqu'à attaquer des points particuliers de la doctrine chrétienne. C'est principalement en Allemagne que se fit sentir une volonté de réforme de l'Église, sur les plans spirituel et moral.

À droite :
On dit toujours que Luther a affiché ses « 95 thèses » sur la porte de l'église du château de Wittenberg, mais on suppose aujourd'hui que ses thèses furent plutôt diffusées par ses partisans, ce qui fut facilité par l'invention alors toute récente de l'imprimerie.

Ci-contre :
Le moine Martin Luther est considéré comme le grand réformateur de l'Église. Il dénonça des dysfonctionnements de l'Église catholique, et il est à l'origine de la religion protestante.

Luther, un moine rebelle

Des dissensions au sein de l'Église contraignirent le pape à quitter Rome en 1309. Alors qu'un nouveau pape lui avait succédé à Rome, l'ancien pape, réfugié en Avignon, revendiquait la direction de l'Église. L'Italie vit fleurir au XIVe siècle la Renaissance, qui se vouait au temporel, à la vie ici-bas. Un bon siècle plus tard, le moine augustin Martin Luther (1483-

1546) allait dénoncer des dysfonctionnements au sein de l'Église. Ordonné prêtre relativement jeune, à l'âge de vingt-quatre ans, Martin Luther obtint peu après une chaire de théologie à Wittenberg. Il voyait dans les efforts des hommes pour faire le bien le principal devoir de tout chrétien. Selon lui, l'individu pouvait librement choisir la voie du bien.

Dysfonctionnements au sein de l'Église

L'Église et ses dignitaires s'étaient dans une large mesure éloignés du message de la Bible, leurs actes n'ayant plus guère à voir avec les enseignements primitifs de Jésus. Ils étaient absorbés par la recherche de biens et de pouvoirs temporels.

C'est le commerce des indulgences, par lequel on obtenait la rémission de péchés contre des dons d'argent, que Luther critiqua avec le plus de véhémence : cette pratique reléguait Dieu au second plan, tandis que l'Église s'arrogeait la place du Rédempteur.

Luther recensa tout ce qu'il trouvait critiquable dans l'Église. Reprenant une vieille tradition qui avait cours dans les universités, il aurait placardé en 1517 ses «95 thèses» sur la porte de l'église du château de Wittenberg. Ces thèses, qui trouvèrent un écho formidable auprès de la population, jetèrent les bases de la Réforme. Selon les historiens contemporains, Luther serait bien l'auteur de ce pamphlet, mais il n'aurait pas voulu le publier de cette manière. Le dernier dimanche d'octobre, les protestants de France célèbrent la fête de la Réformation.

Le livre imprimé, invention de la fin du XVe siècle, permit de diffuser largement les thèses de Luther. Comme celles-ci étaient parfaitement justifiées et trouvaient écho auprès de nombreux partisans, l'Église connut une nouvelle division entre catholiques et protestants.

Luther n'accéda pas à la demande de rétractation de la part de Rome, bien au contraire : il brûla en place publique la bulle annonçant son excommunication. Il ne voyait pas le Vatican et la papauté comme des représentants de Dieu, mais comme de simples créatures humaines, dépourvues par conséquent de toute autorité. En 1521, Luther fut d'abord excommunié, puis mis au ban de l'empire, c'est-à-dire déchu de tous ses droits religieux et civils.

Ci-dessus : Excommunié par l'Église, Luther brûla la bulle papale en place publique, ce qui aggrava sa disgrâce : il fut mis au ban de l'empire, ce qui le priva de toute protection par la loi.

À droite :
Le prince Électeur Frédéric de Saxe prit Luther sous sa protection au château de la Wartburg. Luther y vécut sous le pseudonyme de « chevalier Georges » et y traduisit la Bible en allemand.

Des voies nouvelles. La première Bible en langue allemande

Luther eut la chance de passer les années qui suivirent son excommunication à la Wartburg, sous la protection du prince Électeur Frédéric de Saxe. En sa qualité de docteur de la Loi, il rédigea de nombreux essais théologiques et traduisit la Bible, ce qui contribua au développement du haut allemand. La Bible, jusqu'alors écrite en latin, devenait ainsi accessible à un plus grand nombre de personnes. À sa mort, Martin Luther laissa en héritage une Église nouvelle, la religion réformée, qui se démarquait nettement de l'Église catholique, de sa pompe, de certains de ses dogmes et surtout de sa hiérarchie, pape en tête ; elle accordait une place centrale aux textes fondateurs, donc à la parole de Dieu.

L'Église catholique répliqua par la Contre-Réforme : elle révisa nombre de ses pratiques, changements qui furent validés dans le cadre du concile de Trente (1545-1563).

L'imprimerie de Gutenberg

Connue des Chinois depuis des siècles, l'imprimerie ne fut inventée que fort tard en Europe. C'est au XVe siècle que Gutenberg mit au point un procédé d'impression au moyen de 26 caractères mobiles et en relief. On put désormais imprimer des textes entiers en plusieurs exemplaires, d'où un gain de temps considérable. Luther fut le grand bénéficiaire de cette invention qui permettait de diffuser l'écrit rapidement, et il fit ainsi connaître largement ses thèses et sa traduction de la Bible.

Dans l'encadré :
Gutenberg imprima une bible en deux volumes, ornée de 290 lettrines polychromes. Sur les 180 exemplaires de cet ouvrage tirés à l'origine, moins de 50 ont été conservés jusqu'à nos jours.

Guerre et paix entre les confessions

La paix d'Augsbourg signée en 1555 entre luthériens et catholiques instaura la paix entre le roi Ferdinand Ier et les princes Électeurs germaniques. La confession luthérienne n'était désormais plus considérée comme une secte hérétique, mais était reconnue officiellement. Cependant, jusqu'à la fin du Moyen Âge, les fidèles furent contraints d'embrasser la foi de leur prince, selon le principe *cujus regio ejus religio*.

En France, le massacre de la Saint-Barthélemy, perpétré les 23-24 août 1572 à l'instigation de Catherine de Médicis pour des raisons de politique tant intérieure (les Bourbons contre les Guises) qu'extérieure (dans le cadre du conflit entre Espagne et Pays-Bas), fut le point culminant des guerres de Religion (1562-1598). Il symbolise l'intolérance religieuse.

La guerre de Trente Ans (1618-1648) qui dévasta l'Europe au XVIIe siècle avait pour arrière-plan, outre des luttes pour le pouvoir, des divergences entre les confessions.

La Bible de Luther, un élément clé dans l'évolution de la langue allemande

La Bible de Luther n'était pas la première traduction en langue allemande à partir du latin. D'autres traducteurs avaient précédé Luther dans cette entreprise, mais sans grand succès, car ils avaient donné une traduction trop littérale du texte latin. Celle de Luther s'imposa très rapidement, parce qu'elle s'attachait moins à la lettre des écrits bibliques qu'à leur sens et à leur interprétation. Luther était un prédicateur-né, habile à captiver son public par sa langue claire et proche du peuple. Par cette nouvelle traduction, il montrait que l'allemand – essentiellement langue du peuple au XVIe siècle – était à même d'exprimer tous les sentiments, représentations et concepts. Et inversement, grâce au style de Luther, puissant, imagé, à son vocabulaire compréhensible pour tous, le contenu de la Bible devenait accessible au peuple. On a souvent cité pour illustrer son verbe coloré et populaire la phrase suivante : «Jamais cul timide ne fit de pet joyeux.» Sa traduction contribua de manière décisive à faire du haut allemand la langue commune à toutes les régions allemandes et qui allait s'imposer aux côtés des dialectes.

En 1545, Luther apporta les dernières corrections à sa traduction, qui resta inchangée des siècles durant. Ce n'est qu'aux XIXe et XXe siècles que différents textes furent adaptés à l'usage moderne de la langue et que la graphie des noms bibliques fut harmonisée.

À gauche : C'est au château de la Wartburg (dans une salle au décor reconstitué que l'on peut à présent visiter) qu'en seulement onze semaines Luther traduisit le Nouveau Testament du latin en allemand.

Les confessions chrétiennes de l'époque moderne

Ci-contre : Calvin, qui traduisit la Bible en français, est considéré comme le fondateur du calvinisme, confession religieuse postulant la prédestination des individus. Le sociologue Max Weber étudia en profondeur ce courant religieux.

Le calvinisme, ou la croyance en la prédestination

La grâce divine est indispensable au salut de l'homme, et ses fruits s'en font sentir dans la réussite sur la Terre : telle est l'idée centrale que le calvinisme, mouvement dissident du luthéranisme, a reprise de l'humanisme.

L'humaniste et juriste français Jean Calvin (1509-1564) élabora une doctrine de la prédestination : le destin des individus est déjà déterminé par la toute-puissance de Dieu, seul maître du salut des âmes. Une partie de l'humanité fera partie des élus auxquels revient une réussite particulière ici-bas, tandis que le reste du genre humain est condamné à la damnation éternelle.

En affirmant qu'aucun individu ne peut changer quoi que ce soit à cette prédestination, Calvin rejetait à tout jamais le recours à l'occulte pour changer le cours des choses. L'individu est ainsi jeté dans un isolement dont il ne peut sortir que par le travail.

La réussite comme manifestation du choix préférentiel de Dieu place de nouveau l'individu dans une situation difficile, dans la mesure où les consolations de ce monde ne peuvent pas l'en libérer. Il est contraint de travailler s'il craint pour le salut de son âme. Les chefs d'entreprise disposent toujours ainsi d'une main-d'œuvre docile. Aussi le sociologue Max Weber (1864-1920) a-t-il vu dans la doctrine calviniste l'un des fondements du capitalisme.

Par ailleurs, l'exercice d'un métier était aussi aux yeux de Calvin, comme Luther l'avait déjà écrit, une manière de pratiquer l'amour du prochain en jetant un pont toujours plus réel entre la religiosité et le modèle économique

À droite : Henri VIII rompit avec l'Église catholique à la suite d'un différend d'ordre privé : il voulait divorcer. Il se déclara chef de la nouvelle religion d'État qu'il venait de fonder : l'Église anglicane.

*À gauche :
La cathédrale de Canterbury, en Angleterre, est le siège de l'archevêque de Canterbury, primat de l'Église anglicane. Dotée d'une tour de 75 mètres de hauteur, cette cathédrale est un exemple impressionnant d'architecture gothique.*

émergent que constituait le capitalisme : avec un train de vie modeste empreint de puritanisme d'une part, et une quête de la réussite axée sur la performance, d'autre part. Selon Weber, ces deux courants donnèrent naissance à l'« homme économique moderne », tandis que la réussite financière et la richesse, voire la répartition inégale des richesses en ce bas monde, pouvaient être reconnues comme des dons de Dieu.

L'Église anglicane

Le pape Clément VII (1523-1534) ayant refusé d'annuler le mariage d'Henri VIII, roi d'Angleterre, avec Catherine d'Aragon, l'impétueux souverain fonda par représailles l'Église anglicane. Il rompit avec Rome et se fit reconnaître par le Parlement comme chef de l'Église d'Angleterre. Tout en étant fidèle au dogme catholique, l'Église anglicane présente des traits calvinistes. Elle survécut à la tentative de réintroduction du catholicisme par Marie Tudor (reine d'Angleterre de 1553 à 1558), avant d'être déclarée définitivement religion d'État et indépendante de Rome en 1600 par Élisabeth Ire. L'Église anglicane a conservé la liturgie catholique dans ses grandes lignes, ainsi que la structure hiérarchique du clergé, dont la cohésion est assurée par les quatre « instruments de l'unité » : l'archevêque de Canterbury, primat du royaume, l'assemblée générale des évêques anglicans *(Lambeth Conference)*, le Conseil de l'Église anglicane *(Anglican Consultative Council)* et la conférence des évêques. La compétence de chaque évêque est cependant limitée à son diocèse.

La doctrine anglicane est proche en de nombreux points à la fois du catholicisme et du protestantisme, du calvinisme en particulier. Elle s'est diffusée dans le monde entier par le biais de l'empire colonial britannique et fait actuellement partie du Conseil œcuménique des Églises. Depuis la Réforme, les offices religieux sont dits dans les différentes langues nationales et sont donc compréhensibles de tous les fidèles. Comme l'Église catholique, la religion anglicane comporte des ordres religieux masculins et féminins.

Quelques autres confessions et sectes chrétiennes

Ci-dessus :
Le mouvement quaker apparut au XVIIe siècle en Angleterre. Il est de nos jours répandu avant tout dans les pays anglophones, sur le continent africain notamment.

Les quakers, « enfants de la Lumière »

D'abord connu sous le nom de Société religieuse des amis, le mouvement quaker fut fondé au XVIIe siècle par George Fox, en rupture avec l'Église anglicane. Son appellation actuelle dérive du verbe anglais *to quake* (trembler), par référence au caractère extatique de l'office religieux auquel participent les fidèles.

Les quakers croient en la présence de Dieu en chaque homme, considérant ainsi chaque croyant, homme ou femme, comme un prêtre potentiel. Ils affirment l'égalité de tous les croyants et critiquent les mœurs dissolues. Les décisions concernant la communauté sont prises à l'unanimité de l'ensemble des membres.

Les quakers ne font pas partie du Conseil œcuménique des Églises, mais ils entretiennent des relations avec les autres confessions. Ils sont connus pour leur fort engagement social.

Les Témoins de Jéhovah

Remontant à la fin du XIXe siècle aux États-Unis, les Témoins de Jéhovah ont leur propre interprétation de la Bible. Ils sont reconnus comme religion dans un certain nombre de pays, dont l'Allemagne. En France, les associations de Témoins de Jéhovah sont considérées comme associations cultuelles conformes à la loi de 1905, mais pas comme religion.

Selon leur doctrine, un nombre restreint d'élus sera admis au royaume des cieux à la fin du monde, qu'ils fixent à Harmaguédon (Apocalypse, 16,16), tandis que les autres croyants vivront sur la Terre transformée en paradis. Lors de l'affrontement final du Bien et du Mal, Jésus conduira l'armée de Dieu.

Animés d'un esprit de prosélytisme, les Témoins de Jéhovah recrutent par le biais du porte-à-porte et par la diffusion de magazines *(Réveillez-vous !)*.

Les mormons, ou « saints des derniers jours »

Fondée par le prophète Joseph Smith (1805-1844) en 1830 à Fayette (État de New York), aux États-Unis, l'Église mormone porte le nom officiel d'« Église de Jésus-Christ des saints des derniers jours ». Son siège se trouve à Salt Lake City (Utah).

Les mormons se disent chrétiens, mais ont de nombreux points de divergence avec les autres confessions chrétiennes, qu'ils considèrent comme incomplètes. Croyant que Dieu se révèle aujourd'hui de la même manière qu'autrefois, ils font reposer leur doctrine non seulement sur la Bible, mais encore sur *Le Livre de Mormon*. On les considère comme une secte.

Selon leur doctrine, le baptême n'est envisageable que lorsque celui qui le reçoit peut choisir de son plein gré d'embrasser la foi. Pour les mormons, la vie n'est qu'une étape dans le développement des hommes : avant et après leur vie terrestre, les êtres humains sont des esprits, venus ici-bas pour y accumuler des expériences.

Les premiers mormons se sont divisés en différents courants, dont certains autorisaient la polygamie. Un élément clé de leur foi est le service d'évangélisation, pouvant durer de un à deux ans, que les missionnaires financent eux-mêmes.

Les méthodistes

Autre mouvement de « réveil », le méthodisme s'est séparé de l'Église anglicane au XVIIIe siècle.

L'appellation de méthodisme qui s'est imposée était à l'origine un sobriquet désignant la vie très réglée de ses fidèles.

Le prêtre anglican John Wesley (1703-1791) avait réuni autour de lui un groupe d'adeptes qui essayaient de se concilier les faveurs de Dieu par la lecture de la Bible et par des activités caritatives. Selon les méthodistes, l'amour est le message central du christianisme.

Ci-dessous :
Frappé par une vision dans laquelle Dieu lui était apparu en compagnie de Jésus, Joseph Smith fonda une communauté religieuse très particulière, celle des « saints des derniers jours », très répandue aux États-Unis.

L'Église remise en question

Théologie et science

Avec l'humanisme d'abord, puis l'esprit des Lumières, suivi du rationalisme et enfin de l'essor de la science, qui fonde son approche du monde et des hommes sur des expériences empiriques, les doctrines théologiques furent battues en brèche. Dès lors, la vie n'était plus un mystère, mais un objet d'étude scientifique, conception du monde qui finit par gagner la théologie. Des philosophes tels que F. D. E. Schleiermacher (1768-1834) et Søren Kierkegaard (1813-1855) tentèrent de concilier recherche et théologie, mais le christianisme avait désormais perdu de son importance sur le plan social. Une formule de Ernst Moritz Arndt résume parfaitement l'esprit du temps au XIXe siècle : «Être un peuple est la religion de notre temps.» L'Eglise réagit en remettant à l'ordre du jour les Journées catholiques, une tradition visant à renforcer la cohésion des fidèles et à inverser un processus de désaffection à son égard.

Associations religieuses d'entraide

Emmaüs

1947 : l'Abbé Pierre, prêtre catholique et ancien résistant, loue une maison à Neuilly-Plaisance, près de Paris. Il y ouvre une auberge de jeunesse internationale et l'appelle EMMAÜS, du nom du village de Palestine où, selon la Bible, Jésus apparut, ressuscité, à ses disciples. En 1949, le premier « compagnon d'Emmaüs » se joint à l'Abbé Pierre. En 1969, à Berne (Suisse), 70 groupes représentant 20 nations adoptent le *Manifeste universel du mouvement Emmaüs* et créent un secrétariat international.

Caritas

Caritas Internationalis est une confédération de 162 organisations catholiques d'aide, de développement et de service social, travaillant en faveur des pauvres et des opprimés dans plus de 200 pays et territoires. Caritas Europa, créée en 1971, rassemble 48 organisations présentes dans 44 pays.

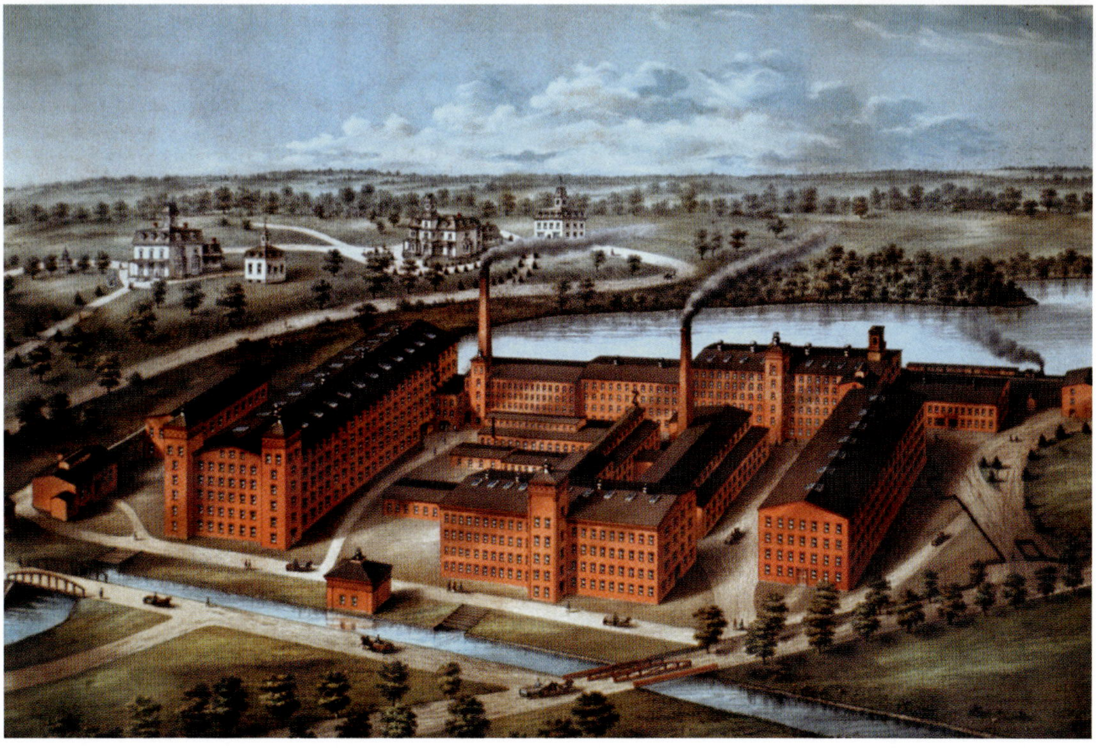

À gauche : L'industrialisation attira des nombreuses personnes dans les villes. Les structures sociales qui avaient été celles des villages se désagrégèrent peu à peu. Les ouvriers se sentaient en grande majorité perdus dans l'anonymat des villes, à l'échelle desquelles ils n'étaient pas habitués.

Grandes figures du catholicisme à l'aube du IIIe millénaire

Ci-dessus :
Jean-Paul II compte parmi les papes les plus célèbres et les plus appréciés dans toute l'histoire de la papauté. C'était un homme de terrain, très engagé politiquement.

Dans l'encadré :
De la cheminée de la chapelle Sixtine s'échappe la fumée noire ou blanche qui annonce l'échec ou le succès de l'élection d'un pape.

Le pape Jean-Paul II

Karol Wojtyla (1920-2005), né à Wadowice, près de Cracovie, en Pologne, fut élu souverain pontife de l'Église catholique romaine le 16 octobre 1978. Ce pape voyageur joua un rôle politique majeur en critiquant ouvertement les chefs d'État qui foulaient aux pieds les droits des chrétiens. Le jeune Karol Wojtyla avait fait des études de lettres et de philosophie. À la fermeture de son université pendant la Seconde Guerre mondiale, il poursuivit ses études dans la clandestinité jusqu'à son recrutement dans le service du travail obligatoire. Il entra au séminaire en 1942 et fut ordonné prêtre quatre ans plus tard. Auteur d'une thèse sur le mystique et théologien saint Jean de la Croix, il fut professeur de théologie morale à l'université catholique de Lublin à partir de 1953. Il devint évêque auxiliaire de Cracovie en 1958, puis archevêque en 1964. Cardinal depuis 1967, Karol Wojtyla succéda comme pape à Jean-Paul Ier, qui n'avait régné que trente-trois jours. Son élection fut un véritable choc pour les dirigeants communistes, en particulier en Pologne. En effet, le «pape polonais» (le premier non italien depuis 1523) stigmatisa la dic-

L'élection du pape

Lorsqu'un pape décède ou démissionne, les cardinaux se retirent dans la chapelle Sixtine, au Vatican, pour procéder à l'élection de son successeur. Conformément à la tradition, on détruit les bulletins après chaque tour de scrutin. Si aucun candidat n'obtient les deux tiers des voix, on brûle les bulletins avec de la paille et de la poix ou de l'huile – mais aussi, de nos jours, avec des produits chimiques –, de telle sorte qu'une fumée noire s'échappe de la cheminée de la chapelle. Si une candidature obtient les deux tiers des voix, on brûle les bulletins uniquement avec de la paille : la fumée blanche qui s'élève alors dans le ciel informe les fidèles qu'ils ont un nouveau pape. Le cardinal protodiacre prononce ensuite la formule consacrée *Annuntio vobis gaudium magnum, habemus papam !* («Je vous annonce une grande joie : nous avons un pape !») et rend public le nom du nouveau souverain pontife.

À gauche :
Le pape Benoît XVI succéda à Jean-Paul II en avril 2005. Alors qu'il occupait les fonctions de cardinal, Josef Ratzinger enseigna dans plusieurs universités allemandes, notamment à Bonn et à Münster. C'est le premier pape allemand depuis 1057 (Victor II).

tature communiste dans les pays de l'Est et exigea des réformes et le respect des droits de l'homme. Son engagement inébranlable, notamment au service des droits de l'homme, ainsi que son charisme confortèrent dans sa lutte le jeune syndicat Solidarnosc conduit par Lech Walesa. On peut ainsi affirmer aujourd'hui que Jean-Paul II fut un des artisans de la chute du communisme en Europe de l'Est. Il encouragea les Polonais, peuple fortement catholique par tradition, à se soulever contre le pouvoir de manière pacifique. Le ferment de cette révolution s'est ensuite répandu dans le bloc communiste. Victime en 1981 d'un attentat, dont les motifs ne sont pas encore établis, Jean-Paul II pardonna au terroriste bulgare alors qu'il était encore hospitalisé et, une fois remis, alla même lui rendre visite en prison. Un an plus tard, ses gardes du corps empêchèrent un second attentat contre sa personne. Jean-Paul II décéda en avril 2005, à l'âge de quatre-vingt-quatre ans. La présence à ses funérailles de centaines de milliers de fidèles et de chefs d'État venus des quatre coins du monde sur la place Saint-Pierre, à Rome, montra combien ce pape était aimé et estimé, et confirma son rôle sur la scène internationale.

Le pape Benoît XVI

Josef Alois Ratzinger (né en 1927 en Bavière, Allemagne) a succédé à Jean-Paul II sur le trône de saint Pierre le 19 avril 2005. Malgré un bref passage dans les Jeunesses hitlériennes, il resta fidèle au souhait qu'il avait formé très jeune de devenir prêtre et étudia l'histoire des religions et la philosophie.

Il fut ordonné prêtre en 1951 et soutint en 1957 une thèse d'État sur la théologie dogmatique. Dans les années qui suivirent, il enseigna dans différentes universités allemandes et devint vite, parmi les théologiens en vue du pays, celui qui dénonçait sans cesse la sclérose de l'Église catholique. En sa qualité de préfet de la Congrégation pour la doctrine de la foi, il entendait transmettre le message central du christianisme sans le dénaturer.

Ce « pape allemand », formidable théologien, a publié au début de l'année 2006 une encyclique intitulée *Deus caritas est* (« Dieu est amour »). Il y établit une distinction entre Éros, l'amour charnel, et Agapê, l'amour intellectuel, généreux et désintéressé, revenant ainsi au message originel central de la foi chrétienne.

Foi et conception du monde
La Bible

La parole de Dieu

La Bible (du grec *tà biblia,* les livres) est un recueil de textes dans lesquels Dieu se révèle au genre humain. Bien qu'écrite par des hommes, la Bible est considérée comme la parole de Dieu. C'est par conséquent l'un des fondements de la foi chrétienne, dont on dit que c'est une religion du Livre. La Bible comprend deux parties : l'Ancien et le Nouveau Testament.

L'Ancien Testament regroupe des textes antérieurs à l'ère chrétienne : les cinq livres de Moïse, les livres des prophètes ainsi que des psaumes. Son contenu correspond en gros à celui du Tanakh juif (voir p. 228).

Le Nouveau Testament comprend les quatre Évangiles, nommés d'après quatre saints qui les auraient rédigés : Marc, Matthieu, Luc et Jean. Remontant à 50-70, ces textes ont pour sujet la vie de Jésus. Le Nouveau Testament

À droite :
Au IVe siècle, saint Jérôme (v. 347-420) traduisit la Bible d'hébreu en latin.

À gauche :
Épreuves d'imprimerie de la première Bible allemande, la Bible de Gutenberg, sur lesquelles on peut voir des annotations et corrections de la main de son traducteur, Martin Luther.

comporte en outre des épîtres (des lettres, de saint Paul notamment) et se termine par la révélation de Jean, aussi appelée Apocalypse, qui constitue une description haute en couleur du Jugement dernier.

Les textes dits apocryphes – qui n'ont pas été admis dans le canon biblique par l'Église – recèlent bien des informations très intéressantes sur les origines de la Bible et peuvent contribuer à sa compréhension.

La Bible des Septante et la Vulgate

La Bible était à l'origine rédigée en trois langues : l'hébreu, l'araméen et le grec ancien. Pour en faciliter l'accès au plus grand nombre, des juifs hellénisés d'Alexandrie en firent, entre le IIIe et le Ier siècle av. J.-C., une traduction en grec : la Bible des Septante (du latin *septuaginta,* soixante-dix). Cette traduction ne présente pas d'unité véritable, et certains passages furent fortement adaptés par rapport à l'original pour faciliter la compréhension des lecteurs hellénistiques.

La Vulgate (du latin *vulgatus,* commun) est la version latine de la Bible. Traduite par saint Jérôme au IVe siècle à partir du texte d'origine en hébreu, elle supplanta rapidement la version des Septante dans le monde occidental. Elle y demeura longtemps la seule version reconnue.

Si Martin Luther effectua la première traduction en allemand de la Bible (voir p. 35), c'est Guyard des Moulins qui en donna au début du XIVe siècle la première traduction en français courant. Depuis, bien d'autres traductions plus ou moins érudites ont été publiées.

À gauche :
À l'occasion du concile de Trente (1545-1563), l'Église catholique reconnut la Bible latine (Vulgate) comme version authentique et officielle. Les textes qui ne sont pas admis dans le canon chrétien sont dits apocryphes, c'est-à-dire cachés, soustraits au regard.

Aspects clés de la théologie chrétienne

Ci-dessus :
Le péché originel est un motif central de la théologie chrétienne. En se détournant de Dieu, c'est-à-dire en lui désobéissant, le premier homme s'est entaché du péché originel. L'histoire d'Adam, d'Ève et du serpent dans le jardin d'Éden compte parmi les récits bibliques les plus connus et les plus illustrés.

La chute d'Adam

La chute d'Adam, et le péché originel qui en découle, représente un thème central de la théologie chrétienne. Dans le récit biblique de la tentation (Genèse, 3, 1-24), le serpent (Satan) incite Ève à goûter au fruit d'un arbre auquel Dieu avait formellement interdit de toucher, en ces termes : « Vous n'en mangerez point et vous n'y toucherez point, de peur que vous ne mouriez. » Satan explique à Ève qu'en goûtant à la pomme ils ne mourront pas, mais auront la connaissance du bien et du mal. Ève et Adam goûtent au fruit défendu, ce qui leur vaut d'être chassés du paradis par Dieu.

Pour comprendre le péché originel selon la théologie chrétienne, il faut voir que les hommes, représentés par Adam et Ève, se sont éloignés de Dieu par cet acte. Il y a péché, car il y a responsabilité, celle d'avoir choisi librement le mal. En l'occurrence, l'homme a transgressé de sa propre initiative un interdit posé par Dieu. La nature humaine s'est alors déréglée : le genre humain ne vivait désormais plus dans la grâce de son Créateur, mais dans la liberté de choisir entre le bien et le mal, entaché pour l'éternité par le péché originel que constitue l'acte de désobéissance d'Adam et Ève, qui se transmit aux générations suivantes. L'Église catholique voit dans la mort du Christ sur la croix un affranchissement de ce péché originel, une mort par laquelle le genre humain obtient la rédemption de ses péchés et se réconcilie avec Dieu. L'homme vit séparé de Dieu, dont la miséricorde lui est nécessaire. Sans le péché originel, affirme le grand docteur de l'Église saint Augustin, l'homme ne pourrait pas choisir entre le bien et le mal. En ce sens, le péché originel est, comme l'a formulé ultérieurement le philosophe Emmanuel Kant (1724-1804), un moment décisif sur le chemin de l'homme vers sa propre émancipation, la responsabilité de

Les anges

Les deux anges les plus célèbres du christianisme, Michel et Gabriel – qui portent le titre d'archange, c'est-à-dire qu'ils sont d'un rang supérieur –, assument un double rôle d'annonciateur et de destructeur. La Bible mentionne l'existence des anges avant même la Création du monde, mais sans plus de précision sur leur nature. C'est du judaïsme, qui en connaît un nombre encore plus grand, que les chrétiens ont repris les anges et leur hiérarchie. Dans le Pentateuque attribué à Moïse, il est question d'anges gardiens au paradis, d'anges détruisant la ville de Sodome. Dans le Nouveau Testament, c'est l'archange Gabriel qui annonce à Marie qu'elle aura un enfant, le Fils de Dieu. Les ailes dont on gratifie les anges dans l'iconographie symbolisent la proximité de Dieu et la possibilité de s'élever au-dessus des hommes. Les anges montrent Dieu aux hommes et leur communiquent sa volonté. L'ange déchu Satan (ou Lucifer) aurait été à l'origine un ange qui se serait opposé à Dieu. Il est envoyé en enfer pour y effectuer sa rédemption. Il a pour mission de soumettre les hommes à la tentation, de les mettre à l'épreuve. Ceux qui lui cèdent deviennent ses créatures.

ses propres actes. Le serpent a soustrait par la ruse les hommes à l'irresponsabilité, pour les mener dans un monde d'espoirs et de peurs, de décisions et d'erreurs.

Le *Sermon sur la montagne*

Jésus a-t-il réellement prononcé un sermon sur une montagne proche de Jérusalem, devant plusieurs centaines de personnes, comme le rapportent les évangélistes Matthieu et Luc? Les doutes sont permis. Les théologiens sont plutôt d'avis que le *Sermon sur la montagne* est une sorte de florilège de paroles de Jésus. Les textes en question (Matthieu 5-7 et Luc 6,20-40) résument les principales idées du message religieux de Jésus. Depuis les débuts du christianisme, le *Sermon sur la montagne* a impressionné les fidèles par ses exigences inhabituelles et sans pareilles, ses formulations incisives et paradoxales, ainsi que par sa radicalité et son intransigeance : «Heureux ceux qui sont persécutés pour la justice, car le royaume des cieux est à eux» (Matthieu, 5,10) ou encore «Heureux les miséricordieux, car ils obtiendront miséricorde» (Matthieu, 5,7). Ce que l'on appelle les Béatitudes sont formulées comme des règles de morale.

En effet, le *Sermon sur la montagne* invite à la rectitude morale et surtout à la justice, l'obligation la plus élevée de l'homme : c'est à leurs fruits que l'on reconnaît les bons et les mauvais arbres (Matthieu, 7,17-20). Se dévouer entièrement à Dieu et rechercher le royaume de Dieu sont les devoirs du croyant, qui ne doit pas juger, afin de ne pas être jugé (Mathieu, 7,1).

Le *Sermon sur la montagne* invite les fidèles à ne pas se contenter de vaines paroles mais à témoigner de Dieu par leur mode de vie.

L'Apocalypse de Jean

Cette «révélation» visionnaire formulée avec des images fortement symboliques clôt le Nouveau Testament.

Seul livre exclusivement prophétique, l'Apocalypse décrit le Jugement dernier que les chrétiens attendent depuis l'ascension du Christ. Sans ce message de l'imminence du royaume de Dieu, à laquelle Jésus fait sans cesse référence, on ne peut pas véritablement comprendre le *Sermon sur la montagne*. Les premiers chrétiens vivaient dans l'attente de ce royaume.

Aussi saint Jean l'évangéliste s'empara-t-il de cette attente quand, au Ier siècle, il écrivit sur l'île grecque de Pátmos son Apocalypse devenue célèbre.

Selon les spécialistes de la Bible, l'Apocalypse aurait été censée apporter aux premiers chrétiens victimes de persécutions un message de consolation : Dieu jugera sans pitié ceux qui ne croient pas, et les anges puniront ceux qui font le mal. À la fin, Dieu crée de nouveau le monde, comme le décrit son prophète Jean : «Puis je vis un nouveau ciel et une nouvelle terre; car le premier ciel et la première terre avaient disparu, et la mer n'était plus» (21,1).

Il faut comprendre la révélation de saint Jean, cette Apocalypse, moins comme une prédiction de l'avenir que comme une affirmation du prochain retour de Dieu sur la Terre, sans qu'aucune date soit fixée.

À gauche : Jésus explicite l'idée force de sa doctrine dans le Sermon sur la montagne. *En fait, il s'agirait là d'un recueil de ses idées.*

Ci-dessous : Dans l'Apocalypse de Jean, il est notamment question de quatre cavaliers chevauchant des montures de couleurs différentes. Ces cavaliers ouvrent la séance du Jugement dernier, au cours duquel Dieu juge lui-même les âmes.

Les sacrements et la liturgie

Ci-dessous, à gauche : La consécration est le moment crucial de la messe. La transformation du pain et du vin en chair et sang du Christ renvoie au sacrifice de Jésus, par lequel il a libéré les hommes du péché.

Ci-dessous, à droite : Les nouveau-nés sont baptisés généralement à l'âge de quelques semaines, afin d'être accueillis le plus tôt possible au sein de l'Église.

Les sacrements

L'Église catholique reconnaît sept sacrements (du latin *sacramentum*, secret religieux, mystère) : baptême, confirmation, eucharistie, pénitence, onction des malades (naguère appelée extrême-onction), ordre (ordination des membres du clergé) et mariage. Selon les rites protestant et anglican, a valeur de sacrement seulement ce qui est en relation directe avec le Christ et se manifeste de manière visible. Aussi les protestants ne reconnaissent-ils que deux sacrements : le baptême et l'eucharistie.

La messe, célébration de l'eucharistie

La messe catholique est rythmée par divers éléments : prédication, eucharistie, chants et prières. La messe débute en général par un

Le Notre Père

Cette prière, dont le Nouveau Testament nous livre deux versions (Matthieu 6,9-13 et Luc 11,1-4), est attribuée au Christ lui-même. Principale prière de toutes les confessions chrétiennes, elle fait partie de la liturgie depuis le Ve siècle. Sa formulation actuelle est la suivante :

« Notre père qui es aux cieux, que Ton nom soit sanctifié ; que Ton règne vienne ; que Ta volonté soit faite sur la terre comme au ciel. Donne-nous aujourd'hui notre pain de ce jour ; pardonne-nous nos offenses comme nous pardonnons aussi à ceux qui nous ont offensés. Et ne nous soumets pas à la tentation, mais délivre-nous du Mal. Amen ! »

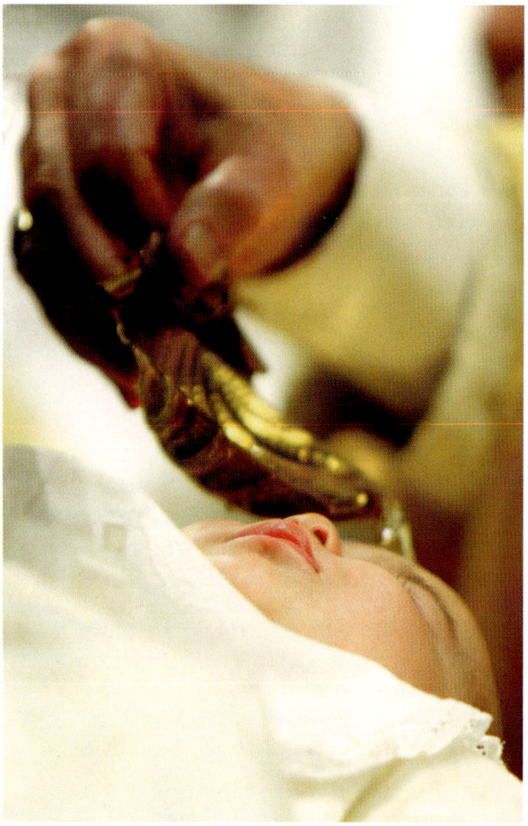

À gauche :
Le dimanche matin, les catholiques s'assemblent pour célébrer la messe. Le dimanche, qui est un jour chômé, est le « jour du Seigneur ».

chant, suivi d'un court temps de prière et d'une lecture ou d'un psaume tirés de l'Ancien Testament. Puis viennent, entremêlés de chants, une deuxième lecture, un psaume, puis l'Évangile. Après le Credo, la présentation des offrandes est annoncée par un nouveau temps de recueillement. Le prêtre récite la prière sur les offrandes pendant laquelle a lieu la transsubstantiation, transformation du pain et du vin en chair et en sang du Christ, en souvenir de la Cène (voir p. 16). Après le Notre Père, prière commune à toutes les confessions chrétiennes, les fidèles qui ont fait leur première communion et qui ne sont pas en état de péché, car ils se sont confessés et ont été pardonnés, communient. L'assemblée chante encore quelques chants avant que le prêtre ne donne sa bénédiction aux fidèles et les congédie. Le déroulement de la messe varie au gré des différentes fêtes de l'année liturgique. Il est à noter que les protestants ne reçoivent la communion qu'après avoir été confirmés et célèbrent l'eucharistie en tant que consubstanciation au cours d'un office religieux distinct.

Le Credo

« Je crois en Dieu, le Père tout-puissant, Créateur du ciel et de la terre. Je crois en Jésus-Christ, son Fils unique, notre Seigneur, qui a été conçu du Saint-Esprit, est né de la Vierge Marie, a souffert sous Ponce Pilate, a été crucifié, est mort, a été enseveli, est descendu aux enfers, le troisième jour est ressuscité des morts, est monté aux cieux, est assis à la droite de Dieu, le Père tout-puissant, d'où il viendra juger les vivants et les morts. Je crois en l'Esprit-Saint, à la sainte Église catholique, à la communion des saints, à la rémission des péchés, à la résurrection de la chair, à la vie éternelle. Amen. »

Avec le Credo (« Je crois »), profession de foi appelée aussi « symbole des Apôtres », les principaux points de la foi sont énumérés à voix haute par les fidèles pendant l'office religieux ou lors de moments importants. Cette version est reconnue par toutes les confessions chrétiennes, à l'exception de l'Église orthodoxe, qui récite le « symbole de Nicée ». Les différences entre les deux versions ne sont cependant pas substantielles.

Le dimanche

Les premiers chrétiens firent du dimanche l'équivalent du sabbat juif, le septième jour de la semaine. Ce jour-là, on priait et on assistait à la messe. La coutume de ne pas travailler le dimanche fut par la suite consacrée par une loi, suivie très scrupuleusement. Depuis un certain temps, l'interdiction de travailler le dimanche s'assouplit cependant. Les chrétiens ont réinterprété ce qui était à l'origine le jour dédié au Soleil (*sunday* en anglais, *Sonntag* en allemand) en jour du Seigneur (dimanche en français, *domenica* en italien et *domingo* en espagnol).

La Sainte-Trinité et la Vierge

Ci-dessus :
Parmi les divers modes de représentation de la Trinité, la colombe blanche s'est imposée comme symbole du Saint-Esprit, tandis qu'on prête généralement des traits humains à Dieu, Jésus étant comme ici le Crucifié, parfois le Christ triomphant.

Le mystère de la Trinité

Le christianisme concilie monothéisme et représentation d'un Dieu en trois personnes : le Père, le Fils et le Saint-Esprit. Il s'agit là d'un dogme qui a régulièrement posé problème dans l'Histoire. Dès le concile de Nicée (322), on se pencha sur cette question. Si la Trinité apparaissait dans de nombreuses prières, les thèses sur la question divergeaient. Certains voyaient le Père et le Fils comme deux représentations de Dieu, mettant ainsi Jésus sur un pied d'égalité avec Dieu. Une autre thèse subordonnait Jésus à Dieu le Père. Aucun accord ne fut trouvé. Alors qu'il s'agissait au départ uniquement de la question des places respectives de Dieu et du Christ, on en vint à discuter de la nature du Saint-Esprit. Ce n'est qu'au début du ve siècle que saint Augustin tenta d'expliciter la doctrine de la Trinité et son caractère de sainteté : invoquant la thèse de l'incarnation, il déclara que le Père, le Fils et le Saint-Esprit étaient trois expressions possibles de Dieu. Les Églises d'Occident célèbrent la Sainte-Trinité le dimanche suivant la Pentecôte, tandis que les Églises d'Orient le font le jour même de la Pentecôte.

Les apparitions de la Vierge

Il se trouve régulièrement des personnes qui racontent avoir vu la mère de Dieu de leurs propres yeux. Si ces apparitions se répètent, on érige souvent à l'endroit en question une église, un monastère ou autre édifice qui attire les pèlerins. Parmi les plus connus de ces sites, réputés pour leurs guérisons miraculeuses, figure Lourdes, où la Vierge apparut en 1858 à Bernadette Soubirous. À Fatima, au Portugal, Marie serait apparue six fois à trois jeunes bergers en 1917. Ayant rompu le silence auquel ils s'étaient engagés, ils permirent à un grand nombre de personnes d'être témoins de miracles. En 1930, l'authenticité des apparitions de Fatima fut certifiée par l'évêque de Leiria.

Marie, « Mère de Dieu »

«Mère de Dieu», «sainte Vierge», «Immaculée Conception» (conçue sans péché originel, dogme de 1854), Marie (Miryam en hébreu) conçut Jésus le fils de Dieu de façon miraculeuse, par l'opération du Saint-Esprit, ainsi qu'annoncé par l'archange Gabriel. Mentionnée dans certains passages du Nouveau Testament, en particulier dans l'Évangile selon saint Luc, Marie était l'épouse de Joseph et vivait à Nazareth, en Galilée. Selon certains, elle aurait mis au monde trois autres fils, Jacob, Judas et Simon, et au moins deux filles. Le culte marial, tardif, s'est conjugué à des représentations païennes, dans lesquelles apparaît une «grande mère» symbolisant la fertilité et le renouveau de la vie. Chez les catholiques, Marie est la sainte la plus vénérée entre tous les saints patrons de l'Église. L'année liturgique est ponctuée de fêtes se référant à des étapes de sa vie : naissance, Annonciation, Visitation, Assomption, etc. Chez les protestants, Marie est simplement vénérée comme mère de Jésus et n'a pas le statut de sainte.

À gauche :
Marie est généralement représentée entourée de symboles de son « immaculée conception » et de sa virginité, tels les lis. La colombe du Saint-Esprit surplombe ici la Vierge, qui, après sa mort, va monter au ciel (Assomption).

Page ci-contre, dans l'encadré :
Pour honorer la Vierge qui serait apparue à trois enfants à Fatima, les croyants sont chaque année des milliers à venir en pèlerinage dans cette ville portugaise. De nombreux sites réputés pour des apparitions de Marie sont devenus des lieux de pèlerinage très fréquentés.

Le Vatican

L'État pontifical

À droite :
Une vaste place circulaire avec en son centre un obélisque s'ouvre devant la basilique Saint-Pierre. Les fidèles s'y rassemblent, notamment à Pâques, quand le pape célèbre la messe sur le parvis de la basilique puis donne sa bénédiction «Urbi et Orbi» *(à la ville et à la Terre).*

Ci-dessous :
La basilique Saint-Pierre, au Vatican, est le siège de l'Église catholique.

Le Vatican, siège de l'Église catholique, est un petit État indépendant au cœur même de la capitale italienne, Rome. Il tient son nom d'une colline, *mons Vaticanus,* sur laquelle, sous l'Empire romain, des chrétiens furent exécutés de manière barbare dans un cirque public. C'est aussi là que se trouverait la sépulture de l'apôtre Pierre, qui a donné son nom à la basilique Saint-Pierre. Au XIVe siècle, Rome devint le centre de la foi catholique, ce que de nouveaux édifices devaient rendre manifeste. C'est ainsi que furent construits la basilique Saint-Pierre et le palais apostolique.

Le Vatican compte à l'heure actuelle environ 900 habitants. On y parle l'italien, mais aussi le latin et l'allemand. Le chef d'État du Vatican est le pape, qui détient les pouvoirs exécutif, législatif et judiciaire. Le pape, actuellement Benoît XVI, est considéré comme le successeur direct de saint Pierre. La garde suisse pontificale, une unité militaire ayant reçu une formation particulière, assure la sécurité du pape et de la cité du Vatican.

La symbolique chrétienne

Tout au long de son histoire, l'Église a développé une symbolique riche, qui est en usage dans l'ensemble de la chrétienté et que l'on retrouve dans l'iconographie. Ainsi, outre la croix omniprésente (portant ou pas le corps supplicié de Jésus), le poisson (dont le nom en grec évoque celui du Christ), les brebis (= les fidèles), la colombe ou des rayons tombant du ciel (= le Saint-Esprit) sont les signes principaux. La rose, que certaines sociétés secrètes ont choisie pour emblème, représente Marie, ainsi que le sens du sacrifice des chrétiens. Par ailleurs, les couleurs ont dans la symbolique chrétienne des significations très précises : le blanc virginal et le bleu clair sont les couleurs de Marie, la reine des cieux ; le rouge, couleur du sang, est celle de Jésus, par référence à son sacrifice ; le jaune est symbole de joie, et le violet, de pénitence.

Histoire du Vatican

À l'origine, le pape était un souverain, chef de l'État pontifical, une entité politique à part entière. En échange de son appui, le roi Pépin le Bref donna au pape en 756 les territoires qu'il avait conquis en Italie, auxquels s'ajoutèrent constamment de nouvelles possessions jusqu'au XVe siècle. Bien que placé sous la protection du Saint Empire romain germanique depuis le sacre de Charlemagne, le Vatican ne pouvait faire valoir ses revendications à l'encontre des autres souverains et resta sous la coupe des plus puissants de l'empire.

Pendant la Révolution française, puis sous Napoléon, le territoire du Vatican fut amputé. En 1798 fut proclamée la République romaine, qui ne dura qu'un an. Déchu par les révolutionnaires, le pape Pie VI mourut en captivité en 1799. Son successeur, Pie VII, signa cependant assez rapidement avec Napoléon un concordat, par lequel l'État pontifical était rétabli. Lors du congrès de Vienne en 1815, le Vatican recouvra ses frontières de 1797. La contestation politique et sociale qui secoua l'Europe au XIXe siècle n'épargna pas Rome et le Vatican. Ce n'est qu'en 1929 que Mussolini fixa les frontières de l'actuel territoire de l'État pontifical du Vatican placé sous l'autorité du Saint-Siège et qu'il engagea l'État italien à garantir sa souveraineté.

Des archives secrètes

Les archives secrètes du Saint-Siège regroupent sur 45 kilomètres linéaires tous les textes émanant du gouvernement du Vatican ainsi que la correspondance diplomatique de ce dernier, ce qui représente à l'heure actuelle 35 000 volumes. Au XVIIe siècle, ces archives furent soustraites à la bibliothèque vaticane et tenues secrètes jusqu'à la fin du XIXe siècle. On y trouve des lettres de Michel-Ange ou encore d'Henri VIII d'Angleterre. Les chercheurs ont accès sans aucune restriction aux documents antérieurs à 1922, année de la mort du pape Benoît XV. Jean-Paul II autorisa cependant l'accès aux documents datant de la période 1922-1939, dans la mesure où ils concernaient l'Allemagne.

Ci-dessous :
La garde suisse fait partie des services de sécurité officiels du Vatican. Pendant le sac de Rome en 1527, plus des deux tiers de la garde périrent. Ses membres célèbrent encore le souvenir de ce jour.

La mystique chrétienne

À droite :
Pour les mystiques, Jésus-Christ est l'exemple par excellence, en cela qu'il a réussi à comprendre les secrets du monde et à y conformer sa vie. Ils voient en lui un « grand initié ».

Qu'est-ce que la mystique ?

Le concept de mystique (du grec *myein,* fermer les yeux et la bouche) renvoie aux voies par lesquelles l'homme recherche la réalité la plus élevée. On entend par là l'expérience directe du divin. D'ailleurs, les grandes religions de l'humanité ont toujours eu des branches mystiques, au fil de leur évolution théologique. Comme les expériences mystiques ne sont pas compréhensibles par tous, elles ont depuis toujours été enveloppées d'une aura de secret et de mystère. Tandis que le yogi des civilisations asiatiques tente d'oublier sa propre personne afin de parvenir à une connaissance plus profonde, le chrétien conserve sa conscience. Ce qu'il recherche est un dialogue entre la vérité divine et lui-même. Pour le mystique chrétien, le Christ représente l'un des grands maîtres. Ce n'est pas sa mort sur la croix, mais sa vie qui est au centre de la mystique chrétienne : cette dernière voit en Jésus

Ci-dessus, à gauche :
Au terme de nombreuses années de vie dissolue, Augustin se fit baptiser et se mit en quête de la vérité en lui-même. Il défendait la thèse de la dualité de l'âme et du corps.

Ci-dessus, à droite :
Le philosophe René Descartes (1596-1650) reprit la doctrine augustinienne dans la célèbre formule : « Je pense, donc je suis. » Cette phrase allait devenir un leitmotiv du siècle des Lumières.

un initié qui a compris les secrets de la vie et en a fait l'expérience directe. Aussi est-il considéré comme un précurseur dans la voie que les mystiques doivent eux aussi emprunter.

La quête de l'éternité

Les mystiques parlent rarement de leurs expériences. En effet, une personne qui a fait l'expérience de la transcendance ne trouve plus de mots pour l'exprimer.

Le mystique recherche la plénitude intérieure ainsi qu'un chemin permettant de jeter un pont entre le monde d'ici-bas et l'au-delà. Or, selon la doctrine chrétienne, il ne peut y parvenir qu'avec l'aide de Dieu. La mystique chrétienne donne à cet acte d'union le nom d'*unio mystica.*

Saint Augustin (354-430)

Le théologien et philosophe saint Augustin (du latin *augustus,* vénérable) a largement contribué à forger la pensée occidentale. Romain, né d'une mère chrétienne, sainte Monique, dans une ville d'Afrique du Nord, il attendit cependant l'âge adulte pour recevoir le baptême. Celui qui allait devenir un Père de l'Église mena des années durant « une vie de débauche », comme il le dira dans ses *Confessions,* jusqu'à ce qu'il embrasse la foi chrétienne. En 389, il fonda sur son domaine une communauté de type monacal dont les membres s'appelaient en latin *servi dei* (« serviteurs de Dieu »).

Sa philosophie reprenait des éléments de la théorie platonicienne : il défendait l'idée de la dualité de l'âme et du corps. Dans sa quête de la vérité, il voyait la pensée comme preuve de sa propre existence. Idée qui sera reprise plus tard par René Descartes (1596-1650) dans sa célèbre formule *Cogito, ergo sum* (« Je pense, donc je suis »). Saint Augustin rejoignit la tradition mystique lorsqu'il entreprit de découvrir la vérité en lui-même. Il parvint à la conclusion que c'est Dieu qui détient la vérité ultime et la transmet aux hommes par des révélations. Il voyait dans la Sainte-Trinité trois êtres de même nature et considérait le temps comme un phénomène purement subjectif.

Sainte Hildegarde (1098-1179)

Cette abbesse du monastère de Rupertsberg, qu'elle a fondé près de la ville rhénane de Bingen, est aujourd'hui encore une personnalité fascinante. Dixième enfant de sa fratrie, cette religieuse – qui se considérait comme sans instruction et d'esprit simple – s'intéressa non seulement à la religion, mais encore à la politique, à la médecine et à la musique.

Elle mit un soin particulier à consigner par écrit son savoir ancestral sur les plantes et les herbes médicinales. Elle n'hésita pas à noter ses visions et, avec le concours d'un copiste, à les traduire en latin, pour les transmettre à la postérité. Son maître livre, *Sci vias («Connais les chemins»),* est le fruit de six longues années de travail.

Avec de l'eau elle aurait rendu la vue à un jeune garçon et guéri d'autres personnes par imposition des mains. Sa connaissance extraordinaire de la médecine ainsi que ses témoignages écrits comptèrent au XIIe siècle et bien au-delà parmi les ouvrages de référence. Déjà, de son vivant, on la qualifiait de «prophétesse des Allemands» et de grande mystique habitée par des visions surnaturelles. «Je suis étreinte par les secrets de Dieu», expliquait-elle, et elle affirmait avoir vu ces secrets comme reflétés dans un grand miroir.

Saint Thomas d'Aquin (1225-1274)

Né près d'Aquino, en Italie du Sud, le jeune Thomas fut éduqué à l'abbaye du Mont-Cassin, puis à l'université de Naples avant de prendre, vers 1240, l'habit des dominicains. Lors de voyages d'études, il rencontra des personnalités de premier plan, tel saint Albert le Grand. Il définit Dieu comme l'être pur.

Thomas d'Aquin est l'auteur de textes majeurs non seulement dans les domaines de la théologie et de l'éthique, mais encore de la politique et de la philosophie.

Pour Thomas d'Aquin, si l'homme ne peut être sauvé que par Dieu, encore faut-il qu'il accepte d'être sauvé. S'il refuse cette grâce, c'est sa propre responsabilité qui est engagée.

Ci-dessus, à gauche : Détail d'une édition ancienne du Liber divinorum operum, *de sainte Hildegarde. Cette abbesse était férue de médecine.*

Ci-dessus, à droite : Le jeune Nicolas de Cues, qui avait étudié diverses disciplines scientifiques, avança la thèse selon laquelle Dieu est une coïncidence de contraires. Il était très en avance sur son temps.

Il n'a pas à se justifier de ce choix intime devant l'Église, mais il devra s'en expliquer directement face à son Créateur.

Augustin publia notamment *Summa theologiae* (1266-1273), son œuvre la plus importante. Il fut canonisé en 1323, déclaré docteur de l'Église en 1567 et patron des écoles catholiques en 1880 : son œuvre devint la base de l'enseignement catholique et eut par la suite une influence durable sur la foi catholique.

Maître Eckhart (1260-1327)

On dispose de peu d'éléments biographiques sur Maître Eckhart, un théologien et philosophe allemand, si ce n'est qu'il entra chez les dominicains en 1275. Il voyait en Dieu le processus de la vie. Ainsi, dans son œuvre *Quaestiones* («Interrogations»), décrit-il la «sortie de soi» et le «retour en soi» de Dieu comme un processus de création. Selon cette thèse, la Création est omniprésente et n'a ni commencement ni fin.

La Création a lieu à tout moment. Pour que Dieu puisse «naître» en l'homme, l'homme doit apprendre à abandonner tous les biens matériels et, pour pouvoir vivre selon la volonté de Dieu, il doit renoncer à agir selon sa propre volonté. Il affirme en outre que Dieu est le Néant, car aucune image ni aucun concept ne saurait le décrire. Pour cette raison, l'homme ne devrait se représenter Dieu d'aucune manière. Selon Maître Eckhart, les hommes imaginent Dieu comme «une vache que l'on peut traire» par des prières et des vœux!

Nicolas de Cues (1401-1464)

Né près de Trèves, en Allemagne, Nikolaus Krebs, dit Nicolas de Cues, étudia à Heidelberg, à Padoue et à Cologne les mathématiques, la physique, la médecine et le droit, puis la théologie. Cet homme au savoir universel s'éleva vite au rang de cardinal et joua un rôle central dans la politique de l'Église. Il est considéré comme un grand philosophe du XVe siècle, qui marqua la transition entre le Moyen Âge et l'époque moderne par sa pensée philosophico-mystique. Il anticipa des conceptions modernes de la physique telles que la loi d'inertie et la rotation de la Terre.

Pour lui, Dieu est une «coïncidence de contraires». On peut tout aussi peu le comprendre que l'Univers. Chaque religion ne reflète qu'un aspect déterminé de la vérité divine dans son ensemble, parce qu'elle ne peut saisir que de manière parcellaire Dieu, en qui tous les contraires sont réunis. Au Moyen Âge, c'était là une thèse courageuse et fort dérangeante.

Ci-dessous : Saint Thomas d'Aquin est considéré comme un grand penseur et philosophe du monde occidental. Pour lui, la connaissance était tout aussi nécessaire que la foi.

La croyance en l'au-delà

Dans l'attente du Jugement dernier

Le premier objectif du chrétien est de mener une existence vertueuse, tournée vers l'amour de son prochain et l'adoration de Dieu. Il sera récompensé de ses vertus morales par la vie éternelle dans les cieux, lieu de félicité où les anges chantent les louanges de Dieu et où l'homme, condamné depuis sa chute à choisir entre le bien et le mal, trouve enfin le repos auquel il aspire. En effet, les premiers représentants du genre humain avaient été bannis du paradis pour avoir goûté à l'arbre de la connaissance, en dépit de l'interdiction formulée par Dieu.

Ce péché, à savoir la désobéissance à Dieu, est le péché originel qui entache le genre humain et se transmet de génération en génération. Après leur mort, les chrétiens attendent le Jugement dernier, par lequel Dieu jugera les âmes et séparera les élus des damnés.

Fils de Dieu et mystique

On dit de Jésus qu'il est « Dieu – ou le Verbe – fait homme », affirmation qui constitue l'un des plus grands mystères du christianisme. Certains voient cependant en lui avant tout un maître exemplaire qui a si bien intériorisé les enseignements secrets de la mystique qu'on a vu en lui le Fils de Dieu. Par sa mort sur la croix, Jésus s'est chargé symboliquement du péché du monde. Il a ainsi libéré les hommes du péché originel et renouvelé l'alliance que Dieu avait autrefois passée avec Moïse. La croyance en la vie éternelle ouvre à l'homme une perspective nouvelle, lui donne l'espoir que tout ne finisse pas avec la mort physique.

Purgatoire et enfer

Le purgatoire fut longtemps (il a été récemment remis en question), dans la doctrine catholique, un lieu d'expiation des péchés, où

À droite : Les chrétiens croient au Jugement dernier, au cours duquel Dieu séparera les pécheurs – expédiés en enfer – des justes, accueillis au paradis en présence de leur Créateur, de la Vierge, des anges et de tous les saints.

Les funérailles

Les funérailles traditionnelles suivent des règles précises. Parents, amis et connaissances, généralement vêtus de noir, assistent autour du cercueil de bois marqué d'un crucifix à une messe – ou au moins une bénédiction – dans l'église, avec lectures, prières et chants appropriés, cierge pascal (symbole de la résurrection) et combustion d'encens. Puis ils suivent le cercueil en procession jusqu'au tombeau, souvent dans le cimetière de la paroisse à laquelle le disparu appartenait. Après une ultime prière et quelques gestes rituels (signe de croix avec de l'eau bénite), le cercueil est inhumé ; les proches font leurs adieux au défunt en jetant une poignée de terre ou une fleur sur le cercueil. En cas d'incinération, les cendres sont recueillies dans une urne qui est soit déposée dans un columbarium au cimetière, soit emportée par les parents, qui peuvent éventuellement disperser les cendres.

À gauche, dans l'encadré : Alors qu'aux origines un simple linceul enveloppait le cadavre, on enterre depuis longtemps les défunts dans un cercueil en bois marqué d'un crucifix, signe distinctif du chrétien. La tombe elle-même est marquée de ce signe de foi.

était donnée à l'âme une dernière possibilité d'accéder à la vie éternelle, au royaume des cieux. Bien qu'au purgatoire l'âme perçoive la présence de Dieu, elle s'en sent indigne et se purifie par le repentir.

Quant à l'enfer, dans l'imaginaire médiéval, il s'agissait du cratère que Lucifer forma en tombant du paradis. C'est en ces lieux que, tourmentés par des diables et autres esprits malins, les pécheurs expient leurs fautes dans des souffrances indicibles.

L'enfer est compartimenté en plusieurs zones, dans lesquelles les défunts sont punis en fonction de la gravité de leurs péchés.

À gauche : Sur les représentations du purgatoire, les pécheurs lèvent pour la plupart un regard implorant vers le Ciel. Ils espèrent être admis au paradis, espoir dont sont privés les pécheurs condamnés à l'enfer.

Vivre dans la foi chrétienne
Les églises

Ci-dessous, à gauche : La cathédrale de Cologne, en Allemagne, est une merveille du gothique. Les nombreuses colonnes ont déchargé les murs, permettant d'accroître le nombre des ouvertures.

Ci-dessous, à droite : La nef centrale de la cathédrale de Cologne (dont la construction commença en 1248), atteint 43 m de hauteur. L'édifice peut accueillir environ 4 000 fidèles.

L'église est un édifice consacré, dans lequel les chrétiens se réunissent pour prier, face à leur Dieu présent dans le sanctuaire où s'élève l'autel et où l'on célèbre la messe (eucharistie). On distingue différents statuts : églises paroissiales, abbatiales, conventuelles ; basiliques, chapelles, cathédrales, etc.

La structure d'une église

Les églises anciennes présentent un certain nombre de points communs : une nef centrale, généralement orientée est/ouest et flanquée de nefs latérales. Souvent, des transepts coupent la nef centrale à angle droit, donnant à l'église la forme d'une croix dite latine. L'abside, espace en demi-cercle qui termine le chœur dans le prolongement de la nef centrale, abrite l'autel ainsi que, en des temps reculés, le trône du roi ou le siège du juge. La nef centrale est séparée des nefs latérales, plus étroites et plus basses, par des colonnes. En haut du clocher intégré à l'église ou séparé (campanile en Italie), les cloches appellent les fidèles à l'office, annoncent un décès (glas), sonnent l'heure, carillonnent sur des tons différents lors des grands événements religieux (Pâques) ou civils (guerre, paix, voire incendie…).

Le style gothique

À partir de l'an 1000, l'architecture religieuse fut florissante en Europe : de nombreuses églises furent édifiées dans le style roman, avant

À gauche :
De nos jours, on ne reconnaît pas toujours une église au premier coup d'œil, comme l'atteste Notre-Dame-du-Haut, édifiée par Le Corbusier à Ronchamp, en Haute-Saône (France). La première pierre fut posée en 1950, et la chapelle, consacrée en 1955. On voit à droite le chœur extérieur avec son autel de plein air et sa chaire en saillie.

que le style gothique ne s'impose. Ce style, qui donna un grand nombre d'églises à travers toute l'Europe au Moyen Âge, se caractérise par des édifices s'élançant vers le ciel. En effet, l'ogive, intégrée dans une voûte, permet de doter les bâtiments de fenêtres plus grandes, et donc de leur donner plus de luminosité. Des colonnes sveltes supportent la charge, avec le soutien de contreforts plaqués contre la paroi extérieure du bâtiment. La splendide cathédrale Saint-Étienne de Sens, en France, est l'une des plus anciennes (v. 1140-1168) : vaisseau central à voûtes sexpartites, chœur à déambulatoire, rosaces à vitraux flamboyants, trois porches à tympans sculptés… La cathédrale Saint-Guy à Prague (début de la construction en 1344) présente aussi cette dentelle de pierre caractéristique du gothique. À l'extérieur, des représentations de monstres (gargouilles) symbolisaient la menace permanente du Mal planant sur l'homme. Des architectes laïques se virent confier la conception d'édifices sacrés, qui avait été jusqu'alors le monopole de l'Église. Apparurent des guildes de maçons, qui laissèrent leur signature et leur symbole sur les bâtiments.

Ci-dessous :
L'impressionnante cathédrale de Salisbury, en Angleterre, date du XIIIe siècle (mais la tour centrale est du XIVe). De style gothique primitif, avec de très pures voûtes d'ogive, elle est flanquée d'un cloître, ce qui laisse à penser qu'il y eut jadis des bâtiments conventuels aujourd'hui disparus.

Différents lieux de culte

Selon leur fonction, les églises portent un nom différent. Ainsi, une cathédrale (du grec *cathedra,* siège) est une église qui est aussi le siège de l'évêché. Le terme de basilique renvoie au plan romain originel de ces édifices, mais désigne aussi plus couramment une église dotée de certains privilèges ou d'un statut particulier, comme la basilique Saint-Pierre de Rome ou le Sacré-Cœur, à Paris. Une abbatiale est l'église principale d'une abbaye. Une église conventuelle est l'église d'un monastère ou d'un couvent. Une chapelle est un petit sanctuaire public ou privé, pouvant aussi bien être isolé qu'intégré dans un ensemble architectural (un château ou un hôpital, par exemple). Les églises de grande taille peuvent abriter de petites chapelles, aussi appelées oratoires. On appelle temples les lieux de culte de la religion protestante.

Les fêtes de l'année liturgique

Ci-dessus, à gauche : Le dimanche de Pâques, on célèbre la résurrection du Christ trois jours après sa mort sur la croix, le Vendredi saint.

Ci-dessus, à droite : Pâques est une fête très appréciée des enfants, pour lesquels on cache des œufs en chocolat qui symbolisent le réveil de la nature.

Les principales fêtes

Les fêtes collectives rythmant la vie des chrétiens tout au long de l'année correspondent pour la plupart aux temps forts de la vie de Jésus : sa naissance dans une grotte, ou crèche, à Bethléem (la Nativité, ou Noël) ; son baptême et/ou l'adoration des rois Mages (Épiphanie) ; son entrée à Jérusalem (les Rameaux) ; sa montée au calvaire et sa crucifixion (Vendredi saint) ; sa résurrection (Pâques, en quasi-coïncidence avec la Pâque juive, ou Pessah), et enfin sa montée au ciel (Ascension). La Pentecôte vient ensuite (voir p. ci-contre). Le 15 août est célébrée l'Assomption de la Vierge. Début novembre (Toussaint), l'Église honore tous les saints, et le lendemain, les morts.

Du point de vue privé, l'admission officielle au sein de l'Église commence avec le baptême, cérémonie familiale au cours de laquelle un parrain et une marraine sont chargés de la formation religieuse de l'enfant. Première communion et confirmation sont d'autres étapes de l'admission dans la communauté chrétienne.

Pâques, fête de la Résurrection

Pâques est la fête la plus importante pour les chrétiens, qui célèbrent le mystère de la résurrection du Christ. Comme on fixe la date de Pâques en fonction de la lune de printemps, c'est une fête mobile, qui tombe en mars ou en avril. Cette fête est précédée par une période de pénitence de quarante jours, le carême. De nos jours, on observe à l'occasion de cette fête chrétienne une résurgence de coutumes païennes. En effet, la fête de Pâques coïncide avec le réveil de la nature au printemps, ce qu'une tradition ancienne associe à des symboles de fertilité, comme les œufs et les poules... en chocolat. Aussi cette fête est-elle très appréciée des enfants.

L'Ascension

Quarante jours après Pâques, on fête l'Ascension, traditionnellement un jeudi. On célèbre ce jour-là l'élévation du Christ dans le ciel. L'Ascension est généralement un jour férié en France, en Belgique, au Luxembourg et en Suisse.

La Pentecôte

Dix jours après l'Ascension, la Pentecôte commémore la descente du Saint-Esprit sur les apôtres, sous forme de langues de feu, et qui confère aux disciples le don des langues pour aller évangéliser les populations du monde entier. La Pentecôte a été instituée fête liturgique en l'an 130.

La Fête-Dieu, ou fête du Saint-Sacrement

Instituée en 1264, la Fête-Dieu est souvent célébrée le deuxième jeudi après la Pentecôte. Dans les pays où ce jour n'est pas férié, elle est reportée au dimanche suivant.

Comme l'indique une autre appellation, fête du *Corpus Domini,* les catholiques célèbrent à cette occasion la présence du corps de Jésus dans l'eucharistie par des processions au cours desquelles une grande hostie (Saint-Sacrement) exposée dans un ostensoir précieux est portée en triomphe.

Dans certaines localités, les communiants y participent, vêtus de blanc. Sur des autels installés en plein air, des prières d'intercession sont dites pour implorer le secours de Dieu sur des personnes déterminées, et le prêtre donne sa bénédiction.

Dans le cadre du concile de Trente (1545-1563), il fut jugé que la Fête-Dieu constituait une manifestation contre le protestantisme. Il s'ensuivit dans certains pays pluriconfessionnels, comme la Suisse, des actes de provocation de la part de paysans protestants : ils épandaient du fumier sur leurs champs précisément ce jour-là. Les paysans catholiques répliquaient par des actions de même style le Vendredi saint.

Ci-dessous : Pour la Fête-Dieu, ou fête du Saint-Sacrement, une hostie représentant le corps du Christ est menée en procession à travers les rues dans de nombreuses villes.

Noël

Vers la fin de l'année civile, les chrétiens célèbrent la nativité de Jésus par la Noël – du latin *natalis (dies),* (jour) de naissance. Comme on ignorait la date exacte de la naissance de Jésus, l'Église la fixa en 336, par convention, au 25 décembre, date qui correspond au solstice d'hiver. À Noël, on fête Dieu fait homme, en la personne de son fils Jésus.

De nos jours, Noël est avant tout une fête familiale, intime, où tous les membres de la famille se rassemblent et échangent des cadeaux. Outre la crèche, d'ancienne tradition, une autre coutume s'est largement répandue : le sapin, richement décoré et au pied duquel

La Saint-Nicolas

Le 6 décembre, on fête traditionnellement saint Nicolas de Myre (v. 270- v. 342), ville située dans l'actuelle Turquie. Ordonné prêtre à l'âge de dix-neuf ans, Nicolas fit don de tous ses biens aux pauvres. La vie de saint Nicolas, qui compte parmi les principaux saints du catholicisme, est auréolée de nombreuses légendes. Saint Nicolas est le patron des commerçants et des enfants, mais les marins et les juristes aiment aussi voir en lui leur protecteur. À l'origine, on distribuait les cadeaux à la Saint-Nicolas. Les enfants mettaient la veille au soir devant la porte d'entrée des bottes, dans lesquelles ils trouvaient des cadeaux le jour dit.

Ci-dessus : Le 2 novembre, pour honorer les défunts, on fleurit les tombes et, dans certains pays, on y dépose des bougies votives. Au Mexique, c'est un jour de grande liesse où l'on vend des sucreries en forme de crâne.

Toussaint et jour des Morts

Les 365 jours du calendrier ne suffisant pas pour honorer chaque saint, les Églises d'Occident fêtent tous les saints le 1er novembre, d'où le nom de «Toussaint». Ce jour est férié en France et en Belgique, ainsi que dans les cantons suisses majoritairement catholiques. Dans les Églises d'Orient, cette fête est célébrée une semaine après la Pentecôte.

Le 2 novembre est le jour des Morts. Pour célébrer le souvenir des défunts, on fleurit les tombes et, parfois, on y dépose des bougies votives. Les protestants d'Allemagne célèbrent la fête de la Réformation le 31 octobre ; ceux de France, le dernier dimanche d'octobre.

À droite, dans l'encadré : Saint Nicolas compte parmi les saints les plus populaires de la chrétienté. Selon la légende, il aurait jeté une bourse par la fenêtre d'une maison où trois pauvres pucelles dormaient, d'où la tradition des cadeaux déposés dans les chaussures au cours de la nuit.

La Saint-Martin

Dans certains pays, le 11 novembre, à l'occasion de la Saint-Martin, les enfants défilent dans les rues avec des lanternes. Ils s'arrêtent devant chaque porte pour chanter, ce dont on les remercie par des friandises. Des jeux rappellent saint Martin de Tours (317-397), qui coupa son manteau en deux pour en donner la moitié à un pauvre. Par le passé, on acquittait ce jour-là un impôt au seigneur. D'où la tradition germanique de l'oie de la Saint-Martin, car au seigneur revenait l'oie la plus grasse.

L'Enfant-Jésus et le Père Noël

En Allemagne, jusqu'à la Réforme, saint Nicolas apportait les cadeaux aux enfants. Les protestants ne reconnaissant pas les saints, les cadeaux ne furent dès lors plus apportés le 6 décembre, jour de la Saint-Nicolas, mais dans la nuit du 24 au 25 décembre par l'Enfant-Jésus ou, plus familièrement, le Petit-Jésus. Le Père Fouettard, qui accompagnait saint Nicolas dans sa tournée des maisons et grondait les enfants méchants, se transforma alors en Père Noël, qui apporte les présents. De nos jours, selon les pays ou les régions, c'est le Père Noël ou l'Enfant-Jésus qui apporte les cadeaux.

on dépose les cadeaux, apportés selon les cas par le Père Noël ou par l'Enfant-Jésus. En Scandinavie, certaines coutumes païennes en relation avec le solstice d'hiver ont encore cours. Selon une autre tradition, on allume chaque dimanche de l'Avent, la période de quatre semaines précédant Noël, une bougie supplémentaire sur la couronne de l'Avent jusqu'à ce que les quatre bougies soient allumées en même temps.

L'Église orthodoxe fête Noël le 6 janvier (ce qui correspond à l'Épiphanie dans le rite latin; voir Matthieu, 2,1-12). En Italie et en Espagne, par exemple, c'est pour l'Épiphanie que les enfants reçoivent des cadeaux, en rappel des présents déposés par les rois Mages.

Ci-dessous :
Dans de nombreuses régions d'Allemagne, les paroisses organisent à la mémoire de saint Martin des retraites aux flambeaux et reconstituent la scène légendaire, dans laquelle le saint coupa son manteau en deux pour en donner la moitié à un pauvre.

L'Église au IIIe millénaire

La quête du sens de la vie

Nombreux sont nos contemporains qui recherchent « quelque chose » qui transcende leur quotidien. Or, cette interrogation sur le sens de la vie n'est pas nouvelle. Aux questions de savoir pour quoi nous vivons ou ce qu'il y a après la mort, les réponses sont multiples.

Celles apportées par l'Église ne suffisent plus à certains, qui cherchent des alternatives principalement dans l'ésotérisme, les sectes, qui promettent des expériences directes de la foi. Savants mélanges des religions les plus diverses, ces croyances entachées de mercantilisme se sont cependant fortement éloignées des enseignements aux sources desquels elles puisent.

Les composantes du christianisme, Église catholique, Église évangélique, etc., voient leur mission en ce XXIe siècle avant tout dans le domaine social. Là où l'on observe une démission de la société, l'engagement chrétien pare en partie aux urgences. L'éventail de ces actions est très large : des activités destinées aux enfants et aux adolescents, pour enrayer l'escalade de la violence – en milieu scolaire, par exemple – par des valeurs humanistes et sociales, aux centres de soins palliatifs. Dans ces structures, il est donné aux malades incurables de finir leurs jours en paix, en bénéficiant de soins dispensés par des personnels formés spécialement. Il s'agit là d'une mission importante, qui augmente le crédit dont jouissent les Églises dans l'opinion publique.

Ci-dessous :
Dans les pays pauvres, la religion joue un rôle plus important que dans les pays industrialisés. Les fidèles attendent de l'Église qu'elle les instruise et leur apporte un soutien politique.

L'Église en Europe et dans le reste du monde

On assiste depuis des années à une perte d'influence de l'Église et à une désaffection à son égard. Pas seulement pour des raisons financières (en Allemagne et en Italie, un impôt finançant les cultes est prélevé sur les revenus des particuliers appartenant aux Églises reconnues par l'État), mais parce que les fidèles ont le sentiment de ne pas être compris, de ne pas recevoir les réponses appropriées, tenant compte de leurs difficultés réelles, quotidiennes, surtout sur les questions ayant trait à la sexualité. Les positions de l'Église catholique en matière de contraception, d'avortement et de protection contre le sida, notamment, ont détourné de l'Institution de nombreux chrétiens, mais pas forcément de la foi en tant que telle. Le recul des vocations (on ordonne de moins en moins de prêtres, il y a de moins en moins de religieuses) conjugué à la baisse de fréquentation des offices entraîne la fermeture de nombreuses églises. De rares prêtres ne peuvent desservir plusieurs paroisses éloignées. Une approche plus souple de l'Église catholique à l'égard de l'ordination des femmes et du célibat des prêtres permettrait de remédier en partie à cette situation. Le pape Benoît XVI se résoudra-t-il à ouvrir avec les cardinaux et les évêques un débat sur ces questions sensibles?

Les pays émergents connaissent pour certains une évolution tout à fait contraire : les églises continuent d'être bondées le dimanche. En Amérique latine, en Chine ainsi que dans certaines régions d'Afrique, les populations attendent de la religion instruction et soutien politique. En Amérique latine, l'Église catholique doit sa popularité à des prêtres engagés, comme Ernesto Cardenal (né en 1925), qui milite au Nicaragua pour un christianisme qui est aussi une libération théologique de l'oppression et de l'arbitraire politique. Cette optique semble être partagée par les chrétiens de Chine, où le nombre de fidèles va croissant, même si Pékin nie cet état de fait.

Ci-dessus :
Au cours des dernières années, on a enregistré une désaffection à l'égard de l'Église. Les raisons en sont non seulement un travail insuffisant auprès des adolescents, mais encore les positions rigides de l'Église en matière de sexualité et de contraception.

À gauche :
Dans les centres de soins palliatifs, des personnels spécialisés prennent en charge des personnes âgées ou des malades en phase terminale. Cela soulage les familles et offre aux mourants pour le temps qu'il leur reste à vivre un environnement adapté, dans lequel ils supportent mieux leurs souffrances.

Ci-dessus :
La Journée protestante allemande rassemble tous les deux ans dans une ville différente des croyants venus vivre leur foi ensemble.

L'œcuménisme

Fondé en 1984, le Conseil œcuménique des Églises (COE) est une organisation interconfessionnelle rassemblant à l'heure actuelle 348 Églises implantées sur pratiquement tous les continents. Les points de divergence entre les Églises chrétiennes constituent un thème de discussion permanent. La charte œcuménique de cette communauté d'Églises comporte des directives pour la coopération des Églises qui, sous cette bannière commune, représentent ensemble les intérêts des différentes confessions. Elles se réfèrent à cet égard à des fondements éthiques communs.

Le COE s'est donné pour objectif prioritaire de restaurer l'unité de l'Église chrétienne. En 1985, un premier pas fut fait dans cette direction : le COE doit désormais prendre toutes ses décisions à l'unanimité.

Ensemble au service de la liberté

Les offices religieux œcuméniques jouissent d'une grande faveur à l'échelon local, notamment auprès des catholiques et des protestants. Dans un pays comme l'Allemagne, où la religion peut faire partie des matières scolaires, les élèves reçoivent souvent un enseignement commun, ce qui leur donne une ouverture sur les autres confessions. Les fêtes de Noël œcuméniques sont aussi de plus en plus fréquentes. Les Églises orthodoxes participent aussi de plus en plus activement au mouvement œcuménique, qui recherche le dialogue non seulement entre chrétiens mais encore avec les confessions non chrétiennes, et ce de plus en plus souvent. L'accent est mis moins sur les divergences que sur les valeurs communes, comme la paix, la justice et la liberté.

Journées catholiques et protestantes

Instituée au lendemain de la Seconde Guerre mondiale, la Journée protestante rassemble tous les deux ans en Allemagne des laïques disposés à s'engager non seulement au nom de la foi mais encore pour rendre le monde meilleur.

Lors de sa première édition, en 1848 à Mayence, la Journée catholique était une assemblée de représentants de l'Église à laquelle des laïques furent aussi admis. Il s'agit à l'heure actuelle plutôt d'une manifestation de grande envergure organisée par des laïques, dans le cadre de laquelle les différentes associations et structures catholiques se présentent.

> **« Afin que tous soient un » (Jean, 17,21)**
>
> Les Unions chrétiennes de jeunes gens (UCJG) sont les héritières du YMCA (Young Men's Christian Association). Ce groupe de jeunes protestants fondé en Angleterre au XIXe siècle entendait placer au centre de ses activités non pas la religion mais l'amour du prochain.
>
> Les UCJG sont ouvertes, indépendamment de leur confession, à tous les jeunes qui veulent s'engager en faveur de l'égalité des chances. Elles proposent en outre un grand nombre d'activités de loisirs.
>
> En France, les UCJG ont pour logo un Y stylisé dans les tons de noir et gris, bordé de rouge et revêtu de la double inscription UCJG et YMCA.

À gauche :
Les UCJG (YMCA en anglais) sont des associations de jeunes chrétiens qui ont de nombreuses activités communes, notamment des loisirs.

La Journée œcuménique

En Allemagne, la Journée protestante et le Comité central des catholiques instituèrent la première Journée œcuménique en 2003. Elle se déroula à Berlin et attira plus de 200 000 participants. Munich devrait accueillir la prochaine édition en 2010.

Les Journées mondiales de la jeunesse

En 2005, des centaines de milliers de jeunes venus du monde entier se réunirent à Cologne à l'occasion des XXe Journées mondiales de la jeunesse. Plusieurs jours durant, les jeunes chrétiens non seulement partagèrent des moments de joie mais encore débattirent de questions fondamentales et prièrent ensemble. Ils firent leur la formule tirée de l'Évangile selon Matthieu : « Nous sommes venus pour prier Jésus. » Ils passèrent ces journées dans l'échange et nouèrent des contacts avec des jeunes de tous pays et cultures, unis dans la même foi. Le pape Benoît XVI fut l'invité d'honneur de ce grand rassemblement, et bien qu'ils n'aient pas tous pu l'approcher, les jeunes croyants affichèrent cependant leur fierté d'avoir participé avec lui à des célébrations.

À gauche :
Le pape Benoît XVI participa aux Journées mondiales de la jeunesse à Cologne, en août 2005. Des centaines de milliers de jeunes étaient venus de tous les pays du monde pour vivre un grand moment d'échange et rencontrer le pape, même s'ils ont été bien peu à pouvoir l'approcher d'aussi près que sur cette photo.

L'activité pastorale

Ci-dessus :
En assignant à ses disciples réunis autour de lui au bord du lac de Tibériade la mission d'apporter sa parole dans le monde entier, Jésus posa la première pierre de l'œuvre missionnaire du christianisme.

« Je vous ferai pêcheurs d'hommes » (Matthieu, 4,18-22)

En assignant cette mission à ses disciples sur les rives du lac de Tibériade, Jésus fixait à tout jamais les objectifs de ses fidèles. Au cours de l'histoire bimillénaire de leur foi, les chrétiens entreprirent des voyages toujours plus lointains pour convertir les païens et annoncer la Bonne Nouvelle aux non-croyants. À partir des croisades en Terre sainte et au cours des siècles suivants, le prosélytisme chrétien fit bien des victimes parmi les « païens » : quiconque se refusait à croire dans le Dieu chrétien le payait de sa vie, à certaines époques. La christianisation allait en effet toujours de pair avec la soumission militaire. L'Église s'empara par ailleurs de lieux saints d'autres religions pour en faire des édifices chrétiens et donna un vernis chrétien à un certain nombre de fêtes païennes. De nos jours, l'évangélisation s'accompagne, dans les pays du tiers monde en particulier, d'activités de coopération dans les domaines économique et social (forage de puits et construction d'hôpitaux et d'écoles, par exemple). Dans ces établissements, on enseigne le message chrétien, mais aussi des connaissances techniques

L'évangélisation en Afrique

De nos jours, les missionnaires chrétiens en Afrique ont pour objectif premier d'aider les populations à devenir autonomes. Ils ne leur imposent plus une foi qui leur est étrangère, mais leur donnent les moyens d'être autonomes et d'assurer eux-mêmes leur subsistance. À cette fin, ils gèrent des orphelinats, des écoles formant aux métiers de l'artisanat et de l'économie ménagère, des écoles primaires ou encore des internats. Les missionnaires se considèrent comme des auxiliaires travaillant en Afrique au nom de l'Église et de l'amour du Christ pour aider les communautés locales à se constituer et à gagner leur autonomie.

Ci-dessus :
On disait de mère Teresa qu'elle était « l'ange des pauvres ». Cette religieuse consacra sa vie aux miséreux de Calcutta. Jean-Paul II la béatifia quelques années seulement après sa mort.

Page ci-contre, dans l'encadré :
À Morogoro, en Tanzanie, le Faraja Trust a mis sur pied un projet pour les enfants atteints du sida.

et des valeurs morales. Les missionnaires contemporains ont à cœur de ne pas faire sentir leur supériorité économique et refusent de faire du prosélytisme à tout crin comme par le passé, et il faut reconnaître que l'évangélisation a ouvert à de nombreux peuples le monde scientifico-technique qui repose sur des valeurs chrétiennes dans un grand nombre de domaines.

Mère Teresa, la sainte des bidonvilles

Agnes Gonxa Bajaxhiu (1910-1997) fut vénérée de son vivant comme une sainte par des chrétiens du monde entier. Cette religieuse catholique d'origine albanaise, fondatrice de la congrégation des Missionnaires de la Charité, reçut le prix Nobel de la paix en 1979 et fut béatifiée par le pape Jean-Paul II le 19 octobre 2003. Elle était entrée à dix-huit ans chez les sœurs de Notre-Dame-de-Lorette, fortement engagées dans l'instruction scolaire en Inde. Mère Teresa enseigna pendant dix-sept ans à la St. Mary's School de Calcutta, dont elle devint directrice, avant de se sentir une vocation d'aider les plus pauvres. Lorsqu'elle fonda sa propre congrégation en 1950, elle avait déjà pris la nationalité indienne. Elle se consacra dès lors à soigner les malades (essentiellement des lépreux) et les mourants. Mère Teresa fonda des mouroirs mais aussi des orphelinats pour les enfants indiens.

À la recherche de la paix intérieure

Retraites monacales

Nombreux sont ceux qui recherchent une voie qui leur permette de comprendre leur vie, d'en trouver le sens. Un séjour dans un monastère peut les y aider de manière décisive. Autrefois fermés au public, ces édifices accueillent désormais des laïques désireux de trouver ou de retrouver la paix intérieure. À l'abri des murs épais des monastères, dans le calme et le silence, ces personnes échappent au stress de la vie quotidienne. Elles y trouvent le gîte et le couvert, et peuvent suivre certains offices religieux en compagnie des moines ou des nonnes. Toutefois, les visiteurs ne sont pas contraints de se plier totalement au rythme de vie du monastère et peuvent utiliser celui-ci comme «camp de base» pour des randonnées dans le pays environnant. De nombreux monastères accueillent désormais des visiteurs, voire des séminaires. Les ordres observant la règle du silence suscitent un intérêt particulier.

Vers Saint-Jacques-de-Compostelle

Pour se trouver eux-mêmes, certains préfèrent les longues randonnées ou les pèlerinages, dont le plus apprécié est celui de Saint-Jacques-de-Compostelle, une localité du nord-ouest de l'Espagne. Jacques était l'un des

La clôture

Dans un monastère, on appelle « clôture » (du latin *claudere,* fermer) l'enceinte dans laquelle les religieux « cloîtrés » vivent entre eux. En effet, les visiteurs n'ont généralement pas accès aux cellules, ni au couloir qui les dessert, ni au dortoir des moines ou des moniales, ni au réfectoire, ni à la bibliothèque, ni au scriptorium. Parfois, les religieux ont aussi l'interdiction de sortir d'une zone particulière. Dans les ordres les plus stricts, leurs proches les rencontrent dans un parloir, coupé en deux par une grille, jadis occultée par un rideau.

douze apôtres. À l'origine, le croyant qui se rendait à son tombeau obtenait la rémission de ses péchés, d'où le succès de ce pèlerinage au Moyen Âge. La coquille Saint-Jacques que les pèlerins en rapportaient tenait lieu d'attestation. Le chemin de Saint-Jacques est devenu une destination de vacances pour ceux qui veulent se trouver eux-mêmes en faisant une grande randonnée en compagnie de personnes partageant le même état d'esprit. En 1987, le chemin de Saint-Jacques-de-Compostelle, qui se compose de plusieurs chemins convergents, fut proclamé premier itinéraire culturel européen par le Conseil de l'Europe.

Il faut en parcourir les 100 à 200 derniers kilomètres à pied, à vélo ou à cheval pour pouvoir se sentir pèlerin, ce qui est pour beaucoup une expérience très forte. Aux étapes, le pèlerin fait valider son trajet, ce qui lui donne accès à toutes les infrastructures prévues pour les pèlerins.

Le chemin de Saint-Jacques a inspiré de nombreux écrivains, dont Paulo Coelho, auteur du roman à succès, *Le Pèlerin de Compostelle*.

Page ci-contre :
Depuis quelques années, la vie monacale connaît un regain d'intérêt, aussi chez les jeunes. Le calme dans lequel se déroulent les journées dans les monastères attire nos contemporains en quête de vie intérieure.

À gauche :
Le chemin de Saint-Jacques est jalonné de coquilles Saint-Jacques taillées dans la pierre. Jadis, une coquille accrochée au vêtement attestait la participation au pèlerinage dans le respect des règles.

Ci-dessous :
Les reliques de l'apôtre Jacques reposeraient à Saint-Jacques-de-Compostelle, qui compte parmi les lieux de pèlerinage les plus anciens de la chrétienté.

L'ISLAM

2

Origines et histoire de l'islam
Remarques préliminaires

La religion venue du désert

À l'âge de quarante ans, Mahomet reçut sa première révélation divine dans une grotte du mont Hira, près de La Mecque. Il avait auparavant vécu pendant de nombreuses années dans le désert, dont il connaissait tous les dangers. La vie dans le désert est rude et fait comprendre aux hommes qu'ils ne peuvent survivre dans cet environnement hostile qu'en obéissant à des règles rigoureuses et dans une communauté établie sur une forte cohésion entre ses membres. Au cours des premiers siècles de l'ère islamique – c'est-à-dire depuis le VIIe siècle –, cette solidarité inconditionnelle avec le clan contribua à l'expansion rapide des Arabes convertis à l'islam jusqu'à ce qu'ils deviennent une puissance mondiale.

En outre, la croyance musulmane en un Dieu unique et omnipotent renforça l'identité des nomades qui reniaient le polythéisme, car le fait de s'appuyer sur un Dieu puissant – et non sur une multitude de divinités – permit d'édifier plus rapidement une communauté stable et puissante.

Les valeurs du désert

Un seul Dieu – Allah –, une loi – la charia –, un clan et une foi commune… Beaucoup des traits qui caractérisent les Arabes musulmans et leur culture ont été fortement imprégnés par les conditions de vie ingrates dans le désert, même si d'autres facteurs ont également joué un rôle. Si l'on veut comprendre l'islam du monde arabe et son importance au IIIe millénaire de notre ère, il faut donc prendre en compte l'influence du désert, qui a notamment forgé les valeurs intemporelles que sont la cohésion de la famille et la fidélité au clan.

Ci-dessous :
Les conditions de vie difficiles dans le désert exigent des valeurs telles que la solidarité et la discipline, et constituent le fondement de la foi islamique.

Le prophète Mahomet

Enfance et caractère du Prophète

Mahomet – Muhammad en arabe – naquit à La Mecque en 570. Bien avant sa naissance, sa mère Amina aurait entendu la voix d'un ange qui lui fit cette prophétie : «Le fils que tu portes sera le seigneur et le prophète de ton peuple.» Le père de Mahomet mourut juste avant sa naissance. Sa mère décéda lorsqu'il avait six ans.

On décrit Mahomet comme quelqu'un de plutôt timide et réservé, mais extraverti avec ses amis. Si les musulmans refusent de donner des traits physiques à leur Prophète et de le représenter, son apparence a néanmoins parfois été évoquée par certains commentateurs. Mahomet aurait été de taille moyenne, de constitution puissante, avec la peau claire. Son visage, comparable à la Lune, dégageait une douce lueur; il aurait eu un nez busqué et des yeux noirs parsemés de petits points bruns, une chevelure vigoureuse, une barbe et une grande bouche, qui s'ouvrait de temps à autre en un sourire chaleureux. Mahomet parlait lentement, avec précision, en articulant chaque syllabe.

Une marque aussi grosse qu'un œuf de pigeon

Mahomet était souvent pressé, de sorte que ceux qui l'accompagnaient avaient du mal à le suivre. La barbe de Mahomet est devenue un symbole religieux important et la source de reliques de grande valeur. Bien des mosquées revendiquent la possession de poils de sa barbe. Les reliques sont conservées dans de précieux récipients et naturellement placées sous étroite surveillance.

Mahomet avait une marque de la taille d'un œuf de pigeon entre les épaules. C'est grâce à ce «sceau de la prophétie» que le moine Bahira aurait un jour reconnu en l'enfant le Prophète attendu.

Ci-dessus : La Mecque, lieu de naissance de Mahomet, est aujourd'hui l'une des villes les plus modernes d'Arabie saoudite. Des millions de pèlerins s'y rendent chaque année.

À gauche, dans l'encadré : Un religieux musulman présente aux croyants un récipient en verre contenant des poils de la barbe de Mahomet. Ce sont parmi les reliques les plus précieuses de l'islam.

Ci-dessus :
À l'époque antéislamique appelée « époque de l'ignorance », les tribus nomades hostiles se rencontraient trois fois par an à La Mecque, où elles effectuaient un pèlerinage et apaisaient leurs dissensions pendant cette trêve.

Terre infertile et polythéisme

Mahomet a grandi orphelin à La Mecque, une ville qui, selon le Coran, est située «dans une vallée sans semences». Il est fait allusion à cette péninsule en grande partie infertile, s'étendant sur 2000 kilomètres de long et 1200 de large, constituée principalement, à l'époque antéislamique, de déserts parsemés de quelques oasis. Les étés à La Mecque étaient, et sont toujours, brûlants; les hivers se caractérisent par de fortes précipitations, avec parfois des orages violents. La région connaît de longues périodes de sécheresse. Cette géographie particulière de l'Arabie a été un facteur important dans l'évolution de Mahomet, qui connut très tôt la rigueur du désert, où quiconque veut survivre doit observer des règles strictes.

L'époque de l'ignorance

Les hommes que côtoyait le jeune Mahomet étaient des nomades arabes qui pratiquaient surtout l'élevage et la chasse pour assurer leur subsistance et un peu de commerce, ce qui les amenait à entreprendre fréquemment de longs voyages. Au cours de la première moitié du VIe siècle, les caravanes étaient fréquemment attaquées et pillées, sauf pendant quatre mois (les premier, septième, onzième et douzième mois de l'année lunaire), au cours desquels les guerriers des différentes tribus venaient en pèlerinage à La Mecque et suspendaient les hostilités. Les musulmans nomment la période antéislamique l'«époque de l'ignorance» *(al-jahiliya),* quand les Arabes adoraient de nombreuses divinités et pratiquaient différents rituels, dont des cérémonies pour la fertilité et faire tomber la pluie. La grande majorité des Arabes n'avaient que de vagues représentations religieuses, fortement teintées de magie. Par ailleurs, ils ne croyaient pas à une vie après la mort.

La Kaba et La Mecque

Au cœur de la religion polythéiste, avant l'avènement de l'islam, se trouvait un temple cubique, la Kaba – ou Kaaba –, qui aurait été construit jadis par Abraham pour servir de lieu de sacrifice. D'après la croyance musulmane, Abraham était lui-même un *hanif,* un chercheur de vérité qui, à l'époque où régnait l'idolâtrie, croyait en un Dieu unique et se soumettait sans condition à ses commandements. La tribu des Qoraychites, à laquelle appartenait Mahomet, fut durant de nombreuses générations gardienne du sanctuaire de La Mecque. La ville était, déjà à cette époque, le centre économique et religieux du monde arabe, qui ne constituait pas toutefois une unité politique mais était divisé en de nombreux territoires tribaux.

Celui qui est « digne de confiance »

Avant de devenir prophète, à l'âge de quarante ans, Mahomet avait déjà été nommé par les membres de son entourage celui qui est « digne de confiance », car il s'était affirmé comme médiateur dans un conflit religieux. Il s'agissait de déterminer le meilleur emplacement de la Pierre noire, devant être vénérée dans la Kaba. Un désaccord ayant surgi au sujet de son orientation, Mahomet résolut le conflit de cette façon : il plaça la Pierre noire sur un manteau, puis demanda aux chefs des tribus de prendre chacun une extrémité du vêtement. Ils la portèrent ainsi tous ensemble à son lieu de destination finale.

L'épouse de Mahomet

À l'âge de vingt-cinq ans, Mahomet entra au service de la riche veuve Khadija, pour le compte de laquelle il entreprit plusieurs voyages commerciaux en Syrie. Il fit une telle impression sur Khadija qu'elle l'épousa ; elle lui donna sept enfants, dont Fatima, vénérée dans certaines parties du monde islamique (chez les chiites) comme la fille préférée du Prophète. Du vivant de Khadija, Mahomet lui resta fidèle. Plus tard, il eut au moins neuf autres épouses. Le propos attribué à Mahomet, « Le mariage est ma sunna », a été la ligne directrice du comportement des hommes musulmans vis-à-vis des femmes. La sunna est la tradition et la loi, et a donc force obligatoire. Autre aphorisme du Prophète : « Le Paradis est aux pieds des mères. »

Ci-dessus :
La Kaba, un temple cubique sans fenêtres, recouvert d'un brocart noir, se trouve dans la cour intérieure de la Grande Mosquée de La Mecque.

Ci-dessous : Le prophète Abraham et son fils Ismaël auraient construit la Kaba comme lieu de sacrifice.

Empreinte de pied et utilisation de la main droite

Dans les pays musulmans, les reliques occupent une place importante, notamment les pierres qui porteraient l'empreinte du pied du Prophète. Selon la légende, le pied de Mahomet a laissé une trace sur le rocher de la mosquée Al-Aqsa, à Jérusalem, où il s'est arrêté avant d'entreprendre à cheval son Voyage nocturne au ciel. Des croyants trouvent constamment des pierres portant une empreinte de pied qui serait la même que celle du Prophète. De telles pierres sont vénérées par les fidèles ; souvent, ils les touchent puis se passent la main sur la tête et la partie supérieure du corps. Ainsi, la bénédiction de Mahomet est sur eux. Autre fait important : le Prophète aurait accompli tous ses actes de la main droite, en tout cas tout ce qui a trait à la nourriture, à la boisson ou aux affaires. La main gauche servait à la purification après l'accomplissement des besoins, c'est pourquoi, aujourd'hui encore, beaucoup de musulmans ne touchent pas leurs aliments de la main gauche.

À droite :
La mosquée Al-Aqsa (dôme du Rocher), à Jérusalem où, selon la légende, Mahomet aurait laissé l'empreinte de son pied lorsqu'il y fit une courte halte au cours de son Voyage nocturne, avant de s'élever au ciel sur son cheval.

L'expatriation de Mahomet

En 622, le Prophète partit avec ses partisans à Yathrib, l'actuelle Médine (« Ville du Prophète »). Cette « expatriation » marque le début de l'ère islamique. Le combat de Mahomet contre La Mecque n'était cependant pas terminé. Après plusieurs batailles et des sièges entrepris par les deux camps, La Mecque se rendit en 630. Mahomet entra en vainqueur dans sa ville natale et fit de la Kaba le principal sanctuaire de sa religion. Celle-ci se propagea lentement mais régulièrement dans toute la péninsule Arabique. Aujourd'hui, l'islam est pratiqué dans cent trente-deux pays. Le pèlerinage à La Mecque, ou hadj, une injonction divine à tout musulman, est intégré dans la loi canonique comme l'un des « cinq piliers » de l'islam. Mahomet, le Prophète, chef de la communauté musulmane, mourut à Médine le 8 juin 632, dans les bras de son épouse Aicha.

Ci-dessous
Dans le mont Hira, aux environs de La Mecque, se trouve la grotte où Mahomet reçut sa première révélation divine.

L'appel prophétique

Durant le mois de ramadan, Mahomet se retirait régulièrement dans une grotte du mont Hira, près de La Mecque, pour prier. Il jeûnait et méditait, et c'est là qu'il reçut de Dieu sa première révélation, qui l'ébranla profondément et le plongea de prime abord dans un grand désarroi. Il entendit une voix qui lui dit : « Lève-toi et avertis ! »

À l'instar des prophètes de l'Ancien Testament, il considéra dès lors, soutenu par son épouse Khadija, que son devoir était d'amener les gens à se convertir et à se détourner de l'idolâtrie. Mahomet eut plusieurs visions où Gabriel lui apparaissait régulièrement et se faisait de plus en plus pressant, et il se sentit alors conforté dans sa mission : accomplir exclusivement la volonté de Dieu.

Le Voyage nocturne du Prophète

Un autre épisode visionnaire est le Voyage nocturne de Mahomet, au cours duquel Dieu le transporta de La Mecque à Jérusalem, d'où il s'éleva au ciel, monté sur une créature extraordinaire, un cheval volant. C'est alors que lui furent prescrites les cinq prières quotidiennes qui, depuis lors, caractérisent le rite musulman.

Mahomet était en proie à une grande agitation et parfois rempli de crainte. Pendant trois ans, il refusa de proclamer publiquement le message de Dieu. Il ne parla de ses visions qu'à sa famille et à un cercle étroit de personnes de confiance. Mais son message ne resta pas longtemps confiné à son entourage, et un nombre croissant d'hommes et de femmes se convertirent progressivement à l'islam, «jusqu'à ce que sa renommée s'étende à toute La Mecque et que chacun en parle (1)». Mahomet prêchait la soumission à la volonté de Dieu, c'est ce que Dieu attendait de ses créatures.

Mahomet, fondateur d'une religion

La force de Mahomet réside incontestablement dans le fait qu'il a mis en évidence l'importance capitale et exclusive d'un Dieu unique, Allah, pour les Arabes et pour toute la Création : «Il n'y a pas d'autre dieu que Dieu», dit le Prophète. Tous les autres sont de faux dieux, des idoles, que l'homme a créés lui-même. Après l'avoir reconnu, Mahomet fit détruire toutes les idoles qui étaient exposées dans la Kaba.

La soumission à la volonté de Dieu, qui est le sens même d'«islam», définit le message fondamental du Prophète («islam» pourrait également dériver du mot arabe *salam*, «paix»). Les musulmans sont donc ceux qui s'en remettent entièrement à Dieu.

À la suite de cette prédication, Mahomet dut quitter rapidement La Mecque. Son attitude de plus en plus intransigeante intensifia le conflit avec les Mecquois, qui se sentaient menacés dans leur mode de vie par son message et lui manifestèrent ouvertement leur hostilité.

Ci-dessus : Chevauchant sa monture, Mahomet est transporté au ciel par Dieu lors de son Voyage nocturne. C'est là que furent prescrites les cinq prières quotidiennes du croyant.

Les quatre premiers califes et l'expansion de l'islam

Les quatre premiers califes, dits «les bien-guidés», faisaient partie des proches compagnons du Prophète; ils estimaient que c'était pour eux un devoir impérieux de diriger la communauté et de faire appliquer la loi. L'islam se répandit à une vitesse fulgurante dans toute la péninsule Arabique : la Syrie fut islamisée dès 636, puis ce fut le tour de l'Égypte, en 641, et de la Perse, en 642. Les musulmans assiégèrent Constantinople en 674, conquirent Carthage en 696; en 711, ils traversèrent le détroit de Gibraltar et mirent le pied en Espagne (ils restèrent en Andalousie jusqu'en 1492). En 732, ils étaient en France, face aux troupes des Francs de Charles Martel, qui stoppa leur progression à Poitiers.

Les successeurs de Mahomet

Les chiites et le chiisme duodécimain

Après la mort de Mahomet, le conflit engendré par sa succession entraîna très tôt une scission entre la majorité sunnite et le parti (en arabe, *chi'a*) du calife Ali ibn Abu Talib. Les sunnites suivent la sunna (tradition) du Prophète. Ils constituent le courant majoritaire dans l'islam (environ 90 %). À partir de dissensions politiques, qui divisèrent les croyants en deux camps après la mort du Prophète, se développèrent des divergences théologiques. C'est de là qu'est né l'islam chiite, qui existe aujourd'hui principalement en Iran, en Iraq, au Liban et à Bahreïn.

Les chiites duodécimains (ou *chi'a* des douze imams) sont l'une des branches du chiisme. Ils se distinguent de l'islam sunnite surtout par le fait qu'ils réfutent l'autorité des trois premiers califes Abu Bakr (632-634), Omar (634-644) et Othman (644-656), en tant que transmetteurs des traditions de l'islam, et reconnaissent douze imams, descendants de Mahomet, réputés les seuls capables de saisir en profondeur le sens du Coran.

Les chiites duodécimains

La *chi'a* des douze est la lignée des douze imams qui se sont succédé légitimement. Le douzième imam, Muhammad al-Muntazar (« l'Attendu ») disparu en 874, alors qu'il n'était qu'un enfant, est considéré par les chiites comme étant « caché » pour toujours ; certaines sectes chiites contestent même son existence. De 873 – année de la mort du onzième imam – à 939, quatre « médiateurs » ont prétendu être en relation avec le douzième imam et accomplir ses instructions en son nom. À la fin des temps, lorsque le (douzième) imam réapparaîtra comme le « Mahdi » (le Bien-Dirigé), il sera le sauveur qui rétablira la justice.

Ci-dessous : Hussein, le petit-fils de Mahomet, mourut pendant la bataille de Kerbela, en Iraq. Ce combattant de la foi est considéré par les chiites comme un martyr.

Autres dogmes religieux des chiites

Les chiites pleurent la mort d'Hussein, le petit-fils du Prophète, qui périt en Iraq dans un massacre, en 681. Le martyre d'Hussein donne lieu, aujourd'hui encore, à des autoflagellations sanglantes parmi ses fidèles. Les chiites vénèrent en outre Ali, le fondateur de leur foi. Le terme «chiites» désigne «ceux qui suivent Ali». Dans la vie quotidienne, les chiites, contrairement aux sunnites, peuvent contracter des mariages temporaires; ils peuvent dissimuler leur foi s'ils sont l'objet de persécutions religieuses.

Les chiites septimaniens

Un autre groupe dans l'islam ne reconnaît que sept imams : ce sont les chiites septimaniens, ou *chi'a* des sept. Leur enseignement est tenu secret. À ce groupe appartiennent les ismaéliens, dont le nom se réfère au septième imam caché, Muhammad ibn Ismaïl. Ils désignent Dieu surtout par des attributs négatifs : Dieu n'est ni existant, ni non existant, ni puissant, ni faible, etc. Les ismaéliens interprètent le Coran dans un sens plutôt allégorique, non littéral, ce qui a donné lieu à une exégèse mystique et ésotérique. On compte aujourd'hui environ 18 millions d'ismaéliens, vivant en Afrique de l'Est, en Inde, en Afghanistan et en Asie centrale.

Ci-dessus :
Le sanctuaire de l'imam Reza est le principal lieu saint des chiites. Chaque année, 20 millions de croyants viennent en pèlerinage sur ce site situé en Iran.

Ci-dessous :
Pour les chiites, un imam est le successeur légitime de Mahomet. Ils estiment que seuls les imams sont à même de saisir le sens profond du Coran.

Le calendrier islamique

Le calendrier islamique, divisé en douze mois, est lunaire : en fonction des phases de la Lune, il compte donc dix ou onze jours de moins que le calendrier grégorien, solaire. Sur une période de 32,5 ans, il progresse en sens inverse («à rebours») du calendrier grégorien. Chaque mois comprend, selon la phase lunaire, 29 ou 30 jours. Étant donné que la synchronisation se fait à chaque nouvelle lune, le calendrier islamique n'a pas besoin de rectification, comme les «années bissextiles» du calendrier grégorien.

L'essor de l'islam

Ci-dessus :
Une vue de l'Alhambra, forteresse et palais dans la ville de Grenade, en Andalousie (Espagne). L'Alhambra est un exemple remarquable de l'architecture et de l'art islamiques.

Bagdad, centre de la théologie musulmane

Après la mort de Mahomet, en 632, ce sont d'abord ses proches compagnons qui exercèrent le pouvoir sur un royaume en expansion rapide. Au milieu de nombreux conflits au sein du clan du Prophète, la dynastie des Omeyyades établit son hégémonie. Ils firent de Damas leur capitale, d'où ils régnèrent à partir de 661 et contribuèrent largement à la propagation de l'islam. Cependant, leur luxe exagéré et la corruption de leur régime leur attirèrent la réprobation croissante des pieux musulmans. En 750, ils furent renversés par les Abbassides. Ceux-ci régnèrent depuis Bagdad pendant presque cinq siècles et firent de la cité un puissant bastion islamique et le centre culturel du monde, tel qu'on le connaissait à l'époque. Le célèbre calife des Abbassides est Haroun al-Rachid (786-809), dont la cour somptueuse est décrite dans les contes des *Mille et Une Nuits*. Bagdad était le centre de la poésie, des sciences, de la musique et de la mode, mais également de débats philosophiques – comme la question du libre arbitre de l'homme ou de la nature de Dieu. Les écoles juridiques orthodoxes refusaient catégoriquement de telles considérations. Elles estimaient que personne ne devait contester la nature de Dieu ni philosopher à ce sujet.

Naissance de différents centres islamiques

Au début du Xᵉ siècle, les Fatimides parvinrent au pouvoir au Maghreb (Tunisie, Algérie). Ils refusèrent de prêter allégeance au souverain abbasside de Bagdad et s'autoproclamèrent califes. Ils transférèrent leur capitale au Caire, qui venait d'être créée. À la même époque, la dynastie des Seldjoukides conquit la partie orientale de l'empire islamique, principalement des régions où vivaient des peuples perses et turcs, tandis qu'à l'ouest l'Espagne devenait un important centre islamique – sous une branche des Omeyyades. C'est là qu'au cours des siècles suivants l'islam enrichit les sciences et de nombreuses sphères de la vie, au bénéfice de tout l'Occident. Dès le milieu du VIIIᵉ siècle et jusqu'à la fin du XVᵉ, des impulsions fondamentales pour la philosophie, la poésie, les sciences et la mystique jaillirent de villes comme Grenade, Cordoue et Séville.

L'islam dans la péninsule Ibérique

En 711, le chef des armées Tariq ibn Ziyad, venu de Mauritanie (d'où vient le terme « Maures »), posa le pied sur la péninsule Ibérique. Le lieu où il débarqua porte son nom : Gibraltar, ou la « montagne de Tariq ». En quatre ans seulement, la domination islamique s'étendit à toute la péninsule Ibérique, à l'exception d'une bande étroite au nord. L'Espagne islamique autour de Cordoue s'appela Al-Andalus (qui a donné « Andalousie »). L'arrivée des musulmans fut bien accueillie par la population, hormis la classe dirigeante, et même considérée comme une libération, en particulier par les juifs, qui se tenaient aux côtés des musulmans pendant les combats et adoptèrent plus tard la langue arabe en signe de gratitude.

Ci-dessus :
Inaugurée en 1997, la mosquée Ibrahim al-Ibrahim sur le rocher de Gibraltar est un cadeau du roi Fahd d'Arabie saoudite à la population de Gibraltar, qui compte aujourd'hui encore 7 % de musulmans.

La culture et les sciences en plein essor

L'islam apporta une masse énorme de savoir dans le pays, qui contribua à l'essor économique de l'Espagne. Grâce à leur technique d'irrigation, les musulmans fertilisèrent les terres incultes. De nouvelles plantes furent importées, comme l'oranger, originaire de Perse. Particulièrement lucrative était également la production de cuir, de céramique, de papier et d'étoffes, des articles qui passaient en Europe pour des biens de luxe, car on ne possédait pas alors les connaissances nécessaires à leur production. Sous l'égide de l'islam florissaient également des sciences telles que les mathématiques, l'astronomie et la médecine. Toute l'Europe entra ainsi en contact avec un progrès scientifique, qu'elle condamna d'abord et dont elle ne commença à profiter que bien des siècles plus tard, par exemple pour l'éclairage des rues. Alors que les villes du reste de l'Europe étaient plongées le soir dans l'obscurité, on utilisait déjà en Espagne, dès le coucher du soleil, des lanternes à l'extérieur. L'architecture était également florissante, comme on peut encore l'admirer aujourd'hui à Cordoue ou à Grenade, dans le magnifique palais de l'Alhambra.

À gauche :
Haroun al-Rachid, dont la cour fastueuse est légendaire, écoute avec attention un poète, dans une scène des Mille et Une Nuits. *La ville de Bagdad était florissante sous son règne.*

L'éclat de la culture musulmane

Apogée des sciences et de la culture

La domination islamique en Espagne fut extraordinairement bénéfique pour le pays, et profita également au reste de l'Occident. Au milieu du Xe siècle, Cordoue était la ville la plus importante et la plus riche d'Europe. Le nombre de ses habitants était évalué à un demi-million, à une époque où aucune ville européenne, à l'exception de Constantinople, ne dépassait 30 000 habitants. Cordoue devint un centre pour les sciences et était également dotée d'une infrastructure sanitaire et éducative remarquable. Avec cinquante hôpitaux, quatre-vingts écoles publiques, dix-sept instituts d'enseignement supérieur et universités ainsi que vingt bibliothèques publiques, la cité rayonnait sans conteste sur toutes les villes européennes. Son stock de livres, en particulier, dépassait tout ce que connaissait l'Europe auparavant. Quelques bibliothèques contenaient des centaines de milliers de livres, ce qui n'avait rien d'extraordinaire dans le monde islamique de l'époque ; mais, comparé aux quelques centaines d'ouvrages des autres bibliothèques, c'était sur le sol européen quelque chose de prodigieux.

La culture islamique sur le bûcher de l'Inquisition

Le choc entre l'Europe chrétienne et le monde islamique, qui devint de plus en plus sanglant avec les croisades menées au Proche-Orient par l'Église catholique du XIe au XIIIe siècle, eut également de lourdes conséquences pour l'essor culturel qu'avaient créé les musulmans en Andalousie. Le système d'irrigation s'écroula, et les campagnes se désertifièrent. Les universités furent laissées à l'abandon et les villes se paupérisèrent. En 1499, le Grand Inquisiteur espagnol, le cardinal Ximénez, fit ériger des bûchers sur la place du marché de Grenade, où furent brûlés des livres provenant des bibliothèques islamiques. Un million de livres aurait ainsi été la proie des flammes. Les feux durèrent pendant des jours.

Ci-dessous :
Le nombre de bibliothèques caractérisait le statut culturel des villes. Cordoue, qui comptait vingt bibliothèques publiques, était à l'époque le centre incontesté des sciences en Europe.

Les chiffres arabes

L'Occident a découvert le système de numération grâce aux Arabes, qui l'ont eux-mêmes appris des Indiens (c'est pourquoi les Arabes parlent encore de « chiffres hindous »). En Inde, on commença à compter et à calculer avec des chiffres vers 300 av. J.-C. Dans une étape intermédiaire, on ajouta une lettre liée à la valeur du chiffre (par exemple 6T, 7H, 4Z et 2E pour 6742). Au VIe siècle, tandis que les Arabes se familiarisaient avec le système arithmétique, les Indiens l'avaient déjà entièrement mis au point. Désormais, on pouvait faire des calculs par écrit. La découverte du zéro fut également capitale. Lorsque les chiffres arabes apparurent en Occident, la compréhension du zéro s'avéra particulièrement difficile. Le nouveau système de numération fut introduit en Occident vers 999 par le pape Sylvestre II qui, dans sa jeunesse, entretenait déjà des liens avec le califat de Cordoue.

Le zéro

Au début, certains chiffres étaient encore désignés en Europe par leur nom arabe. Ainsi, quatre se disait *arbas,* et huit, *temenias.* À l'origine, on parlait de « figures », et seul le zéro (*sifr* en arabe) méritait le nom de « chiffre ». Cette distinction prêtait à confusion, et quand le zéro fut introduit en Occident, au XIe siècle, le peuple ne parlait que de « chiffres ». C'est pourquoi fut introduite pour le zéro l'expression *nulla figura* (« pas une vraie figure »), qui devint *nulla,* d'où *Null,* zéro en allemand. Quant à *sifr,* il a donné, outre notre mot « chiffre », *zefiro* en italien, qui est devenu « zéro » en français.

À gauche : L'Occident a découvert les chiffres arabes, originaires en fait d'Inde, grâce aux musulmans. Auparavant, on utilisait le système de numération complexe des Romains, qui se prêtait mal au calcul.

Ci-dessous : En 785, le calife Abd al-Rahman fit construire à Cordoue une mosquée, la troisième du monde. Les arcs sont soutenus par 860 colonnes de marbre.

L'Égypte et al-Hakim, l'insensé

Les relations entre les religions

Aux Xe et XIe siècles, l'Égypte devint la principale puissance du monde arabo-musulman. Au IXe siècle, la majorité de la population était encore chrétienne. Pour ne pas compromettre les vieilles relations commerciales, il était important pour les califes d'entretenir de bonnes relations avec les chrétiens et les juifs des autres pays et même de l'intérieur, comme le fit la dynastie des Fatimides alors au pouvoir. Dans l'Islam actuel, l'Égypte conserve toujours une physionomie qui lui est propre.

Un calife dément ?

Le despotisme du calife fatimide al-Hakim (996-1021) mit fin à ce climat de tolérance. Il instaura des mesures drastiques : interdiction de toutes les boissons fermentées et de certains aliments, persécution des astrologues et interdiction aux femmes de quitter leur maison. Les infractions à ces règles étaient passibles de la peine de mort.

En 1008, al-Hakim commença à persécuter cruellement les juifs et les chrétiens. Il leur interdit de consommer du vin et de la viande de porc, et réintroduisit des prescriptions vestimentaires discriminatoires : les juifs devaient porter une cloche autour du cou. En même temps, des prédicateurs annonçaient qu'al-Hakim incarnait la raison divine, qu'il était la plus haute incarnation de Dieu, outre son être ineffable.

Cet enseignement a aujourd'hui encore des adeptes chez les Druzes, une communauté qui vit au sud du Liban, au sud-ouest de la Syrie et au nord d'Israël. Depuis la mort d'al-Hakim, les Druzes croient que celui-ci est «occulté» et reviendra un jour en tant que Messie.

À droite : Des adeptes de l'enseignement d'al-Hakim sont présents aujourd'hui chez les Druzes, une communauté qui vit notamment au Liban.

Les Assassins

Ci-dessus : Le mont Alamut, en Iran, où les premiers « kamikazes » de l'histoire avaient édifié leur forteresse, aujourd'hui détruite.

Les premiers attentats suicides de l'histoire

Les Assassins (du mot arabe *hachachins,* «enivrés de haschich»), appelés aussi Nizarides, font partie des ismaéliens, une secte religieuse née d'une scission au sein de l'islam. Depuis le XIe siècle, ils réussirent à exister comme société secrète jusqu'au XIIIe siècle, où ils furent chassés par les Mongols. Leur forteresse était Alamut, qui se trouve aujourd'hui en Iran, près de la mer Caspienne. Les Assassins sont les premiers à avoir créé une organisation efficace et surtout durable, dans le but de se servir de la terreur comme arme politique. Dans leurs attentats meurtriers, ils utilisaient toujours le poignard, jamais le poison, ce qui aurait été souvent plus facile. Après avoir accompli son acte, un Assassin ne cherchait généralement pas à fuir, car survivre à une mission aurait été une honte, une attitude que l'on trouve également chez les «kamikazes» d'aujourd'hui.

Le Vieux de la Montagne

Les actes des Assassins étaient froidement calculés et empreints de fanatisme religieux. Leur règle du secret absolu leur garantissait la sécurité à l'extérieur et la solidarité dans leurs rangs. C'est ainsi que se créa une cohésion au sein du groupe – sous la direction d'un chef à la fois charismatique et calculateur, Hassan al-Sabbah, surnommé le «Vieux de la Montagne», qui parvint à s'attacher une troupe puissante de partisans. Beaucoup d'entre eux mouraient pour lui après en avoir reçu l'ordre.

Puissance et séduction

Depuis des siècles, de nombreux récits, souvent terrifiants, ont circulé sur les Assassins, dans lesquels il est question de fanatiques religieux et d'assassins (d'où vient peut-être ce mot français). Ils menaçaient incontestablement les princes musulmans et les croisés. Tel le diable, les

Le djihad, la guerre sainte

On parle de «guerre sainte» dans le Coran, mais en donnant à ce terme diverses interprétations : «Qui ne croit en Dieu ni à Son Envoyé... Pour les dénégateurs, Nous préparons l'Enfer» (surate 48,13). D'une part, la «guerre sainte» a lieu à l'intérieur de l'homme : c'est une lutte sur la voie de Dieu visant à se purifier et à faire preuve de compassion vis-à-vis d'autrui. Les successeurs de Mahomet interprétaient cependant ce terme aussi dans un sens sanguinaire – et en 624 eut lieu la première guerre sainte, avec la bataille de Badr.

Tout au long de l'histoire de l'islam, des «guerres saintes» ont sans cesse été menées et légitimées par des raisons religieuses, en vue d'étendre la domination de l'islam. Nombre de musulmans radicaux voient aujourd'hui dans le djihad une arme légitime contre la puissance et la civilisation occidentales.

Les auteurs d'attentats suicides considèrent la « guerre sainte » comme une arme légitime contre l'emprise de l'Occident sur leur vie.

Assassins se transformaient en «anges de lumière» (d'après une description de l'époque), en imitant les gestes, les vêtements, la langue, les coutumes et le comportement de nombreux peuples et nations, pour ensuite accomplir leurs objectifs meurtriers. En 1192, Conrad Ier de Montferrat, seigneur de Tyr et roi de Jérusalem, compta parmi leurs victimes. Ils attachaient peu d'importance à leur propre vie. Le Vieux de la Montagne fit une démonstration impressionnante de ce détachement et de son pouvoir, en présence de croisés. Dans sa forteresse d'Alamut, il ordonna à deux Assassins de se jeter dans le vide. Les deux hommes s'exécutèrent sans hésiter, devant les chrétiens horrifiés.

Les Assassins et les croisés

Le Krak des chevaliers, dans le comté de Tripoli, en Syrie, était la plus puissante citadelle

Ci-dessus : Le Krak des chevaliers, situé près de Maysaf (dans la Syrie d'aujourd'hui), était la puissante forteresse des croisés. Les Assassins nouaient parfois des alliances avec les Européens.

Des drogues et un jardin secret

Une des nombreuses histoires qui se sont tissées autour des Assassins se rapporte aux drogues qu'ils auraient consommées. Selon de nombreux historiens, la préparation d'une mission incluait un séjour nocturne dans un fabuleux jardin secret, près d'Alamut, que le Vieux de la Montagne louait comme étant un avant-goût du paradis. On suppose qu'il distribuait des drogues douces, peut-être du haschich, à ceux qui allaient commettre un attentat, et ce afin de renforcer leur imaginaire et transformer le jardin en lieu paradisiaque. Un bain les attendait dans un lac magnifique et il y avait des jeunes filles d'une beauté incomparable, comme aucun Assassin n'en avait jamais vu auparavant. C'était sans aucun doute le paradis !

Peu avant le lever du soleil, les hommes devaient quitter le jardin, mais ils étaient prêts à mourir pour ce qu'ils avaient vu et pour la beauté dont ils avaient été gratifiés.

On suppose que Hassan al-Sabbah donnait des drogues, telles que le haschich, à ses subordonnés, avant de les envoyer au jardin secret pour les préparer à accomplir leur tâche.

des croisés ; c'était une forteresse quasi imprenable. Les croisés chrétiens et les Assassins musulmans s'unirent pour lutter contre les princes sunnites de Perse. Ce pacte comprenait l'échange d'informations, mais également la conclusion d'alliances à des fins spécifiques, par exemple les plans de conquête des chevaliers chrétiens.

Tour rusé qu'il fût, le Vieux de la Montagne savait que sa tactique habituelle, qui consistait à tuer l'homme le plus important d'une organisation, d'une principauté, etc., serait inefficace face aux croisés, qui trouveraient rapidement un nouveau chef dans leurs rangs. Il pactisait donc avec eux et payait même un tribut lorsque les chevaliers l'exigeaient.

La fin d'Alamut

Les murailles d'Alamut subirent en 1256 l'assaut des Mongols qui, avec leurs hordes de cavaliers habiles et grâce à la puissance de leurs arcs composites, déferlèrent sur le pays et les hommes, tel un ouragan.

Rien ni personne ne leur résista. Le « nid d'aigle » d'Alamut mena une résistance désespérée pendant quatre ans. Finalement, les Mongols prirent d'assaut la forteresse des Assassins qu'ils incendièrent, sauf les murs de soubassement.

Les richesses d'Alamut, dont l'observatoire et une collection incomparable d'ouvrages scientifiques, religieux et philosophiques, furent presque entièrement détruites lors de la conquête finale par les Mongols, en 1260. Seuls quelques manuscrits furent sauvés par le secrétaire sunnite du chef des Mongols, dont l'autobiographie d'Hassan al-Sabbah, le Vieux de la Montagne. Elle servit plus tard à la rédaction d'un ouvrage sur les Assassins, œuvre du secrétaire Duschweini.

De petits groupes nizarides, depuis longtemps pacifiques, vivent aujourd'hui encore en Syrie.

Ci-dessous : L'assaut des Mongols scella le destin des Assassins. Tel un ouragan, ils déferlèrent sur le pays et détruisirent la forteresse d'Alamut, qu'ils réduisirent en cendres, sauf les murs de soubassement.

Des Mongols aux Ottomans

La domination des Mongols

En 1258, le dernier calife abbasside de Bagdad tomba aux mains des Mongols qui, au cours du XIIIe siècle, envahirent l'empire islamique. C'était également la fin de l'époque des croisades menées par les chevaliers chrétiens, qui s'étaient établis à Jérusalem en 1099 et avaient réussi à s'affirmer militairement contre les musulmans pendant de nombreuses années. C'est Saladin (1137-1193) qui en triompha définitivement. Issu de la dynastie kurde des Ayubbides, Salah al-Din Yusuf devint sultan de la Grande Syrie et de l'Égypte, et chassa les croisés de la Terre sainte. En revanche, les Mongols ne furent pas vaincus mais islamisés. Ils avaient presque réussi à faire perdre à l'Islam sa puissance – également grâce au soutien des pays chrétiens voisins ; la culture islamique avait ainsi failli disparaître. Au fil de leurs vastes conquêtes, les Mongols ouvrirent des voies commerciales à travers toute l'Asie.

À droite :
La domination des Mongols dura longtemps, jusqu'à ce que les Ottomans envahissent leur empire et mettent fin à leur hégémonie.

À gauche :
Depuis la prise de Jérusalem en 1099, les croisés s'étaient établis dans la ville. Ils furent finalement vaincus par les Mongols et chassés de Terre sainte.

Ci-contre :
Sélim Ier, appelé « le Rigoureux », fut sultan de l'Empire ottoman (1512-1520), après avoir détrôné son père.

Le pouvoir passe aux mains des Ottomans

En 1250, les Ayyubides furent remplacés en Égypte par les Mamelouks qui, jusqu'en 1517, assurèrent militairement à l'Égypte, centre du monde islamique, une certaine stabilité. La découverte de l'Amérique, à la fin du XVe siècle, et l'ouverture de nouvelles voies maritimes reliant l'Europe à l'Orient portèrent toutefois préjudice à l'économie du royaume mamelouk. En 1516-1517, celui-ci tomba sous la domination des Ottomans, en pleine expansion depuis le XIVe siècle. Le 29 mai 1453, Mehmed II Fatih (le Conquérant) avait pris Constantinople (l'ancienne Byzance), qui allait devenir Istanbul : les Ottomans mettaient ainsi fin à l'Empire byzantin, qui avait duré mille ans. En 1550, l'islam achevait son expansion dans les régions en bordure de l'océan Indien.

Souveraineté ottomane

Sous le pouvoir ottoman, l'Asie Mineure s'unifia à nouveau progressivement. Au début du XVIe siècle, les Ottomans devinrent maîtres de toute la Mésopotamie, la région qui s'étendait entre le Tigre et l'Euphrate. En 1517, Sélim eut raison du royaume mamelouk, grâce à la supériorité de ses armes à feu. Sous Sélim (1512-1520) et Soliman le Magnifique (1520-1566), l'Empire ottoman atteignit le sommet de sa puissance. Lorsque les Ottomans parvinrent au Yémen et en Algérie, leur domination s'étendait à presque tout le monde arabophone ; la conquête de Rhodes (1522), de Chypre (1570) et de la Crète (1669) leur permit de contrôler le trafic maritime en Méditerranée. Certes, depuis 1492, l'ancien royaume islamique de Grenade faisait à nouveau partie de l'Europe chrétienne. L'islam commença à s'implanter dans les civilisations d'Afrique du Sud et également en Asie du Sud-Est.

L'islam de 1502 à 1668

1502 Domination de la dynastie des Safavides en Perse. Le chiisme devient religion d'État.

1529 Les Turcs assiègent Vienne, sous Soliman le Magnifique.

À partir de 1550 Pénétration de l'islam en Inde et en Indonésie.

1571 Victoire des Vénitiens, des Espagnols et du Saint-Siège sur les Turcs à la bataille navale de Lépante.

1666 Sabbatai Zwi (1626-1676), un juif qui se disait être le Messie, fut sommé par les autorités ottomanes de choisir entre l'exécution et la conversion ; il choisit l'islam. Cet acte fut interprété comme le *tiqqun* (restauration) du monde islamique, prisonnier de forces maléfiques.

1668 Deuxième siège de Vienne ; les Turcs menacent l'Europe centrale.

L'islam contemporain

L'Occident et l'islam

À gauche : L'ayatollah Khomeiny proclama la « République islamique d'Iran » en 1979, après le renversement du chah d'Iran. Il édifia un État théocratique et instaura la charia. Était-ce le début du fondamentalisme islamiste ?

Dès le milieu du XVIIIe siècle, l'influence de l'Occident se développa dans les pays islamiques, par le biais de sa culture et de ses structures politiques. L'islam n'établit pas de séparation stricte entre l'État et la religion. C'est justement ce que l'Occident chercha à imposer à travers son emprise, en tentant par exemple de transposer le droit européen aux pays islamiques d'une manière en partie inacceptable pour les musulmans. Seule la Turquie, sous Kemal Atatürk, s'est rapprochée dans une large mesure des modèles étatiques occidentaux.

Depuis 1975, les pays islamiques tentent de faire reculer l'influence de l'Occident. En même temps, on assiste à l'éveil du fondamentalisme, qui montre son aspect meurtrier dans le terrorisme. L'islam est, dans ses principes fondamentaux, orienté vers la paix, il est donc important que l'Occident ne fasse pas d'amalgame abusif entre terroristes et simples opposants à la surpuissance occidentale.

Entre islamisme et ouverture à l'Ouest

L'islam du XXIe siècle tente de composer avec les valeurs occidentales sans pour autant perdre sa propre identité. Le concept occidental de laïcité, qui se traduit notamment par une séparation nette des Églises et de l'État, est cependant difficilement envisageable dans le monde islamique; cela impliquerait en effet que la loi religieuse soit dissociée des normes régissant le corps social. Fait figure d'exception la Turquie, dont la Constitution mentionne expressément la laïcité, entendue en l'occurrence comme la subordination de la religion à l'État.

Dans nombre d'États islamiques, il existe néanmoins à la fois des lois civiles *(kanun madani)* et des prescriptions religieuses (charia).

Les différences entre le monde musulman et l'Occident apparaissent également sur d'autres points, comme en témoigne par exemple la question dite de l'*islamic banking* (le secteur bancaire et de crédit en terre d'islam) : le Coran proscrit l'usure, dont le prêt bancaire est l'expression moderne. Les musulmans les plus modernistes renâclent à interpréter trop rigoureusement un interdit qui aurait pour conséquence d'exclure le monde islamique de la sphère financière internationale. Mais une majorité de musulmans restent résolument attachés à l'observance de ce commandement religieux.

En ce qui concerne la place de la femme, quantité de pays islamiques connaissent une croissance soutenue du nombre de leurs écolières et de leurs étudiantes. D'un autre côté, le taux d'alphabétisation des musulmanes reste très largement inférieur à celui des musulmans.

Depuis les attentats ravageurs du 11 septembre 2001 aux États-Unis et suite au nombre important des attentats qui ont suivi, visant non seulement plusieurs pays d'Occident, mais aussi la Turquie, Bali, l'Iraq, l'Afghanistan, l'Arabie saoudite, etc., le fondamentalisme islamique a été ressenti comme une sorte de « terrorisme global ». Aussi l'Occident est-il vivement appelé à soutenir les États musulmans désireux d'adopter des structures démocratiques.

Un islam dynamique en pleine transition, capable de s'adapter aux réalités internationales du XXIe siècle et visant à une démocratie et au respect des droits de l'homme, tout en gardant son socle de valeurs traditionnelles, ne devrait pas rester qu'une utopie, d'autant plus qu'il est mentionné dans le texte coranique même : Dieu ne change pas la destinée d'un peuple, tant que ce peuple ne se change pas lui-même (surate 13,11).

L'islam de 1770 à nos jours

De 1770 aux années 1950 se sont déroulées la conquête progressive et la colonisation des peuples musulmans d'Afrique du Nord, d'Arabie saoudite, d'Inde et du Proche-Orient par les Français et les Anglais. Dans les pays concernés, l'islam s'est imprégné fortement de culture européo-chrétienne.

1745 Fondation de la secte des wahhabites par Muhammad ibn Abd al-Wahhab, qui réforma l'islam en Arabie, à partir de 1780.

XIXe siècle Création des écoles et courants schismatiques (sunnites) de l'Ahmadiya et du bahaïsme. Affaiblissement de l'Empire ottoman provoqué par l'Occident. Établissement de colonies et de protectorats européens en territoire islamique (Inde, Égypte, Afrique du Nord).

1878 Occupation britannique de l'Égypte.

1880-1920 Essor du mouvement panislamique.

1881-1898 Soulèvement au Soudan du « Mahdi » (qui se considère comme le chef islamique de la fin des temps).

Le chah d'Iran avait instauré dans son pays un régime policier qui terrorisait la population.

À partir de 1900 Installation en Palestine de milliers d'immigrants juifs. En 1916, partage des sphères d'intérêt au Proche-Orient par la France et la Grande-Bretagne : la Palestine est placée sous administration internationale; la Syrie, sous mandat français, et la Mésopotamie, sous mandat britannique.

1917 « Déclaration Balfour » : pendant la Première Guerre mondiale, l'Angleterre promet aux juifs un « foyer national » en Palestine.

1921 Installation en Iraq du roi Faysal par les Anglais. Son frère Abdallah devient roi de Transjordanie.

1922 Kemal Atatürk (1923-1938) procède en Turquie à la séparation de l'État et de la religion, et abolit le sultanat des Ottomans. Fin de l'Empire ottoman.

1924 Abolition du califat turc.

1926 L'Assemblée nationale turque décrète l'adoption du droit civil suisse.

À partir de 1940 Libération progressive des Jordanie, Syrie, Égypte et Algérie de la domination européenne.

1945 Création de la Ligue arabe au Caire.

1947 L'ONU émet une recommandation sur le partage de la Palestine, sous mandat britannique, en un État juif et un État arabo-palestinien. Conséquence : début de combats violents entre Arabes et Juifs. Le Pakistan devient un État islamique indépendant.

1948 Naissance de l'État d'Israël, proclamée par David Ben Gourion; première guerre israélo-arabe.

1948 Nouveau droit civil en Égypte, fondé sur le modèle occidental.

1949 Nouveau droit civil en Syrie.

À partir de 1950 Progression de l'islam en Afrique centrale.

1963 « Révolution blanche » du chah Reza Pahlavi en Iran. Putsch militaire : le parti Baath est au pouvoir en Syrie.

1967 et 1973 Guerre des pays arabo-musulmans contre Israël.

1969 Coup d'État du colonel Kadhafi, qui devient président de la République libyenne.

1971 Hafez al-Assad devient président en Syrie après un putsch militaire. Naissance des « Émirats arabes unis ».

À partir de 1975 Recul de la culture de l'Europe occidentale chrétienne dans les pays islamiques. Réveil du fondamentalisme islamique.

1979 Renversement du régime du chah en Iran et proclamation de la « République islamique d'Iran » par l'ayatollah Khomeiny. L'instauration d'un État théocratique et le rétablissement de la charia en Iran attirent l'attention de l'Occident sur le fondamentalisme islamique. Celui-ci combat la religion et la culture occidentales.

1980-1988 Première guerre du Golfe : déclenchement de la guerre entre l'Iran et l'Iraq (sous Saddam Hussein).

1981 Assassinat du président Anouar al-Sadate au Caire.

1982 Mort du roi Khaled d'Arabie saoudite.

1989 Mort de l'ayatollah Khomeiny.

1991 Deuxième guerre du Golfe : les États-Unis et leurs alliés mettent fin à l'occupation iraquienne au Koweït.

2001 Après les attentats du 11 septembre 2001 à New York, renversement du régime des talibans en Afghanistan par les États-Unis et l'Alliance du Nord contre l'organisation terroriste Al-Qaida.

2003 Troisième guerre du Golfe menée par les États-Unis et leurs alliés occidentaux; renversement du régime de Saddam Hussein.

Foi et conception du monde

L'islam vu par lui-même et les cinq piliers de l'islam

La perfection dans l'islam

« Tout enfant naît avec une disposition naturelle pour la vraie foi. Et ses parents font de lui un juif, un chrétien ou un magicien », écrit Elias Khoury. Né en 1948 à Beyrouth, cet éminent intellectuel arabe, romancier et auteur de pièces de théâtre, étudie d'un point de vue critique les relations sociales au Proche-Orient. Son opinion reflète la conception islamique fondamentale, selon laquelle l'islam incarne la religion à la fois parfaite et originelle de l'humanité. Ne pas être musulman est, par conséquent, un état d'imperfection ou de dégénérescence, bien que l'existence de différents groupes religieux soit décrite dans le Coran comme une épreuve voulue par Dieu : « Si Dieu avait voulu, Il aurait fait de vous une communauté unique : mais Il voulait vous éprouver en Ses dons. Faites assaut de bonnes actions vers Dieu. Vers Lui, pour vous tous, est le retour. Il vous informera de ce qu'il en est de vos divergences [ici-bas] » (surate 5,48).

Admission dans l'islam et abandon de la foi

Il n'y a pas d'admission formelle dans l'islam (comparable au baptême ou à la confirmation dans l'Église catholique), et aucun rite n'est prévu lorsqu'on veut quitter la communauté des croyants – l'apostasie n'est tout simplement ni envisagée ni envisageable. L'abandon de la foi musulmane fait partie traditionnellement des actes passibles de la peine de mort, au même titre que l'adultère et le meurtre ; la dernière condamnation de ce genre à avoir eu lieu en Europe, dans l'Empire ottoman, date de 1843. Le Coran n'en donne pas explicite-

Ci-dessous :
Un musulman accomplit cinq fois par jour la salat, *ou prière rituelle, à des moments précis. En dehors de cette obligation, le croyant peut prier, s'il le souhaite, à d'autres moments et dans le lieu de son choix.*

ment les raisons, mais dit clairement que l'incroyance ne peut rester sans conséquences pour Dieu : « Ceux qui dénient, créent des empêchements sur le chemin de Dieu, puis meurent en état de déni, eh bien ! Dieu ne leur pardonnera pas » (surate 47,34). Et, dans les traditions, le propos suivant est attribué à Mahomet : « Ne punissez pas du châtiment divin celui qui s'écarte de la foi, mais tuez-le avec le glaive (2). »

Les cinq piliers de l'islam

Tout musulman doit accomplir cinq obligations. Ces cinq « piliers » se renforcent mutuellement et fondent le caractère moral d'un musulman modèle.

Le premier pilier : la *chahada*, ou profession de foi

« J'atteste qu'il n'y a de dieu que Dieu et que Mahomet est l'envoyé de Dieu. » En prononçant cette formule, homme ou femme devient musulman – à condition que l'attitude intérieure de soumission à Dieu soit en accord avec les paroles. Un musulman doit reconnaître que Dieu est dans ses pensées et dans son cœur. Selon cette conception religieuse, un musulman associe la foi et les actes en un tout, dans la vie quotidienne. Il n'y a pas de séparation entre la foi personnelle et les actes publics.

Le deuxième pilier : la *salat*, l'accomplissement de la prière

Un musulman prie au moment de son choix et aussi souvent qu'il le souhaite, mais il doit accomplir cinq fois par jour la *salat*, ou prière rituelle, à des moments précis. En dehors de cette obligation, il peut faire d'autres prières *(du'a)* à sa guise. Les prescriptions suivantes doivent être respectées pour la *salat* :

1. La prière doit être accomplie dans un état de purification rituelle : le fidèle doit se laver les mains, les bras, les coudes, le visage, les oreilles, les pieds, et s'humecter les cheveux.
2. L'heure est fixée au lever du soleil, à midi, l'après-midi, au coucher du soleil et la nuit.
3. La prière doit être dite en arabe.
4. Le fidèle doit se prosterner en direction de La Mecque.

À gauche :
Le fidèle doit se tourner vers La Mecque pour prier. Dans le désert, les nomades respectent aussi cette prescription en s'orientant d'après la position du soleil.

À gauche :
La doctrine de l'islam vient exclusivement du Coran. Cet exemplaire, vieux de mille deux cents ans, est conservé à Srinagar, en Inde.

La prière du vendredi à la mosquée

La prière publique du vendredi rassemble les croyants une fois par semaine dans la mosquée. Ils prirent en rangs, les uns à côté des autres, quels que soient leur statut social ou leur richesse, tous égaux – et égaux devant Dieu. Lorsqu'il prie, le croyant s'incline, le front effleurant le sol. Il sait ce qu'a dit le Prophète : une seule oraison dans une mosquée équivaut à vingt-cinq prières accomplies chez soi ; et, si elle a lieu dans la Kaba, elle vaut cent mille prières.

Ci-dessus :
La prière nocturne dans la Grande Mosquée de La Mecque. Le croyant doit faire le pèlerinage à La Mecque au moins une fois dans sa vie, et aller visiter le tombeau de Mahomet à Médine. Des centaines de milliers de musulmans accomplissent chaque année ce rite.

Le troisième pilier : la *zakat*, ou aumône

C'est un devoir inconditionnel d'aider les pauvres et les nécessiteux, et de leur apporter une aide financière. Celui qui est riche ou possède plus que son voisin doit en remercier Dieu. Pour en prendre pleinement conscience, il lui faut faire bénéficier les pauvres de sa richesse. Se vanter auprès des autres de ses aumônes rend néanmoins la bonne action caduque. Il existe dans de nombreux pays islamiques un impôt social qui ne dispense pas toutefois d'aumônes volontaires. L'impôt sert en définitive à promouvoir l'islam.

À droite :
La Kaba, couverte d'un brocart noir, serait le premier lieu où Dieu aurait été vénéré. Sur cette photo, les fidèles prient, debout devant le sanctuaire.

Le quatrième pilier : le *sawm*, jeûne du mois de ramadan

Le neuvième mois du calendrier islamique (lunaire) est le mois de ramadan, pendant lequel on jeûne. Cela commémore le mois pendant lequel le prophète Mahomet reçut sa première révélation. Pendant le ramadan, les croyants doivent s'abstenir de manger, de boire et d'avoir des rapports sexuels pendant la journée. L'appel du muezzin, lancé depuis la mosquée la plus proche, au coucher du soleil, annonce la rupture du jeûne. On peut alors à nouveau manger et boire. En jeûnant, le musulman se «vide» devant Dieu. La traditionnelle «rupture du jeûne» est un acte festif au cours duquel le croyant se soucie de son prochain. Le repas, pris en commun avec les parents et les amis, prend une importance particulière. Ensuite, un musulman doit aussi donner à manger aux indigents.

Le cinquième pilier : le hadj, ou pèlerinage à La Mecque

S'il est en bonne santé et en a les moyens financiers, le croyant doit accomplir au moins une fois dans sa vie le pèlerinage à La Mecque. Ce pèlerinage à la Kaba sacrée et sur les autres lieux saints a lieu, selon la tradition, pendant le dernier mois de l'année islamique.

Le croyant attend dans la plaine d'Arafat près de La Mecque, vêtu d'une simple étoffe blanche comme au Jour de la résurrection, et prononce cette invocation : «Me voici, ô mon Dieu, me voici !» La Kaba est couverte d'un brocart noir, décoré de versets du Coran brodés d'or. Elle est considérée comme un lieu sacré, érigé par Abraham et son fils Ismaël, le premier sanctuaire sur la Terre consacré à Dieu. En participant au pèlerinage avec des millions de fidèles, chaque musulman se sent appartenir à une grande communauté.

Ci-dessous : Pendant le ramadan, la rupture du jeûne diurne est annoncée par l'appel du muezzin, au coucher du soleil. Le repas qui suit, pris en commun avec la famille, est un acte festif.

Le Coran

Ci-dessus :
Le pont qui surplombe une des routes principales reliant La Mecque à Djedah a la forme d'un Coran ouvert.

Comment le Coran a été établi

Le Coran comprend 114 surates, ou chapitres, qui sont généralement classées par ordre décroissant de longueur et qui représentent en tout 6219 versets. La deuxième surate (on écrit aussi sourate) est la plus longue. Chaque surate porte un nom. Par exemple, la deuxième est appelée «La vache», mais le titre n'est pas forcément en rapport avec le contenu. Chaque surate, sauf la neuvième, «Le repentir», commence par la *basmala,* la formule d'invocation «Au nom de Dieu le Tout miséricorde, le Miséricordieux», qui est considérée comme faisant partie de leur forme originelle. Les surates se succèdent, les unes après les autres et ne suivent pas l'ordre chronologique des révélations.

Les subdivisions ont été établies ultérieurement. Le texte coranique est divisé en trente sections.

Le texte dicté par Mahomet

À l'origine, le Coran était récité principalement de mémoire. Mahomet reçut les révélations sur une période de vingt-deux ans, et il communiquait le texte à ses disciples au fur et à mesure qu'il lui était transmis.

Le texte qu'il récitait a été appris par cœur par de nombreux musulmans, mais également transcrit sur différents supports : cuir, bois, parchemin, feuilles de palmier, morceaux de soie, pierres plates, os, etc.

Le texte coranique est mémorisé par une grande partie de la communauté des croyants grâce une récitation liturgique régulière et assidue.

La transmission orale

Selon certaines légendes, Mahomet aurait reçu le texte coranique dans la grotte de Hira, près de La Mecque, où l'ange Gabriel lui aurait présenté une étoffe sur laquelle était inscrite la parole de Dieu ; Mahomet n'aurait pu la lire, car il aurait été illettré. L'ange cita alors la parole de Dieu. Outre la transcription du Coran, qui se fit au fur et à mesure que le Prophète recevait les révélations, une autre tradition orale de transmission commença à se développer, déjà à l'époque de Mahomet. Elle constitue, aujourd'hui encore, la deuxième source des préceptes religieux après le Coran : les hadith comprennent les propos attribués au Prophète, transmis oralement et dont la compilation n'a été achevé qu'au IXe-Xe siècle.

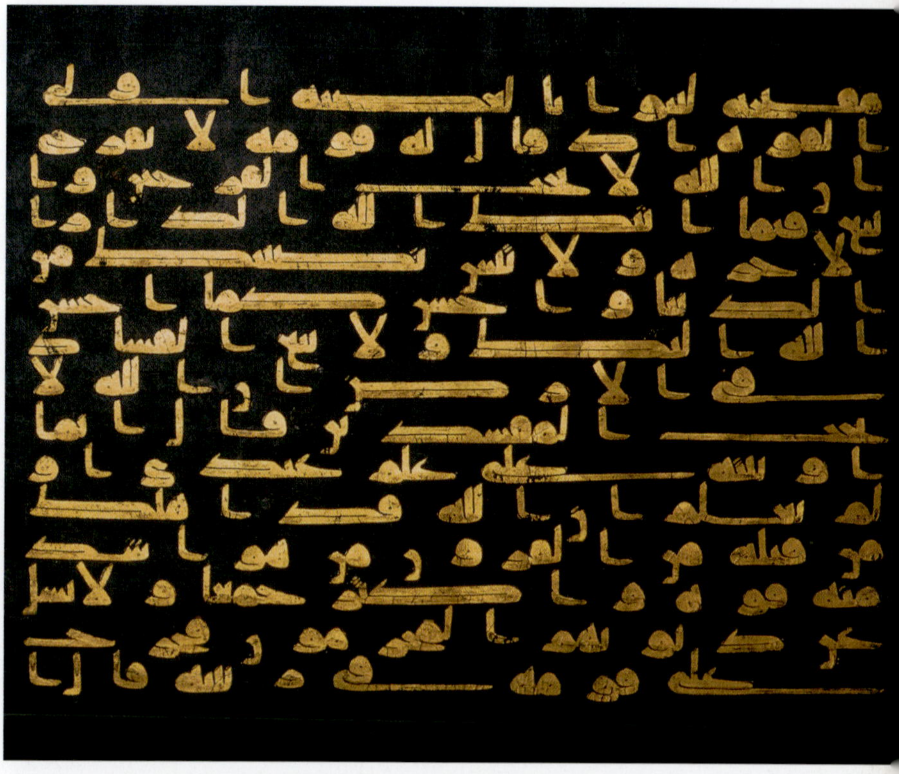

L'un de ces hadith rapporte la mort de nombreux connaisseurs du Coran – environ 700 compagnons de Mahomet – à la bataille de Yamama, en 633 : « Beaucoup de passages du Coran, qui avaient été transmis [par Mahomet] étaient connus de ceux qui périrent le jour de la bataille de Yamama – mais ils ne l'étaient pas de ceux qui ont survécu. À cette époque, ils n'avaient pas encore été consignés par écrit (3). » Des passages de la Révélation ont donc été irrémédiablement perdus, du fait de la mort des « connaisseurs du Coran ». C'est le troisième calife Othman (644-656) qui établit la version définitive du Coran et fit détruire les autres.

Ci-dessus : Un magnifique coran – écriture dorée sur parchemin bleu – est exposé au musée d'Art islamique de Kairouan, en Tunisie. C'est probablement le seul exemplaire de ce type.

À gauche : Le Coran aurait été révélé à Mahomet dans la grotte de Hira, près de La Mecque.

Comment se comprend le Coran

Pour un musulman, le Coran est la Révélation littérale de Dieu – et l'arabe, la langue du Coran, inspiré par Dieu. Selon la conception islamique, l'arabe est d'une harmonie et d'une perfection inégalées, parce que c'est le langage de Dieu. C'est pourquoi il y a toujours eu, dans le monde musulman, une opposition à la traduction du Coran en d'autres langues, qui sont considérées au mieux comme des « interprétations » de l'arabe – et c'est encore le cas aujourd'hui. Dans le Coran, Allah parle à l'homme à la première personne du singulier ou du pluriel. Le Coran n'a pas été créé, il existe depuis toujours au septième ciel. C'est là que réside l'original divin.

Le contenu du Coran

Le Livre d'Allah aborde cinq thèmes majeurs : le Jugement dernier, dont l'enfer et le paradis; des thèmes bibliques; des prescriptions juridiques et des débats théologiques; des principes éthiques et sociaux; des obligations et préceptes religieux.

Le Coran se réfère en de nombreux endroits à l'Ancien Testament et mentionne Abraham, Moïse, le roi David et autres figures. Les récits divergent toutefois sensiblement de leurs sources bibliques et des faits historiques supposés connus. Jésus, du Nouveau Testament, est dans le Coran un prophète éminent, sa filiation à Dieu et sa mort sur la croix sont cependant catégoriquement rejetées. Selon le Coran, un autre est mort pour lui sur la croix (voir surate 4,157). Le Coran se comprend comme la continuation des révélations faites par Allah aux précédents prophètes.

Les modifications du texte du Coran

Des passages du Coran ont été modifiés, après avoir été révélés, de telle manière qu'un verset coranique était suivi d'un autre, qui changeait le contenu du premier ou le relativisait. Ces passages qui pourraient parfois être interprétés comme contradictoires ont été compris comme «la parole d'Allah expurgée».

Le Coran après la mort de Mahomet

On trouve dans le Coran l'explication suivante au sujet de la modification du texte après la première révélation : «Nous n'abrogeons un verset, ni ne le faisons passer à l'oubli, sans en apporter de meilleur ou d'analogue. Ne sais-tu pas que Dieu est Omnipotent?» C'est pourquoi la datation des surates revêt une grande importance pour une interprétation juste, car, en cas de désaccord, le principe suivant est appliqué : le texte le plus récent abroge l'ancien. Après la mort de Mahomet, Zayd ibn Tabet fut chargé de recueillir le Coran et de le consigner par écrit. Il est attesté qu'au moins trois révélations ont été supprimées, de sorte que les critiques mettent en doute le fait que le Coran a été transcrit intégralement et également l'affirmation qu'il est une copie exacte de l'original divin.

Néanmoins, toute critique du Coran est proscrite, car elle n'est pas du ressort des hommes. Pour le musulman, le Coran est l'œuvre de Dieu, et c'est la raison pour laquelle aucun homme ne doit tergiverser à son sujet ni le critiquer.

Ci-dessous :
Le Coran connaît également Jésus, du Nouveau Testament chrétien, mais uniquement comme un grand prophète, et non comme le Fils de Dieu. Son sacrifice sur la croix est nié.

L'original divin du Coran

Les musulmans croient que le Coran est la copie conforme de l'original divin – sans les signes de ponctuation, les titres ni la subdivision des surates. Toutes les parties de «Livres» précédents – l'Ancien et le Nouveau Testament –, qui ne correspondent pas au contenu du Coran dans certains domaines, sont considérées comme des falsifications. La plupart des érudits islamiques estiment que le Coran ne peut pas être interprété sans la tradition orale (hadith) de son prophète Mahomet.

À droite :
Moïse (Musa) est un grand prophète dans l'islam. En raison de son combat contre le polythéisme et de son rôle de récepteur des révélations divines, son action se comprend parfois comme parallèle à celle de Mahomet. (Ici, une représentation non musulmane de Moïse.)

Ci-dessus :
Il y a eu de nombreuses protestations contre l'écrivain britannique Salman Rushdie et son roman, Les Versets sataniques. *Ce titre fait allusion au fait que Mahomet n'aurait pas reçu les révélations uniquement de Dieu, mais que Satan lui aurait également rapporté des versets – de faux passages, modifiés ultérieurement.*

La charia

L'unité de la foi et des actes

La charia est la loi islamique qui régit tous les aspects de la vie du musulman et repose sur les commandements de Mahomet contenus dans le Coran et les hadith. Outre des prescriptions culturelles et rituelles, la charia comprend le droit pénal et le droit des personnes. Le mot *charia* signifie textuellement la «voie», dans le sens de l'unité de la foi et des actes, Dieu étant l'unique source du droit. En tant que conception juridico-religieuse et juridico-politique, la charia équivaut dans certains pays islamiques (Iran) à la loi étatique. Selon la charia, au nombre des obligations religieuses que doit accomplir tout musulman figurent les «cinq piliers», mais également la «guerre sainte» (djihad) contre les incroyants. On trouve dans le Coran des termes explicites à ce sujet, auxquels font sans cesse allusion les érudits islamiques, se rapportant à une situation historique concrète : celle où l'armée de Mahomet se serait retrouvée dans un combat désespéré avec les peuples environnants. Le Coran contient des versets ambigüs à cet égard, tels que : «S'ils faisaient volte-face, attrapez-les, tuez-les là où vous les trouverez» et «Humains, nous vous avons créés d'un mâle et d'une femelle. Si Nous avons fait de vous des peuples et des tribus, c'est en vue de votre connaissance mutuelle.» D'une part, les incroyants sont promis à la mort; d'autre part, il est demandé de faire preuve d'amour et de compréhension, en faisant allusion à l'origine commune (4).

Sunna et hadith

Avec le Coran, qui régit la vie religieuse des musulmans, la sunna est la principale source des traditions, coutumes et usages, se référant aux propos et actes du Prophète. La sunna et le Coran sont le fondement de la pratique politique, juridique et religieuse. La sunna comprend des paroles, des décisions et des comportements de Mahomet, et elle est recueillie dans les hadith.

Ci-dessous :
Le Coran prescrit que les femmes doivent s'habiller décemment.

Par ailleurs, Mahomet a dit : « Lorsque je commande quelque chose au nom de la religion, obéissez, mais si je vous parle des choses de ce monde, je m'exprime comme un homme ordinaire (2). »

Une tenue décente

Le Coran prescrit que les femmes doivent s'habiller décemment, pour les préserver des offenses. Le voile, qui a commencé à être utilisé à partir du IXe siècle, a entraîné l'exclusion sociale des femmes. Dès qu'une fille atteint la maturité sexuelle, elle doit, dans certains pays islamiques, porter le voile en dehors de chez elle. En Afghanistan, sous le régime des talibans (1996-2001), en Arabie saoudite et en Iran, les femmes devaient et doivent toujours couvrir tout leur corps et porter un voile qui cache tout ou partie du visage des regards.

Prédestination ou libre arbitre ?

Le libre arbitre, sur lequel existent deux points de vue prédominants, qui s'appuient sur des passages du Coran, est également un thème contesté dans l'islam.

Ceux qui veulent ériger la prédestination *(qadar)* en dogme partent du fait que Dieu, Créateur du monde et de l'homme, a prescrit les voies de sa Création. La surate 54,49 exprime cette conception fataliste : « Quant à Nous, toute chose Nous avons créée à la mesure. »

Dieu connaît à l'avance tous les événements futurs. Les conséquences de la prédestination sont claires : si un homme est bon, c'est parce que Dieu le veut ; et inversement, s'il est mauvais, c'est parce que Dieu l'a décidé.

Les quatre écoles juridiques

Il existe quatre écoles juridiques islamiques (orthodoxes) : chaffite, hanafite, hanbalite et malikite. Si chacune a élaboré sa propre méthodologie, les différences entre les écoles sont cependant peu importantes.

Beaucoup de points sont communs à toutes les conceptions juridiques : ainsi, l'adoption de l'enfant n'existe pas dans l'islam.

En revanche, l'école juridique des chiites présente de fortes divergences : par exemple, les chiites admettent le mariage temporaire.

Ci-dessus :
Le Coran contient des passages contradictoires sur les adeptes d'autres religions, qui peuvent se comprendre comme une incitation à la guerre sainte. Ce n'est pas sans raison que les fondamentalistes, tel ce chef des talibans, se réfèrent au Coran.

En haut :
Si le Coran réglemente la vie religieuse des musulmans, la sunna constitue, dans certains pays, le fondement de la pratique politique, juridique et religieuse. Elle comprend les propos, décisions et comportements de Mahomet.

Les partisans de la liberté de choix réfutent cette position ; selon eux, il n'est pas logique d'admettre qu'un Dieu bon et juste puisse châtier quelqu'un qui ne saurait agir autrement.

Ces deux camps ne se sont jamais rapprochés. Dans la pratique, un musulman croit au destin – *qadar* –, mais agit comme disposant de son libre arbitre. Rien n'est plus contesté en islam que la prédestination de l'homme et de tous les événements de la vie.

La conception de Dieu dans l'islam et le Jugement dernier

Ci-dessus :
Lorsqu'un musulman décède, une oraison funèbre est prononcée pour lui. On prie pour demander que ses péchés soient pardonnés, mais également pour que le défunt intercède auprès de Dieu en faveur des vivants.

La foi dans le Dieu unique

Les musulmans prient un Dieu unique, indivisible. Ils rejettent catégoriquement le polythéisme et ne peuvent pas non plus accepter la conception chrétienne d'un Dieu en trois personnes – le Père, le Fils et le Saint-Esprit. Mahomet a introduit le monothéisme (la croyance en un Dieu unique), à une époque où ses compatriotes vénéraient encore un grand nombre de divinités, esprits et démons. Allah est pour eux un Dieu personnel, Créateur et Préservateur du monde. «Il est Dieu, Il est Un, Dieu de plénitude qui n'engendra ni ne fut engendré et de qui n'est l'égal pas un» (surate 112,1-4). On trouve dans le Coran 99 noms pour désigner Dieu (le Créateur, le Concevant, le Préservateur, le Sage, le Puissant, le Très-Bon, le Miséricordieux, l'Unique, etc.), qui est cité 2700 fois.

Pas de centième nom de Dieu

L'absence d'un centième nom signifie qu'on ne peut finalement pas appréhender Dieu, même avec autant d'attributs. Les musulmans prient Dieu en égrenant un chapelet constitué de trois fois trente-trois grains correspondant aux quatre-vingt-dix-neuf invocations de Dieu.

Dieu a créé l'homme à partir d'argile et lui a insufflé son esprit. Ainsi, l'homme a été nommé *khalifa,* représentant de Dieu sur la Terre. Dieu a conclu un pacte avec l'homme, voilà pourquoi toute la Création lui appartient, afin qu'elle le serve.

À la fin des temps, Dieu se fera le juge de ses créatures. Mais sa miséricorde surpasse sa colère.

Le Jugement dernier

Comme dans le christianisme, la Révélation islamique parle également du jour du Jugement dernier de Dieu, à la fin des temps. Ce sera alors l'annonce de la fin de l'Univers, qui, comme tout ce qui a été créé par Dieu, a un début et une fin. Le Coran abonde en images fortes de cet événement final. Viendra le jour «qui blanchit la tête des enfants» (surate 73,17). Jusqu'à ce jour, qui vient à l'improviste, le lieu où séjournent les âmes des défunts est inconnu.

Le châtiment sera exécuté par un ange au nom de Dieu, et cela signifie, selon les traditions, que le tombeau sera fait très étroit pour un pécheur, le cas échéant (2). Dans l'islam, c'est ressenti comme quelque chose de désagréable. Le véritable au-delà, associé à la gloire de Dieu, ne fait irruption dans notre monde qu'au jour du Jugement dernier et l'efface alors pour toujours. Les océans se soulèvent, le soleil se voile, les étoiles se précipitent sur la Terre et le ciel disparaît (les surates 56, 77 et 89,22 décrivent en détail ce qui arrivera à la fin du monde). Dieu est le Juge suprême, le jour où il faudra rendre des comptes, et seul Mahomet peut intercéder efficacement en

Ci-dessous :
Le chapelet de prière est constitué de quatre-vingt-dix-neuf grains pour autant d'invocations de Dieu.

Ci-dessus :
Un artisan brode avec du fil d'or le nom de Dieu sur la kiswa, *la tenture noire qui couvre la Kaba. Allah n'est qu'un des quatre-vingt-dix-neuf noms de Dieu.*

faveur des pécheurs. Ceux qui sont châtiés doivent manger le fruit d'un arbre qui « bouillonne comme poix en fusion dans le ventre » (surate 44, 43-46). Dieu est clément, mais il y a un type de péché qu'il ne pardonne jamais : adorer d'autres dieux, quelle qu'en soit la forme, et le luxe en fait partie.

Qui est un pieux musulman aux yeux de Dieu ?

Celui qui croit aux préceptes suivants et les applique peut se qualifier de « musulman » : il a accompli la double profession de foi ; il croit en Dieu, en ses anges, en ses prophètes, en ses Livres ainsi qu'à une vie après la mort ; il croit que le Coran est la parole authentique de Dieu ; il reconnaît Mahomet comme le dernier des prophètes, ainsi que sa sunna ; il ne remet pas en question les normes claires de la charia ; il prie selon le rite musulman ; il jeûne pour le ramadan et accomplit au moins une fois dans sa vie le pèlerinage à La Mecque.

Ci-dessus :
Dans certains pays islamiques, les femmes ne peuvent accéder à la tombe d'un proche décédé qu'après son inhumation : selon la tradition, participer à la mise au tombeau – et au cortège funèbre – n'est autorisé qu'aux hommes.

L'arrivée au paradis

Tous les bons musulmans auront à ce jour «des visages éclatants, vers leur Seigneur regardant» (surate 75,22). La porte du paradis, qui est décrit de façon très terrestre, leur est ouverte. Le paradis signifie vivre dans un jardin traversé de ruisseaux, où les arbres font de l'ombre et les habitants se prélassent sur des couches incrustées d'émeraudes, auréolés d'une douce lumière, consommant des mets exquis. Les *houris* (les «blanches», les belles filles du Paradis), qui comblent les hommes d'attentions, sont mentionnées quatre fois dans le Coran (par exemple, dans la surate 2,25) et ont enflammé l'imagination de nombreux auteurs chrétiens.

Mais à quoi ressemblent les récompenses dans le paradis islamique? Le Coran et les hadith les décrivent avec des détails voluptueux : «Il est dans les jardins du bonheur toute une troupe de premiers (mais seulement) une poignée de derniers. Sur des lits tressés ils se font face, accoudés entre eux circulent des échansons éternisés avec des jattes, des aiguières, une coupe de jaillissement qui ne leur cause migraine ni déraison [...]. Il y a de celles aux yeux noirs telles les semblances de la perle cachée en récompense de leurs actions passées» (surate 56,12-39).

Une balance gigantesque et la *sirat*, un pont aussi fin qu'un cheveu

Celui qui n'a pas péché n'a donc rien à craindre du Jugement de Dieu ; il est accueilli dans Son royaume.

Les actions sont pesées sur une balance immense, afin d'évaluer exactement leur poids. La balance enregistre d'un côté tous les péchés, et de l'autre se trouve un minuscule morceau de papier sur lequel est inscrite la

Promesses faites aux auteurs d'attentats suicides

Le militant du Hamas Muhammad Abu Wardeh déclarait, en janvier 2005, dans une interview, comment il recrutait des terroristes pour commettre des attentats suicides en Israël : «Je leur racontais comment Dieu récompense les martyrs, lorsqu'ils sacrifient leur vie pour leur pays. Dieu offre à chacun 70 vierges du paradis, 70 épouses et le bonheur éternel.» Il utilisait sciemment le mot «martyr» *(shahid),* car l'islam, à l'instar du christianisme, interdit à ses adeptes d'attenter à leurs jours. Mais le martyre est loué dans le Coran.

Une conception vraisemblablement erronée

Du point de vue des théologiens, la conception de l'au-delà, telle qu'elle apparaît dans le Coran, s'inspirait vraisemblablement à son époque de l'art figuratif. Mahomet avait probablement vu des miniatures ou des mosaïques chrétiennes représentant le jardin d'Eden et interprété les figures des anges comme des jouvenceaux et des jeunes filles. Il y a dans l'islam des règles et des prescriptions vestimentaires strictes. La débauche n'est pas tolérée. La décence et la pureté sont le principe suprême applicable aux deux sexes. Les hommes comme les femmes doivent couvrir la partie pubienne. Les écarts sexuels n'existent pas dans l'islam. Un paradis où les soi-disant martyrs peuvent s'adonner au plaisir avec des vierges nues et consentantes est donc peu vraisemblable, tant il est contraire à ces préceptes.

profession de foi des musulmans (5). L'épreuve la plus difficile en ce jour est le passage sur le pont *(sirat)*, aussi fin qu'un cheveu et plus aiguisé qu'une épée. Celui qui interrompt prématurément son parcours bascule dans les feux de l'enfer. Une fois arrivé là-bas, les démons infernaux lui introduisent une chaîne brûlante dans la bouche, qu'ils font ressortir par son postérieur. En ce qui concerne la beauté de la vie éternelle, des poètes et mystiques musulmans, tel le poète indien Muhammad Iqbal (1887-1938), l'ont exprimée ainsi : « La vie éternelle est la vraie vie, c'est sans cesse une nouvelle expérience de l'âme de plus en plus intense, dans les profondeurs insondables du Divin. » Le Coran décrit autant en détail la félicité au paradis que les souffrances éternelles dans l'enfer.

Ci-dessous :
Les péchés des défunts seront pesés sur une balance ; sur un plateau se trouvent les péchés et, sur l'autre, un morceau de papier avec la profession de foi musulmane.

La mystique musulmane

Le soufisme

Le terme « soufisme » est associé au mot grec *sophia* (sagesse) et à la racine arabe *safâ* (pureté). Dans le soufisme, la sagesse ne se comprend pas au sens de raison ou de désir d'en savoir le plus possible, mais se réfère plutôt à la sagesse du cœur. Le soufi ne souhaite donc pas comprendre le Coran uniquement selon son sens exotérique et orienter sa vie d'après ses préceptes, mais découvrir sa richesse « intérieure », pour pouvoir mieux vénérer Dieu.

Un soufi ne se contente pas d'accomplir les cinq obligations de l'islam et de respecter la loi (charia). Il cherche l'expérience directe de Dieu, qui le mène à un état d'union aimante avec son Créateur.

Cette position met souvent les soufis en conflit avec les musulmans orthodoxes, car un mystique inspiré ne peut uniquement s'attacher aux dogmes ou aux conceptions de foi courantes. Ce en quoi croit un soufi est souvent incompréhensible pour le musulman classique. Les différentes écoles soufies ont cependant exercé, au fil de l'histoire, une influence révolutionnaire et novatrice sur l'islam – par exemple, le fait que l'on médite sur Dieu.

Ci-dessous :
Un soufi, nom que l'on donne au mystique musulman, tourne son cœur vers Dieu. Pour se rapprocher de son Créateur, il a recours, comme sur cette photo, à la méditation.

Le soufisme d'un point de vue historique

Au cours de l'histoire plus que millénaire du soufisme se sont constitués d'innombrables ordres et confréries, qui ont élaboré leurs propres formes d'expression. Certains attribuent l'origine du terme soufi au mot arabe *souf,* qui signifie laine, et se réfèrent ainsi au vêtement de laine blanche que portaient, en signe d'humilité, les premiers mystiques. Le père fondateur du mouvement et premier soufi, reconnu par les maîtres ultérieurs, est Hassan al-Basri (640-728), qui a fondé une école à Bassora (actuel Iraq).

« Soufis enivrés » et identification à Dieu

À côté d'un soufisme modéré, toléré par les autorités musulmanes, un autre courant se développa, dont les représentants ont été nommés « soufis enivrés ». Par leurs manifestations extatiques et provocantes, ceux-ci choquèrent le sentiment religieux de nombreux musulmans.

L'un d'eux était al-Hallaj, exécuté en 922 pour avoir blasphémé. Il avait notamment

déclaré : « Je suis devenu Celui que j'aime, et Celui que j'aime est devenu moi. Nous sommes deux esprits, fondus en un seul corps ! » Il se proclamait identique à Dieu, ce qui constitue pour un musulman un sacrilège inacceptable. Au XIe siècle existaient en outre des confréries qui dupaient le peuple par des tours de magie et l'exploitaient, ce qui contribua alors à jeter le discrédit sur le mouvement soufi.

Les derviches tourneurs

Ce n'est qu'à partir du XIIIe siècle que le soufisme a été largement reconnu dans tout l'empire islamique – surtout grâce au poète et mystique persan Roumi, qui fonda à Konya (Turquie) la confrérie Mawlawiya. Cet ordre pratique, aujourd'hui encore, surtout le chant et la danse *(samafi)*, d'où son nom de « confrérie des derviches tourneurs ».

Techniques soufies d'unification à Dieu

Pour parvenir à l'unification à Dieu, l'ego – les pulsions du Moi – doit être combattu et surmonté. Il existe de nombreuses voies spirituelles qui mènent à Dieu, que l'on peut diviser en deux courants. Certains soufis suivent une voie émotionnelle pour parvenir à l'unification à Dieu. Dans ces ordres, les chants et la danse en mouvements rythmiques jouent un rôle important.

D'autres confréries enseignent des techniques de type yogique pour atteindre le niveau de conscience le plus élevé, correspondant mieux à la faculté de connaissance de l'homme. Le disciple est en étroite relation avec un maître, le chef de l'ordre (en arabe *cheikh*). Le cheikh dispense progressivement le savoir nécessaire à son disciple et l'accompagne tout au long de son chemin, en tant qu'enseignant et protecteur.

Roumi, le plus célèbre des poètes soufis

Le poète persan Djalal al-Din Roumi (1207-1273) exerça une influence considérable sur le soufisme par ses pensées et sa poésie. Sa quête de Dieu l'amena à développer ce verset coranique : « Dieu est plus près de toi que l'artère de ton cou. » Et lorsqu'on lui demanda ce que signifiait le soufisme, Roumi répondit : « Trouver la joie dans le cœur, lorsque vient le moment des soucis. » Le soufisme est donc une façon de voir la vie associée à une profonde dévotion envers un Dieu aimant. Aussi Roumi prêchait-il la confiance absolue en Dieu.

Ci-dessus, à gauche : Derviches tourneurs de la confrérie Mawlawiya à Istanbul, qui remonte au poète persan Roumi.

Ci-dessus, à droite : Un soufi présente quelques poils de barbe ayant appartenu au sheikh Abd al-Qadir al-Djilani, un mystique hautement vénéré.

Vivre dans la foi musulmane

La mosquée

Un lieu de prosternation

Les mosquées présentent généralement un bâtiment central coiffé d'une ou de plusieurs coupoles. La mosquée (en arabe *masjid,* lieu de prosternation) est le lieu de rassemblement dans l'islam et offre presque partout la même configuration de base.

Au centre de la mosquée se trouve une cour intérieure ouverte, avec une fontaine où les croyants peuvent effectuer les ablutions rituelles avant la prière (ce type de construction est répandu surtout en Asie centrale et en Inde). Sur deux côtés de la cour, des pièces sont souvent aménagées pour les étudiants et les enseignants. Au milieu du mur orienté vers La Mecque se trouve une niche *(mihrab)* qui indique la direction de la Kaba *(kibla).* À droite se dresse la chaire *(minbar)* de l'imam, qui conduit la prière.

Un autre élément architectural de la mosquée est le minaret, la tour d'où le muezzin appelle cinq fois par jour les croyants à la prière ; aujourd'hui, sa voix est généralement amplifiée par un haut-parleur.

En Turquie, en Syrie et en Égypte, on trouve des mosquées également dans des édifices fermés, sans cour.

Ci-dessous :
La première mosquée édifiée par Mahomet, en 632, est celle de Quba, près de Médine. Il y séjourna brièvement avec ses compagnons avant d'entrer dans la ville.

Le comportement des croyants

Avant d'entrer dans la mosquée, le croyant s'arrête d'abord sur le seuil de la porte, qui sépare la partie sacrée de la mosquée du monde extérieur. Les musulmans qui viennent prier – de même que les visiteurs – enlèvent leurs chaussures. Les traditions rapportent les propos suivants de Mahomet, en ce qui concerne la mosquée : « Lorsque tu pénètres dans une mosquée, tu dois prononcer ces mots : "Ô Créateur ! Sur nous les portes de Ta compassion." » En quittant le lieu, le croyant doit dire : « Ô Seigneur ! Nous implorons Ta générosité (2). » S'il n'a pas encore accompli les ablutions prescrites, le croyant se dirige vers la fontaine dans la cour intérieure, pour se laver les pieds selon le rituel. Après avoir ôté ses chaussures, il les tient à la main, semelle contre semelle, et passe le seuil de la porte en avançant d'abord le pied droit. Il pénètre ainsi dans l'espace réservé à la prière. Avant l'oraison, il pose ses chaussures devant lui. Jadis, il faisait de même avec son arme, s'il en portait une. L'imam est responsable du déroulement de la prière.

Les femmes dans la mosquée

Il est naturellement plus méritoire d'accomplir ses prières dans la mosquée plutôt qu'à son domicile. Quel que soit le lieu, toutes les prières doivent être dites en arabe. Mahomet n'a pas interdit aux femmes de participer à la prière publique dans la mosquée, mais elles prient à part, sur une galerie dans les grandes mosquées.

Le muezzin

Le muezzin lance l'appel à la prière du haut du minaret ; sa tâche est de rappeler aux croyants leur obligation aux heures fixées : au lever du soleil, à midi, l'après-midi, au coucher du soleil et la nuit. Dans les petites mosquées qui n'ont pas de minaret, il le fait en se tenant debout à l'entrée (ou sur le toit, comme c'était souvent le cas aux débuts de l'islam).

Tout musulman doit se tourner vers son Dieu au moins cinq fois par jour, par la prière ; il n'est cependant pas obligé de se rendre dans une mosquée, sauf pour la prière du vendredi.

En haut :
La prière commune renforce les croyants dans leur foi et leur donne un sentiment de solidarité ; chaque année, des millions de musulmans se rassemblent à La Mecque.

À gauche :
Du haut du minaret, le muezzin rappelle aux croyants leur obligation en lançant l'appel à la prière, au lever du soleil, à midi, l'après-midi, au coucher du soleil et la nuit.

Ci-dessus :
Le dôme du Rocher, à Jérusalem. Mahomet aurait pris pied sur le rocher, situé sous l'édifice actuel (c'est de là que vient son nom), pour s'élever au ciel.

Les quatre principales mosquées

Mahomet édifia la première mosquée en 623 à Quba, aux environs de Médine. Elle n'avait alors ni coupole ni minaret.

Les mosquées sont en règle générale des sanctuaires, mais souvent aussi des lieux publics, où l'on peut passer son temps libre, bavarder, manger et boire, ou même dormir. En outre, elles sont fréquemment utilisées comme lieu de repos pour les voyageurs et les étrangers.

Les mosquées les plus importantes sur le plan religieux, dans le monde islamique, sont celles de La Mecque, de Médine, de Jérusalem et de Quba. Une prière dans une d'entre elles équivaut, au dire de Mahomet, à un petit pèlerinage.

Calligraphie et arabesques caractérisent l'art islamique.

L'art islamique

L'islam ne connaît pas la représentation figurative dans l'art sacré. Les images montrant le visage de Mahomet sont vues d'un mauvais œil. Le Coran ne contient cependant pas de prescriptions sur la question de savoir si on peut représenter Dieu ou non. Au cours de l'histoire s'est imposé le concept selon lequel la représentation d'êtres vivants serait un défi au Créateur de l'Univers. Seul Allah peut donner forme à des créatures. La représentation figurative n'est autorisée que dans l'art profane, à des fins d'illustration, sans aucune individualité.

À la place de la peinture figurative est né, dans les pays islamiques, un art ornemental et calligraphique remarquable, qui décore les mosquées et les maisons des musulmans, qu'ils soient riches ou pauvres. Cet art a donné naissance à différents courants, selon les époques : ainsi, on distingue les styles omeyyade, abbasside, fatimide, seldjoukide ou mauresque.

L'Alhambra de Grenade, dans le sud de l'Espagne, est une admirable illustration de l'art mauresque. Les musulmans qui ont conquis l'Espagne ont été dénommés « Maures » ; venus de Mauritanie, ils ont envahi l'Espagne en 711 et en ont été chassés en 1492.

Les œuvres artistiques et architecturales musulmanes les plus remarquables font partie aujourd'hui du patrimoine culturel mondial.

La naissance et la circoncision

Rituels autour du nouveau-né

Dans une famille musulmane, on murmure le *adhan* dans l'oreille droite du nouveau-né et l'appel mineur *iqam* dans l'oreille gauche, selon le hadith. Ce rituel ne fonde pas cependant l'appartenance à la communauté des croyants. La *chahada* (profession de foi) est la formule que l'on doit prononcer devant un mourant avant son trépas.

L'enfant reçoit un nom généralement le sixième ou le septième jour après sa naissance. Ce jour est associé à un sacrifice, selon le modèle du Prophète. Lorsque c'est possible, le père de l'enfant tue un mouton si c'est une fille ; deux moutons si c'est un garçon. Dans certains pays, il existe en outre la tradition prophétique de tondre les cheveux de l'enfant ce jour-là. On pèse les cheveux avec de l'argent, que l'on donne en aumône.

Un acte festif : la circoncision

La circoncision des garçons *(hitan)* est considérée par la plupart des musulmans comme un acte obligatoire, d'autres la voient comme une sunna (usage). L'excision des filles n'existe pas dans le Coran. La circoncision doit avoir lieu avant la maturité sexuelle ; elle est pratiquée généralement entre cinq et sept ans. C'est un événement festif, un rituel qui remonte à Abraham. Des habits de fête, des cadeaux et des sucreries sont un réconfort contre la douleur. Les garçons turcs sont souvent habillés comme des petits princes : costume de fête de couleurs vives et brodé, cape et toque ornée de paillettes et de plumes – et par-dessus, une écharpe portant l'inscription *maşallah,* exprimant la joie pour « ce que Dieu a voulu ». La croyance populaire attribue à ce mot un pouvoir de protection contre le mauvais œil, c'est pourquoi il est fréquemment utilisé en relation avec les enfants. Des talismans (en pierre ou en verre de couleur bleue, ayant souvent la forme d'un œil) avec cette inscription sont très répandus dans le monde islamique.

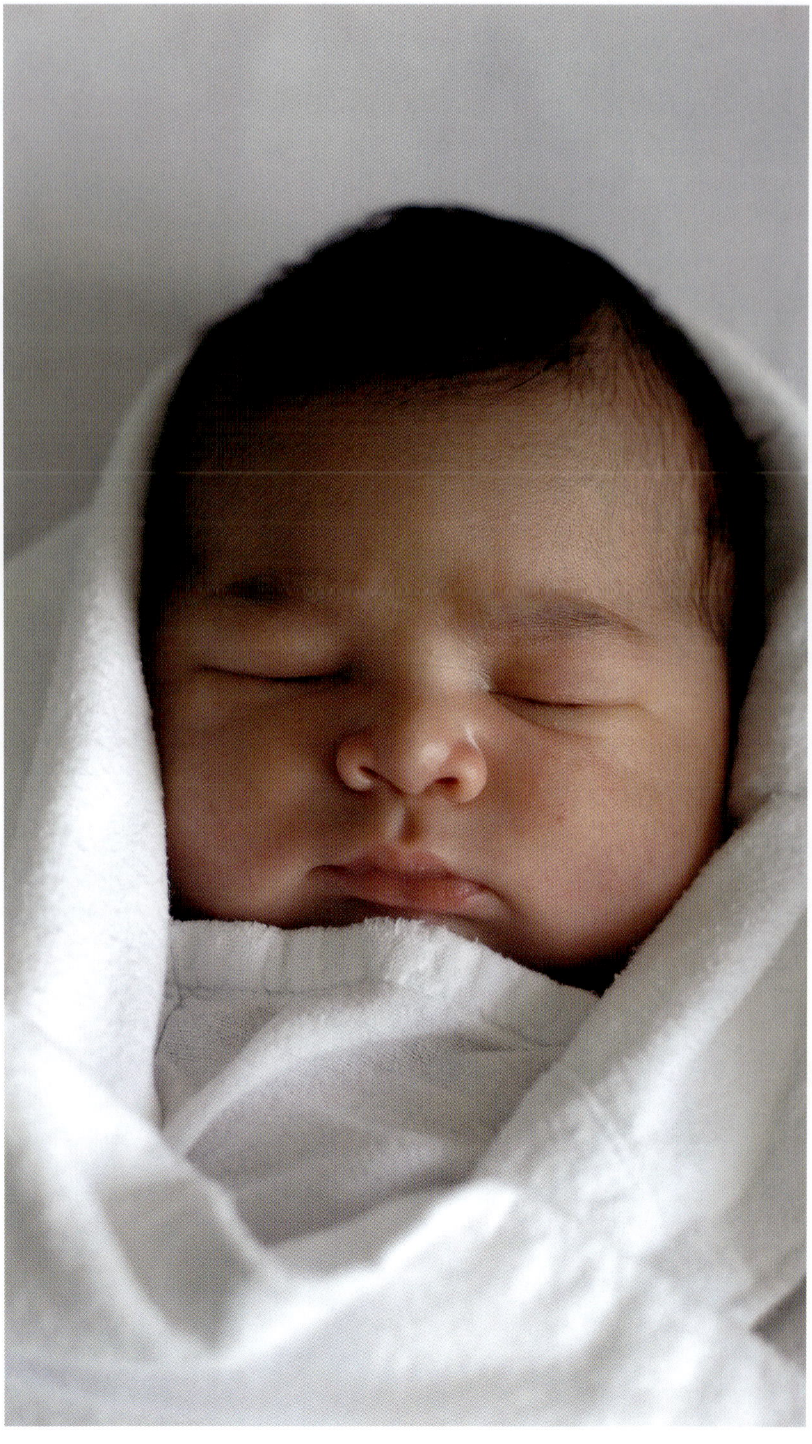

Ci-dessus :
Juste après sa naissance, on murmure des prières aux oreilles du nouveau-né. Ce rituel ne signifie pas toutefois l'admission dans la communauté des croyants.

Le mariage et la fête nuptiale

En haut :
Le mariage est un devoir, car il a un effet stabilisateur sur la société.

Ci-dessus :
La veille des noces a lieu la nuit du henné. Une femme mariée et une jeune fille appliquent du henné sur les pieds, les mains et les cheveux de la fiancée. Cette coutume est censée porter bonheur.

Le mariage, un contrat durable

Dans l'islam, le mariage est la seule forme de vie souhaitable et la seule possibilité d'avoir des relations sexuelles légitimes. Les relations sexuelles avant le mariage et en dehors, en particulier entre personnes du même sexe, sont prohibées. Le célibat et la vie monastique sont également rejetés. L'avantage du mariage est justifié dans le Coran (24,32) : « Mariez les femmes de votre communauté, et les vertueux parmi vos esclaves hommes et femmes ; s'ils sont dans le besoin, Dieu leur suffira par Sa grâce. » L'islam attribue au mariage un effet stabilisateur sur la société et se fonde sur le modèle de la famille élargie, à la structure complexe. En vertu du droit islamique, le mariage est un contrat à long terme. L'islam sunnite ne reconnaît pas un mariage qui est contracté éventuellement pour une durée déterminée, avec la possibilité de divorce.

Les noces

La célébration du mariage est un événement festif, et les hadith contiennent beaucoup d'indications à ce sujet. Le versement d'un don nuptial à la future mariée et un banquet offert aux parents et aux amis sont souvent obligatoires.

Voici la description partielle d'une fête nuptiale typique : « Lors de la fête, les participants peuvent exprimer leur joie, sans toutefois dépasser les limites fixées par l'islam. Le seul instrument de musique autorisé est une sorte de tambourin ; les hommes et les femmes doivent s'asseoir séparément. La consommation d'alcool, les danses mixtes ou la danse des femmes devant les hommes sont interdites. Il n'est pas d'usage de se passer mutuellement des alliances. »

Le droit islamique du mariage

Dans l'islam chiite existe la possibilité de divorcer sous certaines conditions (par exem-

ple en cas d'adultère, d'absence d'enfants, etc.). Traditionnellement, une musulmane ne peut choisir son futur époux que parmi des hommes musulmans. Un homme musulman, en pays islamique, a quant à lui la possibilité d'épouser quatre femmes, qui peuvent être de confession musulmane, chrétienne ou juive. Si l'épouse est d'une autre confession, l'époux musulman ne peut l'empêcher de pratiquer sa religion, lorsqu'il s'agit de se rendre à l'office de sa communauté ou de préparer sa nourriture selon ses préceptes alimentaires.

Le problème des mariages mixtes

Dès lors qu'une musulmane épouse un non-musulman, on craint que ce dernier ne l'empêche d'élever leurs enfants dans la foi islamique ou, dans le pire des cas, qu'il ne la détourne elle-même de l'islam.

Les mariages mixtes sont, en règle générale, non valides, d'autant plus qu'une épouse chrétienne ou juive n'est pas obligée de vivre selon les conceptions islamiques de pureté rituelle. En outre, selon les règles relatives au choix du partenaire, un mariage valide est dissous lorsqu'un des partenaires quitte le cadre religieux préalablement établi. Ce mariage est alors considéré comme un échec.

Ci-dessus :
La cérémonie de mariage est suivie traditionnellement d'une fête pour les amis et les parents, avec danses, chants et festin.

La polygamie

Le Coran autorise la polygamie, mais limite à quatre le nombre des épouses, ce qui n'était pas le cas à l'époque préislamique. Lorsqu'un contrat de mariage est conclu, la femme ne doit pas être mariée contre son gré. La future épouse ne peut pas donner son consentement directement à son futur époux, mais elle a besoin d'un parent masculin, ou tuteur *(wali)*, qui l'exprime à sa place. Si une femme divorcée ou veuve souhaite se remarier, elle n'a plus besoin d'un représentant mâle, mais peut se présenter elle-même en tant que partie au contrat.

Les fiancés ont la possibilité de négocier certaines conditions dans le contrat de mariage. Ainsi, la fiancée peut demander que soit consigné le droit de rester la seule épouse et ainsi de limiter le droit du mari à la polygamie.

Le contrat de mariage est valide lorsque il est conclu en présence de deux témoins intègres. On peut recourir aux services d'un imam ou d'un qadi, mais ce n'est pas obligatoire.

Le fondamentalisme islamique

À droite :
Les wahhabites prétendent être les seuls musulmans qui interprètent correctement le Coran et vivent conformément à l'enseignement islamique. Oussama Ben Laden est l'un des wahhabites les plus connus.

Distanciation radicale vis-à-vis de l'Occident

Le fondamentalisme islamique vise le retour aux sources de l'islam et à ses valeurs. Les tenants de ce courant aspirent à un ordre social qui impose le droit islamique dans tous les domaines. Les droits civiques de l'homme et une vie libérale dans la communauté mondiale démocratique, respectant les valeurs de celle-ci, n'existent pas à leurs yeux, car rien de tel ne figure dans le Coran. Les fondamentalistes extrémistes meurent pour leurs convictions et ne conçoivent pas leur mort comme un suicide (qui constitue un péché mortel devant Allah), mais comme un martyre. Ils se font exploser et tuent d'autres personnes pour conférer à l'islam, dans le monde entier, la validité et la reconnaissance nécessaires, en commettant des agressions.

Le sentiment d'appartenance à l'*Oumma,* la communauté des croyants, s'est intensifié face au monde occidental. La laïcité (séparation des Églises/des religions et de l'État) est inconcevable pour les islamistes. Leur objectif est de réaliser intégralement l'islam et son modèle juridique également au niveau étatique dans tous les pays musulmans et de ne s'orienter en rien sur les modèles occidentaux.

Le recours à la violence est-il justifié ?

Le Coran autorise clairement la résistance contre l'oppression perpétrée par un régime inique, comme l'exprime sans équivoque la surate 42 (versets 41-42) : «Pour sûr, celui qui se défend, une fois subie l'iniquité… ceux-là n'ouvrent contre eux aucun recours, n'ouvrent recours que ceux qui font subir l'iniquité aux humains, commettent l'agression sur la terre, à contre vérité. À ceux-là revient un châtiment douloureux.» Au cours des premiers siècles de l'islam, les musulmans ont séparé le monde en deux sphères : le «territoire de l'islam» et le «territoire de la guerre». Or, la surate 42 (verset 43) dit également : «Mais patienter, pardonner, cela répond vraiment à l'exigence morale.» Le Coran est ambigu dans de nombreux passages. Parfois, il met en avant le pardon; parfois il loue le conflit armé. Et ainsi, un terroriste islamiste, qui ne s'oriente que sur les passages agressifs, peut affirmer qu'il agit dans le cadre du Coran.

Les wahhabites

Les wahhabites appartiennent à un mouvement islamique puritain, ultraconservateur. Le wahhabisme fut une réaction, d'une part, contre l'autorité des tribus en Arabie, qui n'ont jamais été correctement islamisées et continuent de vivre selon les règles de leurs clans et leur droit coutumier, et, d'autre part, contre la domination des Ottomans, qui se sont largement écartés de l'enseignement de leurs pieux prédécesseurs des débuts de l'islam. Le réformateur Muhammad ibn Abd al-Wahhab (1703-1792) appartenait à l'école juridique hanbalite (sunnite) et prêchait la suppression de toutes les innovations postérieures au Coran et le retour à l'islam authentique. Il prônait un monothéisme radical, condamnait toutes les autres formes de culte des saints (dont la personne de Mahomet), des sanctuaires et des tombeaux, et exigeait l'engagement total pour l'islam (djihad).

Répercussions sur le fondamentalisme extrémiste

Pour Abd al-Wahhab, les musulmans authentiques étaient ceux qui suivaient son enseignement; tous les autres étaient des incroyants et devaient être combattus. Les wahhabites déclarèrent la guerre sainte à toutes les tribus non musulmanes. En 1773, ils conquirent Riyad et fondèrent un État islamique où les hommes pouvaient vivre une vie puritaine vouée à Dieu, en plein accord avec les commandements de la charia purifiée. La musique, le tabac et tous plaisirs furent proscrits, et le modernisme occidental considéré comme un danger pour l'islam. Les wahhabites vivent aujourd'hui surtout en Arabie saoudite (où ils constituent la majorité de la population en grande partie sunnite). O. Ben Laden est un wahhabite, de même que les combattants religieux (moudjahidin).

Ci-dessus :
Les moudjahidin prônent l'expansion ou la défense de l'islam par les armes.

Ci-dessous :
La plupart des wahabbites vivent aujourd'hui en Arabie saoudite. Un de leurs bastions est Riyad, la capitale.

L'islam dans un État moderne

En haut :
Des statues d'Atatürk se dressent dans les lieux publics et les parcs de nombreuses villes turques, comme ici à Istanbul. Beaucoup d'institutions publiques portent son nom.

Le réformateur Kemal Atatürk

Mustafa Kemal (1882-1938), fils d'un petit fonctionnaire, grandit dans le climat ouvert sur le monde de Salonique, l'actuelle Thessalonique. Après avoir réuni autour de lui les partisans d'un État turc moderne et occidentalisé, et remporté la victoire à des élections libres grâce à ses idées nouvelles, il devint le grand réformateur du califat islamique.

Les kémalistes abolirent le sultanat le 1er novembre 1922. Le dernier souverain ottoman ne conserva que le pouvoir spirituel. Après le transfert de la capitale à Ankara, le 13 octobre 1923, la République fut proclamée le 29 octobre 1923, consacrant ainsi l'état de droit public existant.

La civilisation européenne s'était montrée supérieure à celle de l'Empire ottoman, puisqu'elle en avait triomphé. Pour libérer la Turquie de l'infériorité et de la dépendance, Atatürk jugea impératif de procéder à une profonde occidentalisation de l'État et de la société : « Il n'y a pas d'autre civilisation que la civilisation européenne, et il faut la mettre en place – avec ses roses et leurs épines. »

Un credo national

La « turquicité » devint la nationalité des habitants vivant sur le territoire de l'État turc. *Ne Mutlu Türküm diyene* (« Combien il est noble de le dire : je suis turc ») devint le credo fondamental de la population.

Quelques années auparavant, une élite qui se sentait « ottomane » avait méprisé les sujets « turcs », considérés comme des paysans et des bergers incultes. La découverte de la « culture turque » et la purification de la langue turque constituèrent des éléments essentiels de la politique culturelle du nouvel État. L'islam passa au second plan en tant que signe d'identité.

La séparation de l'islam et de l'État

La religion freinait Kemal Atatürk et ses compagnons réformateurs dans le cadre du processus de modernisation du pays. Elle devait donc être désormais confinée à la vie privée des individus.

L'abolition du califat correspondait à la suppression de l'islam comme religion d'État dans la Constitution de 1928. En 1937, le principe de la laïcité – séparation de la religion et de l'État – fut inscrit dans la Constitution : « L'État turc est républicain, nationaliste, lié au peuple, laïc et révolutionnaire. »

Un modèle pour d'autres États

Le «kémalisme» peut être considéré comme la première tentative d'un État auparavant sous régime islamique de suivre sa «propre voie de développement». De ce modèle se sont inspirés plus tard les réformateurs et révolutionnaires de la sphère arabe et du Moyen-Orient. Parmi ceux-ci, on compte le chah Reza Pahlavi (Iran), le président Habib Bourguiba (Tunisie), le président Gamal Abdel Nasser (Égypte) et le chef de la révolution Muammar al-Khaddafi (Libye). Tous ont imposé une séparation de l'État et de l'islam, mais nulle part ailleurs la réforme n'a eu d'effet aussi durable et n'a été instaurée avec autant d'intransigeance qu'en Turquie. La résistance et les soulèvements furent réprimés.

De son vivant, Atatürk fut vénéré par la plupart des Turcs. Jusqu'en 1987, le jour anniversaire de sa mort – 10 novembre 1938 – fut un jour de deuil national ; c'est à présent une journée de commémoration du Père des Turcs.

À gauche : Mustafa Kemal est le fondateur de la Turquie moderne. « Atatürk » est un titre honorifique, qui signifie « Père des Turcs ».

Ci-dessous : Istanbul, l'une des plus anciennes villes du monde, est aujourd'hui une grande métropole moderne de 15 millions d'habitants. C'est le centre culturel et économique de la Turquie.

L'HINDOUISME

3

Origines et histoire de l'hindouisme
Une religion sans fondateur

Ci-dessus :
La civilisation de l'Indus vécut en paix jusque vers 1800 av. J.-C., quand elle fut supplantée par des tribus nomades venues du Nord. Les guerriers aryens transformèrent la culture des habitants originels.

Dieux et nomades

À la différence du judaïsme, du christianisme ou de l'islam, l'hindouisme ne se laisse pas appréhender comme un tout indivisible. Le terme groupe au contraire un grand nombre de traditions religieuses distinctes, ce qui a conduit certains anthropologues à parler d'un « conglomérat » de religions. Ce trait distinctif de l'hindouisme est intimement lié à ses origines et à son histoire. C'est vers 1800 av. J.-C. que les Aryens pénétrèrent dans le sous-continent indien. Ces tribus nomades guerrières avaient été contraintes de quitter leur région d'origine, en Asie centrale, après que les changements du climat y eurent transformé de vastes territoires en steppe aride.

Les tribus d'éleveurs qui immigrèrent en Inde y importèrent des dieux auxquels elles rendaient un culte en pleine nature, n'ayant ni temples ni idoles, et dont elles chantaient la geste dans de nombreux hymnes aux accents épiques. Les Aryens intégrèrent les divinités des habitants originels de l'Inde, un trait qui caractérise l'hindouisme dans son ensemble : l'ancien n'est ni refoulé ni occulté, mais il est au contraire incorporé à l'existant.

Un « conglomérat » de religions

Les différentes traditions de l'hindouisme n'ont pas de fondateur commun. Elles ne partagent ni leurs préceptes ni leurs rites, et s'appuient sur un vaste corpus d'écritures saintes. Les hindous n'ont pas non plus de ville sainte unique et reconnue par tous. Les adeptes de ce « conglomérat » de religions ne s'entendent pas même sur la croyance en une ou plusieurs divinités : l'hindouisme permet aussi bien le monothéisme que la croyance en plusieurs dieux. Les hindous connaissent – et bien souvent vénèrent – un grand nombre de divinités. Leur panthéon en compte plusieurs centaines de milliers. L'hindouisme est donc un conglomérat ouvert et inclusif, qui assimile au lieu d'exclure.

L'hindouisme en tant que concept

Le concept d'hindouisme tel que nous l'entendons aujourd'hui n'est pas apparu en Inde, mais dans l'Europe du XIXe siècle. La Constitu-

L'origine du mot « hindou »

Le mot « hindou » dérive du nom sanskrit du fleuve Indus, *Sindhu*. Devenu *hindu* dans la prononciation persane, le terme ne désigna d'abord que les peuples établis sur les rives du fleuve, avant d'englober tout le sous-continent et sa population.

Lorsque les Arabes atteignirent l'Inde, au VIIe siècle, ils utilisèrent le mot *al-hind* pour désigner l'entité géographique, mais aussi tous les habitants de confession autre que musulmane.

Il s'agit donc dans tous les cas d'une appellation imposée de l'extérieur. Le mot « hindou » fut enfin repris par les navigateurs portugais qui accostèrent en Inde au XVIe siècle et pour qui l'hindouisme ne formait qu'une seule et même religion.

tion indienne définit comme «hindoues» toutes les religions nées sur le sol indien : hindouisme, sikhisme, bouddhisme et jaïnisme. D'après les dernières estimations, l'hindouisme rassemblerait ainsi environ 850 millions de personnes, ce chiffre pouvant varier en fonction des croyances retenues dans la définition.

L'hindouisme peut donc se résumer à un ensemble évolué et stratifié de courants religieux divers ayant pour point commun de se réclamer de la notion de *dharma*.

À gauche :
Le concept d'hindouisme groupe un grand nombre de traditions diverses. Polythéisme et monothéisme cohabitent pacifiquement dans un système profondément ouvert.

Le plus petit dénominateur commun

La seule similitude entre tous les hindous croyants est qu'ils sont soumis au *sanatana dharma,* ou loi cosmique éternelle. Le terme *dharma* désigne à la fois l'ordre qui sous-tend toute forme de vie, y compris l'existence de l'Univers, et le comportement humain qui permet le maintien de cet ordre. Le *sanatana dharma* n'est pas d'origine humaine et s'applique à tous sans exception – y compris aux hors-caste – et pour l'éternité.

Ci-dessous :
Les éleveurs aryens qui soumirent l'Inde y importèrent leurs divinités, qu'ils vénéraient en pleine nature, à la différence des populations indigènes. Leurs hymnes servirent de base aux écritures saintes.

L'évolution de l'hindouisme

Ci-dessous :
L'hindouisme tel que nous le connaissons tire ses origines de la civilisation de l'Indus, centrée autour du fleuve éponyme (au Pakistan) mais aussi présente dans certaines régions de l'Inde et de l'Afghanistan. La plus grande ville connue est Mohenjo-Daro, dans le sud de l'actuel Pakistan.

Première civilisation de l'Indus

La religion que pratiquent aujourd'hui les hindous s'est développée pour l'essentiel avant l'an 1000, mais ses racines remontent au XVe siècle av. J.-C., à l'époque de la civilisation de la vallée de l'Indus, qui prospéra près de neuf cents ans. Les Aryens, peuple de langue indo-européenne, conquirent les territoires du nord-ouest de l'Inde et intégrèrent à leur propre système les représentations et les us des peuples dits de l'Indus. À partir de 1200 av. J.-C., leurs hymnes, transmis exclusivement par voie orale, furent compilés pour être préservés par les cercles sacerdotaux sous le nom de Veda (« connaissance sacrée »). Les Veda font figure de révélation divine.

Les fouilles archéologiques

Au début des années 1920, des archéologues britanniques et indiens présentèrent le résultat de leurs fouilles dans la vallée de l'Indus. Ils parvinrent à prouver l'existence d'une civilisation fluviale apparue autour de 2500 av. J.-C. et s'étant maintenue sur une longue période. Ce peuple de l'Indus nous a laissé des inscriptions sur des sceaux en stéatite, mais leur écriture n'est pas encore déchiffrée. Toutes nos connaissances sur la culture de l'Inde antique reposent donc sur des conjectures. Les représentations que portent les sceaux nous renseignent quelque peu sur les conceptions religieuses de cette civilisation. L'un d'eux montre

À gauche : Par sa danse frénétique, le puissant Shiva met l'univers en branle pour mieux le détruire à la fin du cycle. Seigneur des animaux et yogi accompli, Shiva préside aussi aux démons et aux esprits.

Ci-contre : Ce haut-relief d'un temple de Kanchipuram représente Shiva combattant un redoutable démon. Les piliers sont ornés de créatures léonines dotées de défenses d'éléphant. Ce temple dédié à Shiva est considéré comme l'un des plus beaux de l'Inde.

par exemple une figure féminine allaitant un enfant : il pourrait s'agir d'une très ancienne déesse-mère, comme on en trouve dans la plupart des civilisations antiques. Plusieurs sceaux représentent une divinité entourée d'animaux qui pourrait être le précurseur du dieu destructeur Shiva. On le voit parfois avec un croissant de lune au-dessus de la tête ou même les jambes croisées, ce qui laisse à penser que le peuple de la vallée de l'Indus connaissait déjà les postures de yoga.

Déclin et réémergence

La fin de la civilisation de l'Indus résulte sans doute de l'invasion aryenne, vers 1800 av. J.-C. Mais, selon certains archéologues, son déclin et sa disparition étaient devenus inéluctables. S'ils ont raison, les conquérants venus d'Asie centrale auraient pu insuffler un sang et des concepts nouveaux à cette civilisation, qui aurait ainsi poursuivi son développement.

Les Aryens s'établirent pour certains dans le nord de la Grèce, pour d'autres en Iran (dont le nom dérive du mot «aryen»). Ceux qui avancèrent jusqu'en Inde étaient probablement issus de ce rameau iranien. Les connaissances sur les Aryens sont quasi exclusivement tirées de l'étude du corpus de leurs textes saints, les Veda, et avant tout du recueil d'hymnes appelé *Rigveda*. Nomades pratiquant la chasse et l'élevage à l'origine, les Aryens se firent cultivateurs une fois établis en Inde. Organisés en tribus, ils vénéraient les divinités de la nature et parlaient une langue qui donna naissance au sanskrit. Chaque tribu avait à sa tête un chef, la famille formant la plus petite unité sociale. La religion des Aryens était centrée sur le sacrifice. Du fait du contact et des échanges avec le peuple de l'Indus, ils se familiarisèrent progressivement avec de nouvelles divinités. Leur zone de peuplement s'étendit au cours du temps jusqu'à la vallée du Gange.

Rencontre avec le dieu Shiva

Par sa danse frénétique, Shiva (en sanskrit, « de bon augure ») met l'univers en branle pour mieux le détruire à la fin d'un cycle. Le dieu tient un trident dans l'une de ses nombreuses mains. Seigneur des animaux et yogi, Shiva préside aussi aux démons et aux esprits. Il est vénéré sous la forme du *linga*, symbole phallique de la force créatrice. Sa parèdre est Shakti, qui règne sur la vie et la mort.

L'intermède bouddhiste

Menace sur la religion védique

Aux VIe et Ve siècles av. J.-C., divers mouvements de réforme tentèrent de saper les bases de la religion védique.

Une école de penseurs alla jusqu'à nier l'existence des dieux, l'autorité des écritures et la notion de réincarnation. Ces athées refusaient en outre de reconnaître la prééminence de la caste sacerdotale des brahmanes.

Les adeptes du Bouddha s'éloignèrent eux aussi de la tradition védique pour tracer leur propre voie spirituelle. Pour les hindous, le Bouddha serait l'incarnation, ou avatar, du dieu Vishnou. Ils se réfèrent aux écritures védiques, qui proclament : « Au début de l'âge de Kâlî [*Kâlîyuga,* le dernier des quatre âges dans la vision cyclique du temps de l'hindouisme], le Seigneur apparaîtra sous la forme du Bouddha, fils d'Anjana, dans la province de Gaya, pour induire en erreur tous ceux qui envient les croyants (1). »

Le Bouddha réfute les écritures saintes

Le Bouddha prêcha surtout la non-violence et enseigna de grands préceptes moraux destinés à purifier le genre humain. S'il est vrai qu'il s'opposa personnellement aux écritures védiques, de nombreux érudits hindous y voient un simple prétexte, l'humanité étant devenue trop pécheresse pour comprendre le véritable sens des Veda. L'autorité des brahmanes fut durablement affaiblie lorsque l'empereur Ashoka (IIIe siècle av. J.-C.) se convertit au bouddhisme, dont il fut un ardent défenseur. Son empire se disloqua après sa mort, en 232, mais les nouveaux royaumes du nord de l'Inde suivirent l'exemple du souverain « aimé des dieux » en favorisant la religion bouddhiste. Jusqu'à la fin du IIIe siècle, le nord-ouest du sous-continent fut régulièrement attaqué par des envahisseurs : les brahmanes tirèrent parti de cette période agitée pour assurer le renouveau de la religion védique en la réinterprétant.

Ci-dessous, à gauche : Haut de plus de 10 m, ce relief contemporain de la dynastie Gupta (630-668) représente la Pénitence d'Arjuna, héros du Mahâbhârata, *épisode connu aussi comme la Descente du Gange.*

Ci-dessous, à droite : L'empereur Ashoka (IIIe siècle av. J.-C.) fit ériger de nombreuses œuvres d'art sacré. Sa conversion au bouddhisme affaiblit pour longtemps l'autorité des brahmanes.

Coexistence du bouddhisme et de l'hindouisme

Les sacrifices animaux, abhorrés par le Bouddha, furent abolis au Ier siècle av. J.-C. Le nombre des cérémonies fut considérablement réduit, et une tradition originale de réflexion philosophique se fit jour. C'est à cette époque que furent retravaillées les deux grandes épopées de l'Inde, le *Râmâyana* et le *Mahâbhârata.* Toutes deux reçurent le statut d'écritures saintes, Râma et Krishna étant déclarés incarnations de Vishnou. La loi brahmanique gagna en importance après le Ier siècle et fut consignée par écrit pour former une sorte de code, les *Lois de Manu.* Ce texte, qui reste influent de nos jours dans de vastes domaines de l'hindouisme, nous informe en détail sur une grande variété de thèmes, comme le système des castes, les règles relatives au mariage, les rites funéraires, les devoirs du souverain, la prééminence des brahmanes, la notion de *karma* et l'essence de l'âme. Après la prise du pouvoir par la dynastie Gupta, au IVe siècle, la situation politique se stabilisa dans le nord et le centre du sous-continent. La culture de l'Inde ancienne atteignit son apogée sous le règne de Chandragupta II (vers 375-414), qui reçut à sa cour savants, poètes et philosophes. Les prêtres hindous furent placés sous sa protection, et les monastères bouddhistes se développèrent à travers le pays. Il s'ensuivit une longue période de paix et de prospérité.

La dynastie Gupta

Le royaume Gupta fut vaincu par les Huns vers 475. Après la mort du dernier souverain de la dynastie, l'empire fut morcelé en plusieurs petits royaumes. Si les empereurs Gupta, qui s'entourèrent de conseillers bouddhistes, financèrent généreusement les *vihara* (monastères), leur règne vit surtout se développer la religion dite brahmanique, forme première de l'hindouisme tel que nous le connaissons aujourd'hui.

Ci-dessus : L'hindouisme considère le Bouddha comme un avatar du dieu Vishnou. Les écritures affirment que le Bouddha apparaîtra au début de l'âge de Kâlî, mais pour induire l'humanité en erreur.

L'hindouisme et l'Occident

Ci-dessus : Calcutta (ici le mémorial érigé en l'honneur de la reine Victoria) fut pour l'Occident la porte des Indes. La Grande-Bretagne colonisa l'Inde et y régna jusqu'en 1947. Calcutta fut longtemps la capitale politique du Raj.

Premiers échanges

Le 20 mai 1498, Vasco de Gama fut le premier Européen à mouiller dans le port de Calicut. Située au Kerala, sur la côte sud-ouest de l'Inde, cette petite ville allait devenir une véritable plaque tournante commerciale.

Le navigateur portugais avait en effet ouvert une nouvelle voie vers l'Extrême-Orient pour le commerce européen, l'affranchissant ainsi de sa dépendance vis-à-vis des pays de la route de la Soie.

Désormais libres d'utiliser la voie maritime, les Occidentaux se mirent à établir des comptoirs en Inde. Les Britanniques colonisèrent le sous-continent et y régnèrent jusqu'en 1947.

La ville de Calcutta fut longtemps la capitale du « Raj » et devint à partir du XVIIIe siècle le lieu d'intenses échanges entre hindouisme et christianisme.

Les concepts et les techniques de l'Occident entraînèrent une réforme au sein de l'hindouisme, dont les grandes figures furent Ram Mohan Roy, Dayananda Sarasvatî, Râmakrishna et Rabindranath Tagore.

Les réformateurs

Ram Mohan Roy (1772-1833) naquit au Bengale dans une caste de brahmanes. Marqué par la culture chrétienne et surtout par la dimension accordée à la dignité humaine, Roy lutta contre le mariage des enfants et la pratique de la *satî,* consistant pour une veuve à s'immoler sur le bûcher funéraire de son mari. Roy créa en 1828 le Brahmo Samaj, ou « société de Brahmâ », prêchant un monothéisme strict et s'opposant au culte des idoles.

Un autre grand réformateur de l'hindouisme fut Dayananda Sarasvatî (1824-1883). Brahmane lui aussi, il consacra sa vie à œuvrer pour le retour de l'hindouisme à la pureté des Veda, pour lui l'unique source de toute connaissance.

Toutes les religions mènent à Dieu

Dayananda Sarasvatî, qui rejetait également le culte des idoles, dénonça le système des castes et l'idée que les dieux pussent s'incarner en hommes. Il fonda en 1875 l'Arya Samaj, société

qui propage encore aujourd'hui ses enseignements avec un zèle missionnaire à travers toutes les castes.

Son contemporain Râmakrishna (1836-1886) naquit dans une famille pauvre de brahmanes bengalis. Ses visions mystiques lui firent tirer la conclusion que toutes les religions mènent au divin. Il acquit ainsi une certaine notoriété en Occident.

L'un de ses disciples, Vivekananda (1863-1902), créa en 1897 la mission Râmakrishna. Son ardeur suscita un intérêt renforcé de l'Occident pour l'hindouisme.

Mais le fils le plus célèbre du Bengale fut l'écrivain et prix Nobel de littérature Rabindranath Tagore (1861-1941), dont les écrits mirent l'accent sur l'amour divin et qui stigmatisa le nationalisme, qualifié d'« égoïsme institué ».

L'influence hindoue en l'Occident

Les débuts de l'influence culturelle de l'hindouisme sur l'Occident remontent à l'année 1893, lorsque Vivekananda participa au congrès international des religions à Chicago. Sa réserve naturelle et sa profonde spiritualité impressionnèrent fortement l'assemblée. Vivekananda présenta sa vision de l'hindouisme, croyance à vocation universelle.

Plusieurs délégués occidentaux en vinrent à remettre en question le sens des missions chrétiennes envoyées en Inde. Rendus audacieux par l'intérêt éveillé par Vivekananda – et peut-être aussi par l'engouement de la reine Victoria pour tout ce qui avait trait à l'Inde (elle parlait et écrivait l'ourdou) –, plusieurs hindous se mirent à prendre le chemin de l'Occident.

Mais cet enrichissement culturel ne se fit pas à sens unique : de nombreux hindous, comme le Mahatma Gandhi, furent fortement influencés par les penseurs du XIXe siècle, comme John Ruskin et Léon Tolstoï, ainsi que par les enseignements de l'Évangile.

En 1893, l'Irlandaise Annie Besant (1874-1933) se rendit en Inde, où elle fonda le Central Hindu College dans la ville sainte de Varanasi, plus connue sous le nom de Bénarès. Elle milita pour l'éducation des femmes ainsi que pour la théosophie, système ésotérique fortement influencé par l'hindouisme.

À gauche : L'écrivain et prix Nobel de littérature Rabindranath Tagore, né au Bengale, est connu pour son évocation de l'amour divin, exprimé notamment dans son célèbre Gitanjali, *traduit en français par André Gide sous le titre* Offrande lyrique.

Ci-dessous : Le 20 mai 1498, le navigateur portugais Vasco de Gama fut le premier Occidental à mouiller dans le port de Calicut, située sur la côte du Kerala, qui devint bientôt une plaque tournante commerciale.

L'Inde depuis l'indépendance

Depuis la Seconde Guerre mondiale et l'indépendance de l'Inde, en 1947, l'hindouisme a poursuivi son évolution. Malgré l'existence d'un courant conservateur et orthodoxe sont nées de nouvelles formes de religion, comme le culte de Santoshi Mata, fille du dieu éléphant Ganesha. Cette divinité est restée méconnue jusqu'à ce que sorte un film religieux, *Jai Santoshi Ma* (1975), qui en fit une déesse vénérée dans toute l'Inde.

Le Mahatma Gandhi a lui aussi fait beaucoup pour le rayonnement de l'hindouisme à travers le monde, tout comme le mouvement Hare Krishna, ou la Méditation transcendantale. Tous ont en commun d'avoir maintenu l'intérêt de l'Occident pour cette religion, la plus ancienne encore en vie dans le monde.

Le *dharma* en dehors de l'Inde ?

Les hindous sont nombreux à penser que leur loi sacrée, le *dharma,* ne peut être observée que sur le sol sacré de l'Inde. Traverser les *kala pani,* ou «eaux noires» de l'Océan, rendrait impur et incapable de mener une vie de bon hindou. D'autres sont d'avis contraire. Quoi qu'il en soit, l'émigration des hindous vers la Grande-Bretagne, les Antilles, le Canada et l'Afrique de l'Est et du Sud, sans oublier les États-Unis et l'Europe, reste un phénomène relativement récent.

Les adeptes du mouvement Hare Krishna ont longtemps hanté les rues passantes des villes occidentales, chantant et jouant des cymbales dans leurs tenues excentriques. Ce comportement voyant ne leur a pas valu que des sympathies.

Le mouvement Hare Krishna

Vêtus de leurs traditionnelles robes safran, les adeptes du mouvement Hare Krishna – fondé en 1966 aux États-Unis par Abhay Charan De (1896-1977), connu comme le gourou Bhaktivedanta, ou Prabhupada –, ont fait partie du paysage quotidien des grandes villes occidentales dans les années 1970-1980.

Le mouvement dut une partie de sa popularité au soutien de l'ancien Beatle George Harrison.

À la mort du fondateur, qui s'était voué à propager le culte de Krishna en Occident, furent nommés onze gourous successeurs (habilités à initier les novices), formant une assemblée dirigeante suprême. Mais tous durent abandonner leur poste après diverses accusations de malversation.

Krishna est considéré comme une divinité suprême et incarnée, qui exige de ses adeptes qu'ils abandonnent toute nourriture carnée et substances intoxicantes, mais aussi les jeux de hasard et la sexualité non procréatrice.

La vie dans les temples et les communautés rurales (aux États-Unis surtout) tourne autour du culte extatique des idoles du dieu et autres grandes figures de la dévotion à Krishna. Cette forme d'abandon à la divinité, qui libère le fidèle par son amour, est appelée *bhakti* et constitue traditionnellement l'une des principales voies de salut.

Les membres du mouvement Hare Krishna vivent d'aumônes et de la vente de leur littérature religieuse.

Un ashram chrétien

En 1968, le moine bénédictin britannique Bede Griffiths (1906-1993) établit dans le sud de l'Inde une communauté religieuse d'inspiration indienne, ou ashram, dans lequel il chercha à mettre en pratique sa vision d'un «mariage entre Orient et Occident», pour reprendre le titre de l'un de ses ouvrages. Ses enseignements et techniques de méditation combinent des éléments de mystique chrétienne et de spiritualité hindoue.

Page ci-contre :
Bénarès est pour beaucoup la ville la plus sainte de l'hindouisme.

À gauche :
La reine Victoria Ire, impératrice des Indes en 1877. Le Raj devint l'un des principaux piliers de la monarchie britannique.

Les courants religieux liés à l'hindouisme

Ci-dessus :
Ce sikh est plongé dans la lecture du livre saint du gourou des sikhs, l'Adi Granth, *dans le temple d'Amritsar.*

Les grandes tendances de l'hindouisme

Les principales réflexions métaphysiques de l'hindouisme s'inscrivent dans plusieurs grands courants religieux. Mais, à la différence des religions monothéistes, comme le christianisme ou le judaïsme, ces différents courants ne tendent pas à l'uniformisation. Monothéisme et polythéisme cohabitent sans s'exclure mutuellement, le croyant étant libre de choisir ce à quoi adhérer ou pas. L'hindouisme ne connaît donc ni pape, ni dogme, ni temple, ni loi, ni livre unique. La question du salut de l'homme – résolue par exemple de façon univoque par la doctrine chrétienne – reçoit dans l'hindouisme des réponses éminemment diverses et nuancées.

Vishnouisme et shivaïsme

Les deux courants de l'hindouisme appelés vishnouisme et shivaïsme se distinguent fortement du fait qu'ils ont recours à des écritures et à des eschatologies, ou voies de salut, différentes. Certains auteurs considèrent même que les différences sont si importantes que l'on peut parler de deux religions distinctes cohabitant sous un même toit. Leurs adeptes menant une vie d'ascèse dans les ashrams se distinguent au premier abord par les marques qu'ils portent sur le front : horizontales pour les shivaïtes, verticales pour les vishnouïtes. Culte et rituels rythment leur quotidien.

Shiva se différencie de Vishnou en ce qu'il ne s'incarne pas sous forme d'avatars. Il est symbolisé par le *linga,* ou « signe » primordial évoquant un pénis en érection.

Les différents groupes religieux vivent dans un relatif respect mutuel, la conception d'une religion comme unique voie de salut leur étant étrangère. La vérité appartient à tous puisque le divin se manifeste sous une infinité de formes.

Le shaktisme

Shakti – autre nom de Pârvatî, l'épouse du dieu Shiva – représente l'énergie féminine de la divinité et est aussi vénérée en tant que déesse-mère. Le shaktisme consiste en des rites sexuels ayant pour but d'éveiller la force créatrice de l'homme. L'union charnelle s'accomplit pour cela selon des techniques codifiées. Le shaktisme est donc à la fois hédonisme, sensualité, vénération de la féminité et quête mystique du salut de l'âme. Ce culte a probablement vu le jour au cours du Ier millénaire avant notre ère dans la civilisation de l'Indus. La Terre y est assimilée à une déesse fertile, qui donne la vie et la reprend dans un cycle sans fin. Shakti à elle seule préserve et détruit l'Univers, exauce les prières, accorde sa grâce et le salut. Le culte de Shakti et de Kâlî s'est accompagné jusqu'au début du XXe siècle, au sein de certains petits groupes extrémistes, de sacrifices humains.

Le tantrisme

Le tantrisme peut être défini comme une quête de l'union avec le divin au moyen de pratiques occultes. La déesse-mère y revêt une importance capitale. Toutes ses manifestations sont des images du cycle infini du devenir et du dépérir. Le salut se trouvant dans la combinaison des contraires, l'union charnelle de l'homme et de la femme doit permettre de libérer la force salvatrice de la déesse. Le rituel magique est toujours au premier plan, ainsi que l'idée d'un rapport entre microcosme et macrocosme : ce principe, connu en Occident depuis l'Antiquité, est celui d'une correspondance entre l'infiniment grand et l'infiniment petit, entre l'Univers et le corps humain. Chaque créature matérielle n'est que l'expression visible d'une force ésotérique sous-tendant tout l'Univers, dont l'agencement se retrouve dans le corps humain.

À gauche :
Le dieu Shiva est représenté par un symbole phallique appelé linga. *C'est un symbole à la fois de fertilité et d'union de la vie et de la mort.*

Le sikhisme : un Dieu unique et un Temple d'or

Près des deux tiers des quelque 23 millions de sikhs vivant à travers le monde habitent au Pendjab, région partagée entre l'Inde et le Pakistan. Leur croyance en un Dieu et une humanité uniques et leur rejet du système des castes remontent à Guru Nanak (1469-1538), qui recommanda à ses disciples de mener une vie de pure piété. «Pratiquez la méditation, la vertu et la compassion envers les pauvres» : tel est le premier principe des sikhs, qui, comme les hindous, croient à la réincarnation, mais pensent que le salut ne se trouve que dans un abandon total à Dieu. Nourri d'hindouisme et d'islam, le sikhisme est une religion éminemment tolérante. Le neuvième successeur de Nanak, Guru Gobind Singh (1675-1708), en fit une communauté guerrière, organisée sur un modèle militaire, le Khalsa. On reconnaît les hommes sikhs à leur barbe, à leurs longs cheveux coiffés en chignon et cachés par un turban. Certains portent encore un sabre. Amritsar, ville située à quelque 400 kilomètres au nord-ouest de Delhi, abrite le plus sacré de leurs sanctuaires, appelé Temple d'or, ou encore temple de Hari (Vishnou). Les écritures des sikhs, poèmes mystiques rédigés par leurs gourous et des ascètes hindous et musulmans, forment l'*Adi Granth,* qui a acquis le statut de dernier gourou.

Ci-dessous :
Amritsar, au nord-ouest de Delhi, abrite le Temple d'or, sanctuaire le plus sacré des sikhs.

Les grands réformateurs

Page ci-contre, en haut : Gandhi rentra en Inde en 1915 et se consacra à la lutte contre l'occupation britannique. Il appela à de nombreuses marches de protestation. Ici, la « marche du sel » de 1930, destinée à briser le monopole colonial sur le sel.

Une « grande âme » hindoue : le Mahatma Gandhi

Mohandas Karamchand Gandhi (1869-1948) fut appelé Mahatma («grande âme»), un titre réservé aux personnalités spirituelles hors du commun. Il fut le fer de lance de la lutte contre l'hégémonie coloniale de la Grande-Bretagne et pour l'indépendance de l'Inde. Son nom est aujourd'hui synonyme de résistance non violente et d'engagement pour les droits de l'homme. Issu de la troisième grande catégorie du système des castes, les *vaishyas,* ou marchands, il prit parti pour l'abolition des discriminations.

L'action politique et religieuse de Gandhi

Gandhi était le fils du Premier ministre de Porbandar, principauté sous contrôle britannique. Sa famille était à la fois aisée et fortement pieuse. En 1888, il partit étudier le droit en Angleterre. C'est là qu'il fit la découverte du *Sermon sur la montagne* de l'Évangile ainsi que des œuvres de Tolstoï, Ruskin et Thoreau. Ces lectures lui inspirèrent plus tard sa vision de la désobéissance civile.

Admis en 1891 au barreau de Rajkot, au Gujerat, il s'installa deux ans plus tard comme avocat et leader politique des immigrés indiens en Afrique du Sud. Il y fonda le Natal Indian Congress pour organiser la résistance contre l'apartheid.

En 1915, Gandhi rentra en Inde et s'y consacra bientôt à la lutte contre la puissance coloniale britannique et le rejet des parias, la plus basse caste des intouchables.

Gandhi appela à de nombreuses actions et marches de protestation, jusqu'à la grève générale, ce qui lui valut d'être jeté en prison à maintes reprises. Il n'hésita pas à y poursuivre son action par le jeûne. Pendant la Seconde Guerre mondiale, il lança le mot d'ordre *«Quit India!»* pour exiger le retrait britannique et l'indépendance de l'Inde, et retourna aussitôt en prison. Il mourut le 30 janvier 1948 à Delhi, sous les balles d'un extrémiste hindou. Ses cendres furent dispersées dans le Gange.

Ci-contre : Mohandas Karamchand Gandhi, qui lutta contre le régime colonial britannique, fut le père de l'indépendance de l'Inde. Le titre de Mahatma, qui signifie « grande âme », est réservé aux hindous dotés des plus hautes qualités spirituelles et morales.

Un rénovateur du yoga : Aurobindo

Né à Calcutta dans une famille de brahmanes, Shri Aurobindo (1872-1950) fut un philosophe et un maître qui élargit le champ du yoga traditionnel. Il passa près de quatorze ans en Angleterre, où il s'imprégna de la pensée occidentale pour la relier à la religion hindoue.

De retour en Inde, il travailla dans la fonction publique et fut jeté en prison quand on le soupçonna d'avoir fomenté un attentat à la bombe. Il s'y plongea dans la *Bhagavad-Gita,* dont la lecture fut un puissant éveil mystique. Il se consacra dès lors au yoga et fonda en 1910 une école à Pondichéry, qui fut dirigée après sa mort par Mira Alfassa, une Française d'origine, appelée «Mère». Leurs adeptes tra-

Page ci-contre, en bas : Invention de Shri Aurobindo, le yoga dit « intégral » se distingue nettement du yoga traditionnel. Ceux qui le pratiquent ne cherchent pas à s'extraire du monde, mais au contraire à s'y plonger.

vaillent depuis à l'édification d'Auroville, cité idéale qui doit rassembler un jour 50 000 âmes en quête de salut.

Le yoga intégral

Aurobindo pensait que l'homme est capable de transcender sa conscience et d'y laisser pénétrer la lumière divine, ce qui provoquerait une élévation spirituelle non seulement de l'individu, mais de l'Univers tout entier : « La première nécessité est que l'homme découvre en lui l'esprit, la réalité divine, et l'exprime dans tout son être et sa vie. La vie divine est la vie intérieure. Il n'existe pas de divinité dans le monde extérieur tant que n'a pas eu lieu la divinisation de l'intérieur (2). »

Ce yoga dit « intégral » se distingue des formes traditionnelles en ce que celui qui le pratique ne cherche pas à s'extraire du monde, mais au contraire à s'y plonger, et qu'il fait de l'œuvre au sein du monde l'expression d'un lien avec le divin.

Croyances et conception du monde

Les Veda

*Ci-dessus :
L'impureté rituelle est une constante de la pensée hindoue. Un bain dans le Gange est considéré comme purificateur.*

Les Veda, ou la « voie de l'audition »

Le mot Veda désigne avant tout une série de révélations sacrées d'origine non humaine selon la croyance. Mais les indianistes occidentaux se servent aussi de ce terme pour désigner l'ensemble des écritures védiques. Composées entre 1500 et 500 av. J.-C., elles se répartissent en trois catégories.

Pour les croyants hindous, le savoir révélé des Veda emprunte aujourd'hui comme hier la «voie de l'audition», qui va au-delà de la simple ouïe humaine pour embrasser une forme de perception intériorisée. La révélation sacrée par les Veda est éternelle, sans début ni fin. Elle ne dévoile son sens authentique que lorsqu'elle est prononcée ou entendue et que l'auditeur l'absorbe en son for intérieur. Ce savoir mystique s'écoule, selon la croyance,

L'impureté rituelle

La notion d'impureté rituelle, danger de chaque instant assimilable au péché, est une constante de l'hindouisme. Un hindou peut devenir impur, de façon durable ou provisoire, au contact d'une chose, d'un animal ou d'une personne. Cette impureté dite rituelle, qui dépasse donc la simple souillure physique, se transmet par simple contact. Il est possible de s'en débarrasser par un rituel de purification (ablutions) ou, dans les cas les plus graves – meurtre d'un brahmane, consommation d'alcool, abattage d'une vache –, par une cérémonie de pénitence imposée par un conseil de brahmanes appelé *parishad*. Ce type de rituel comprend plusieurs épreuves, tels le jeûne ou l'absorption d'urine de vache. Les dons faits aux brahmanes et les lointains pèlerinages sont eux aussi censés purifier les dévots.

comme le souffle divin : « De même que notre souffle circule sans effort, de même ces paroles émanent du *brahman* suprême sans qu'il lui en coûte la moindre peine (2). » L'auditeur quant à lui se doit d'être en état de pureté rituelle.

Tentative de classement

Les Veda se répartissent en trois catégories qui forment un corpus appelé *shruti* (audition, c'est-à-dire révélation), ayant valeur contraignante pour tous les hindous :

1. La *samhita* : ce sont le *Rigveda*, le *Samaveda* (psalmodies du sacrifice), le *Yajurveda* (formules sacrificielles) et l'*Atharvaveda* (incantations magiques). Composé vers 1200 av. J.-C., le *Rigveda* est formé de 1028 hymnes, répartis en dix livres, ou mandalas (cercles ou écoles), et consacrés aux diverses divinités du panthéon hindou. Le dixième mandala contient en outre des spéculations sur l'origine de l'homme et de l'Univers. L'accès au *Rigveda* était autrefois réservé à la caste sacerdotale des brahmanes, ses hymnes étant considérés comme une révélation de nature divine, transmise par des prophètes, les *rishi*.

2. Les *brâhmanas* : gloses destinées seulement aux prêtres et consignes pour les sacrifices.

3. Les *aranyakas* et les *Upanishad* : les *Upanishad* se composent de 108 poèmes métaphysiques rattachés aux Veda et portant le nom de *vedanta* (« fin des Veda »). Elles font figure d'enseignement ésotérique. Leur idée centrale est l'unité de l'*âtman* (l'être immuable de l'homme, sa force vitale et son âme) et du *brahman* (l'âme cosmique, l'absolu, qui procède de la même nature). Les *aranyakas* sont les « livres de la forêt », qui s'étudient à l'écart de la communauté des hommes. De nombreux indologues et historiens des religions se sont efforcés depuis deux siècles de classer les écritures de l'hindouisme selon une grille de lecture occidentale. Tous ont dû renoncer devant l'ampleur de la littérature religieuse, l'ésotérisme des textes et la richesse de la langue sanskrite. La littérature védique est désignée sous le terme de *shâstra* (traité normatif).

Ci-dessus :
Les Veda sont une révélation sacrée ne livrant son sens authentique que lorsqu'elle est murmurée et entendue par l'homme.

En bas :
La vache est vénérée depuis une époque très ancienne comme symbole du caractère sacré de la terre nourricière. L'abattage d'une vache rend donc extrêmement impur.

La vache sacrée

Symbolisant la terre nourricière et sacrée, la vache est vénérée en Inde depuis sans doute 1000 av. J.-C. L'interdit pesant sur l'abattage des vaches serait tout aussi ancien. De même que la vache nourrit son veau, de même la terre nourricière satisfait les besoins de tous les êtres. Les produits de la vache sont investis d'un pouvoir quasi magique. Ce symbole religieux acquit une portée nationale en 1857, lorsque les Anglais voulurent équiper leurs contingents hindous de cartouches de fusil lubrifiées à la graisse de vache : l'événement déclencha la révolte des Cipayes.

Shruti et *smriti*

Les écrits védiques se répartissent en *shruti* et *smriti*. La première catégorie, les *shruti*, rassemble les trois catégories de Veda, y compris les *Upanishad*. Le mot, tiré de la racine sanskrite *sru* (entendre), a le sens d'audition, c'est-à-dire de parole révélée : la *shruti* a été donnée à entendre aux *rishi* (devins, ou saints), qui l'ont transmise au reste de l'humanité. Sacrée, cette parole n'est pas de facture humaine.

La *smriti* (parole mémorisée) rassemble quant à elle les traditions, traités techniques, textes de loi, œuvres poétiques ainsi que la *Bhagavad-Gita* et les œuvres des fondateurs des six grandes écoles *(darshana)* de la philosophie classique indienne.

La *shruti* est parfois assimilée à la mère, et la *smriti*, à la sœur : un enfant entend d'abord les paroles de sa mère avant de poursuivre son apprentissage du monde auprès de sa sœur.

Les Veda, un texte ouvert

En fonction de leur interprétation, les différents penseurs de l'hindouisme mettent en avant certains textes de la révélation védique et passent les autres sous silence.

Selon certains érudits, seuls les Veda ont le statut de *shruti*, car ils contiennent la révélation première. D'autres font au contraire de la *Bhagavad-Gita* un texte védique.

Pour Rupa Gosvami, mystique et penseur du XVIe siècle, quiconque se limite à l'étude de la *shruti* ne fait rien d'autre que prendre les mots des écritures saintes dans la bouche sans

Le savoir védique est éternel

Le savoir védique est de durée illimitée. Le cosmos étant soumis à une évolution permanente, le savoir des Veda est lui aussi sujet à une perpétuelle réinterprétation. Il va donc de soi, pour un hindou, que l'individualité et les particularismes de la nature humaine s'expriment dans divers points de vue philosophiques. Pour certains croyants, les différentes voies de salut et les techniques de yoga mentionnées par les textes sacrés sont pareilles à un immense et éternel projet d'éducation religieuse dans lequel s'inscrit l'homme dans son individualité.

Ci-dessous : Le musée national de New Dehli conserve un long poème illustré en sanskrit (1730) consacré aux amours de Radha et du dieu enjôleur Krishna, l'éternel adolescent.

À gauche :
La famille joue un rôle central dans l'hindouisme. On compare parfois la shruti *à une mère et la* smriti *à une sœur : un enfant écoute d'abord les paroles de la première avant de poursuivre son apprentissage auprès de la seconde.*

les comprendre ni les vivre. Un texte plus récent, s'il suit le message des premières révélations védiques pour en approfondir le sens et la finalité, peut donc être considéré comme authentique et partie intégrante des Veda.

Cette assimilation continue de nouvelles écritures saintes dans le corpus canonique est un fait unique dans l'histoire des religions.

Pas de voie toute tracée

Les Veda ne proposent à personne de voie toute tracée, mais esquissent au contraire une infinité de chemins et de points de vue philosophiques.

C'est à l'homme de découvrir son propre niveau de conscience et sa pente spirituelle personnelle. Les Veda incitent l'homme à œuvrer à son propre développement, en commençant par son existence spirituelle. Mais les écritures védiques, ou *shâstras,* visent avant tout à l'unité suprême entre l'homme et le cosmos.

Une religion de tolérance

L'indologue allemand Helmuth von Glasenapp (1891-1963) fut profondément impressionné par cette religion capable de survivre en l'absence de dogme. Il en reconnut la profonde tolérance : « La coexistence de conceptions aussi essentiellement divergentes, mais aussi le fait que leurs représentants n'ont jamais fait de leurs différences le prétexte à de grandes guerres de religion tiennent à ce que la plupart des Indiens ne pensent pas que les vérités métaphysiques soient capables de prendre corps de façon exhaustive dans un quelconque système logique (3). »

À gauche :
Le savoir védique est sans limite dans le temps. Le cosmos étant soumis à une évolution permanente, ce sadhu, *ou saint homme, se consacre inlassablement à réinterpréter les textes anciens.*

Ci-dessus :
Pour les hindous, un texte est rarement exempt d'erreurs, même les prières reproduites sur ces petits fanions bouddhistes. La révélation divine correspond certes à la vérité, mais il est rare qu'on la reçoive dans sa pureté originelle.

Une remise en question permanente

Pour la pensée hindoue, les *shâstras,* ou écritures saintes, sont loin de former un tout complet et parfait. Aucun traité ne saurait être exempt d'erreur. Car si la révélation divine est la seule et unique vérité, elle est rarement reçue et préservée dans sa pureté originelle. D'où le besoin constant de nouvelles révélations pour préserver la vérité ultime dans toute son intégrité.

Les érudits hindous pratiquent l'étude des auteurs anciens avec la plus grande circonspection, quelle que soit la sagesse dont ils les créditent par ailleurs. Ils conservent ainsi toute liberté de rejeter une interprétation qui leur semble fausse ou incompatible avec la paix de leur âme.

Le grand saint et penseur hindou Mahârishi Vyâsa – une figure probablement mythique – aurait vécu il y a plus de deux mille ans. Ce qu'il trouva dans les Veda ne lui donna pas entièrement satisfaction. L'image de la vérité telle qu'elle lui avait été transmise depuis le fond des âges lui paraissait partielle. Il en conclut qu'il lui appartenait d'aller frapper lui-même à la porte du trésor insondable auquel avaient puisé avant lui les sages de l'Antiquité.

Se faire sa propre opinion sur les Veda

Le philosophe Vyâsa revendiquait, dit-on, la liberté de se faire sa propre opinion sur les Veda et sur leur contenu.

L'hindouisme n'affirme rien de façon absolue, et aucun sage ne prétend jamais détenir la vérité absolue.

Vyâsa comprit qu'aucun croyant ne pouvait s'en remettre aveuglément à ceux ayant vécu et réfléchi longtemps avant son époque.

Tout un chacun devait apprendre à penser par lui-même et tenter de découvrir les autres vérités restées cachées.

L'esprit des *shâstras* prime en définitive sur la lettre.

Le panthéon hindou

Le dieu Krishna

Pour ses adorateurs, Krishna est l'origine de tous les autres dieux et de leurs manifestations. On raconte l'histoire d'un homme qui se mit en quête de l'origine de toute chose. Il trouva Brahmâ en train de créer l'Univers. Shiva était, lui, occupé à sa danse de destruction, tandis que Vishnou s'employait à préserver la Création. Lorsque l'homme arriva au pays de Krishna, il eut la surprise d'y trouver un petit vacher espiègle, absorbé dans ses jeux avec ses compagnons ; une autre fois, il le vit partager la couche des villageoises du pays braj. Notre homme se dit alors que seul un dieu aussi insouciant et joyeux pouvait être à l'origine de tout l'Univers. Dans l'iconographie hindoue, Krishna (dont le nom signifie noir, bleu sombre) se reconnaît à sa peau bleu nuit et à sa flûte. C'est un dieu souriant, qui ne dédaigne pas les plaisirs des sens. Dans la *Bhagavad-Gita*, dialogue philosophique traitant de l'éthique et du devoir, que certains considèrent comme la bible de l'hindouisme, Krishna est un cocher au service d'Arjuna, à qui il révèle le savoir suprême.

Les diverses formes d'un seul être suprême

Le panthéon des dieux et demi-dieux hindous peut surprendre par sa diversité et sa complexité. Mais, contrairement aux interprétations occidentales promptes à assimiler cette multitude au polythéisme des Grecs ou de la Rome antique, le monothéisme védique ne voit dans ces divinités que les différentes manifestations d'un seul et même être suprême, un dieu prenant la forme de nombreuses divinités. Les Veda parlent notamment des différents aspects de la force divine appelée *brahman*. Les trois dieux Brahmâ, Shiva et Vishnou sont responsables de la création, de la destruction et de la préservation de l'Univers.

À gauche, dans l'encadré : Krishna, ici en compagnie d'une amante, se reconnaît dans l'iconographie à sa peau bleue. Sa taille démesurée est signe de sa divinité.

Ci-dessous : Cet ascète shivaïte porte le trident qui caractérise sa divinité d'élection.

Ci-dessus :
Le dieu créateur Brahmâ possède quatre têtes lui permettant d'embrasser du regard l'Univers tout entier. Cette divinité, la plus ancienne de l'hindouisme – elle est sans doute d'origine aryenne –, est aussi le principal dieu des brahmanes.

Le *brahman*, principe intangible

Au sommet de ce panthéon trône un principe échappant à l'entendement et que l'homme ne peut donc ni atteindre ni même invoquer : le *brahman*. Le terme désigne l'âme cosmique omniprésente et indivisible. Toutes les choses que nous percevons par les sens appartiennent au monde phénoménal et sont donc soumises à l'illusion, ou *mâyâ*. Prendre conscience de cette réalité et transcender l'illusion est le but de tout hindou. Le *brahman* échappant à toute représentation, l'homme doit passer par la médiation d'une divinité d'élection, ou *Ishta Deva*, qui ne fait au mieux que refléter un aspect du *brahman*, l'éternité par exemple. L'homme doit donc avoir conscience de ce que son *Ishta Deva* reste un produit de l'illusion. Mais c'est aussi un pont qui lui permet de s'approcher de l'absolu.

Brahmâ, Shiva et Vishnou

Le panthéon hindou est dominé par trois grands dieux. Brahmâ, dieu créateur, est la plus ancienne figure de l'hindouisme et la principale divinité des brahmanes. Père de l'Univers, il possède quatre têtes tournées vers les quatre points cardinaux. Ses quatre bras tiennent les Veda, révélations sacrées. Brahmâ forme avec Shiva et Vishnou une triade appelée *trimûrti* dans laquelle chacun tient son rôle : Brahmâ le créateur, Shiva le destructeur et Vishnou le préservateur.

Ces trois dieux rivalisent pour obtenir la faveur des hommes et le plus grand nombre d'adeptes. La plupart des hindous optent pour Shiva ou Vishnou, sans pour autant rejeter les deux autres divinités.

L'historien des religions allemand Friedrich Max Müller (1823-1900), l'un des pères de l'étude comparée des religions, proposa le concept d'hénothéisme, désignant la croyance en un Dieu unique malgré l'existence de trois divinités principales. Cette forme de religion ne peut exister qu'au sein d'un système en apparence polythéiste.

Le monothéisme pur existe aussi dans l'hindouisme, comme en témoignent les adeptes du krishnaïsme, qui n'adorent que Krishna, considéré comme l'incarnation parfaite du dieu Vishnou (à la façon dont le Christ est à la fois Dieu et homme).

Les trois dieux de la *trimûrti* ont chacun une épouse, sans laquelle ils ne seraient pas complets. La compagne de Brahmâ est Sarasvatî, déesse de la Connaissance. Celle de Vishnou est Lakshmî, qui incarne la Beauté et la Fortune. Shiva est marié à Pârvatî (ou Shakti), qui est à la fois sa force intérieure et son éner-

La *mâyâ*

L'âme cosmique universelle étant intangible et inaccessible, le monde perceptible est soumis à la force de la *mâyâ*, ou non-être. Le terme suggère que l'Univers n'est qu'apparence et illusion.

La seule chose qui soit réellement est le *brahman*, vérité ultime et absolue.

Dans l'hindouisme comme dans le bouddhisme, le salut suppose donc de surmonter l'illusion : la *mâyâ* est un voile que l'homme doit parvenir à déchirer.

gie, et une mère attentionnée et bienveillante. Sous la forme de la déesse Kâlî, c'est au contraire une redoutable destructrice.

Vishnou : le préservateur

Vishnou, le dieu préservateur, protège la création lorsqu'elle est en danger. Il s'incarne pour cela sous la forme de nombreux avatars, descendant sur Terre pour y contrer les forces du mal. Le dieu peut prendre la forme d'un animal ou d'un homme. Les hindous considèrent que Vishnou s'est déjà incarné neuf fois, notamment en poisson pour sauver l'humanité d'un grand déluge. Mais le plus populaire de ses avatars est le huitième, le dieu pastoral et sensuel Krishna. Le Bouddha est la dernière incarnation en date de Vishnou. La dernière sera Kalkî, sorte de cavalier de l'Apocalypse monté sur un cheval blanc qui viendra libérer la Terre du mal.

Ci-dessous :
Shiva, le grand maître du yoga, commande les esprits et les démons. Avec son épouse Pârvatî et leurs deux fils Ganesha et Skanda, il réside sur le mont sacré Kailas, dans l'Himalaya.

À droite :
Vishnou, le préservateur, protège la Création lorsqu'elle est en danger. Il s'incarne pour cela sous forme d'animaux ou d'hommes.

Shiva : le destructeur

Si Vishnou est aimé pour ses multiples avatars, capable de prendre toutes les formes, féminines comme masculines, Shiva a lui aussi de nombreux adeptes. C'est un dieu complexe, à la fois protecteur et destructeur. Sa danse frénétique met l'Univers tout entier en branle, mais le consume à la fin d'un cycle. Ses mains tiennent un trident qui symbolise les trois grandes fonctions du maître de l'Univers : yogi suprême et ascète, maître de danse et commandant des esprits et des démons.

Shiva vit avec son épouse Pârvatî (ou Shakti) et leurs deux fils Ganesha et Skanda

Pârvatî, déesse-mère aux mille visages

L'épouse de Shiva, Pârvatî, est vénérée sous de nombreux noms.

Appelée Amba ou Ambika, c'est une déesse aimante à l'instinct maternel. Sous la forme de Kâlî, déesse noire aux nombreux bras, elle est au contraire cruelle et déchaînée, et exige un tribut de sang ; elle dévore ses propres enfants et les adultes, recréant par là la vie. Durgâ est une déesse guerrière qui combat les démons. Shakti est l'énergie vitale féminine.

À la fois créatrice et déesse de la mort, Pârvatî s'est trouvé au cours des âges de nombreux adorateurs.

Page ci-contre, en haut : Ganesha fut créé à partir de la crasse de sa mère Pârvatî. C'est le dieu de la sagesse et de la réussite matérielle.

À droite : Indra est le dieu prééminent des écritures védiques. Seigneur de la guerre, il commande au tonnerre et à la foudre. Défenseur du bien, il lutte contre les forces du mal. Il est ici représenté sur un éléphant de guerre.

sur le mont sacré Kailas, dans l'Himalaya. Ce sommet pyramidal est également sacré dans le bouddhisme tibétain.

Dans l'iconographie, on reconnaît Shiva à son chignon d'ascète orné d'un croissant de lune, duquel surgit Gangâ, la déesse du Gange. Son front porte un troisième œil, vertical, qui voit au-delà des apparences. Son corps n'est vêtu que d'une peau de fauve. Un cobra se love autour de son cou.

Mais l'ascète Shiva est aussi un danseur : sous sa forme de Nâtarâja, il est représenté avec des bracelets de cheville ornés de grelots.

Ganesha, le dieu éléphant

Ganesha, fils de Shiva, est un dieu à tête d'éléphant et au ventre rebondi. Il est né non pas du sperme de Shiva, mais de la crasse de sa mère, Pârvatî. Ganesha est le dieu de la sagesse et de la réussite matérielle. Éternel gourmand, il est souvent représenté avec un bol de sucreries dans la main. Sa relation à son père, Shiva, est complexe, car ce dernier lui coupa la tête – qui était encore celle d'un garçon – lorsque Ganesha se mit en travers de son chemin, sans le reconnaître. Lorsque Pârvatî implora son divin époux de rendre la vie à son enfant, Shiva accepta, mais choisit de lui donner la tête de la première créature qu'il croiserait. Ce fut, comme on s'en doute, un éléphant.

Réputé pour écarter les obstacles, Ganesha est particulièrement adoré par les écoliers, les étudiants et les savants. Il est très fêté dans le sud de l'Inde et à Bombay entre la fin du mois d'août et la fin de septembre.

Dieux gardiens et singes sauveurs

Parmi les autres dieux du panthéon hindou se distinguent plusieurs gardiens de l'Univers. Ces protecteurs des quatre points cardinaux sont Indra, Yama, Varuna et Kubera. Sûrya, dieu du Soleil, et Soma, dieu de la Lune, peuvent aussi faire office de gardiens du midi et du septentrion. Indra est aussi le dieu des Pluies et des Orages, et Varuna, celui des Eaux.

Le dieu singe Hanumân vient en aide au héros Râma pour sauver sa femme Sîtâ du démon Râvana : c'est la trame du *Râmâyana,* un célèbre poème épique comptant quelque 24 000 distiques. Triomphant, Râma, le septième avatar de Vishnou, règne ensuite pendant dix mille ans.

Le dieu singe Hanumân (ici en statue dans le temple de Kâlî Amman à Singapour) est extrêmement populaire en Inde. Ce fidèle compagnon de Râma est réputé pour sa force, son esprit chevaleresque et sa ruse.

La conception du temps

À droite :
Le dieu Vishnou s'incarne en dix avatars, divinités physiques, pour sauver le monde. Le dernier en date est le Bouddha.

Le dernier âge du monde

L'histoire de l'Univers se déroule selon un modèle cyclique : d'un point de vue philosophique comme théologique, chaque destruction du monde est suivie d'une nouvelle création. Un même cycle se décompose en quatre âges successifs, ou *yuga.* Nous vivons dans le quatrième et dernier, dit de Kâlî, qui est aussi le plus sombre. Cet âge, qui doit durer 432 000 ans, a commencé avec la mort de Krishna, en 3102 av. J.-C., et prendra fin avec le dernier avatar de Vishnou, Kalkî, qui instaurera une nouvelle ère de paix et d'harmonie sur Terre. Le premier âge de ce nouveau cycle portera le nom de *Satya* et durera 1 728 000 ans. Il sera suivi d'un *Tretâyuga* (1 296 000 ans) et d'un *Dvâparayuga* (864 000 ans), puis d'un nouveau *Kâlîyuga.* Les quatre *yuga* forment un âge cosmique appelé *Mahâyuga.* Il en faut mille pour constituer un *kalpa,* période dont la durée équivaut à une journée et une nuit pour le dieu Brahmâ.

Avatars, matière primordiale et œuf cosmique

Chaque cycle cosmique commence par une ère de paix et d'harmonie semblant durer pour l'éternité. Mais l'Univers voit bientôt ses qualités morales décliner. Le dieu Vishnou envoie alors dix avatars pour sauver le monde. Il s'incarne en animal, homme-lion, héros, sage, ainsi qu'en Krishna et en Bouddha. Enfin, au bout de cent années de Brahmâ, l'œuf cosmique se dissout, retourne à la matière primordiale et, au terme d'un long intervalle, le processus de création reprend.

Cette conception n'est guère éloignée des connaissances cosmologiques modernes et de la théorie du big bang, qui explique la naissance de l'Univers. Le cosmos se dilate ensuite jusqu'à atteindre un point où il se concentre à nouveau vers un point unique et minuscule. Certains astronomes pensent même que l'Univers se recréerait par une série d'explosions successives.

Karma, mort et renaissance

Mort, renaissances et transmigration de l'âme

Transmigration des âmes et loi du *karma* jouent un rôle central dans toutes les religions apparentées à l'hindouisme. Si l'*âtman* se dissout au moment de la mort, le *karma,* lui, reste entier. Les hindous ont une conception cyclique du temps, sans commencement ni fin, à l'image d'un serpent se mordant la queue. La force motrice de ce cercle cosmique est la loi du *karma,* ou principe de causalité entre action et réaction. Son corollaire est la réincarnation, car l'homme, par la somme des actes de ses vies antérieures, provoque un mécanisme de compensation. Les actes sont donc assimilables à une somme d'énergies qui essaient de se dissoudre de façon harmonieuse, sans pour autant y parvenir, du fait de la rareté des bonnes actions. Quiconque a accumulé les mérites dans sa dernière vie obtient un séjour dans un univers paradisiaque avant sa prochaine renaissance. La qualité de la vie qui lui est alors impartie dépend de son *karma.* Il est pourtant possible de se débarrasser entièrement de son «bagage» karmique et de rompre ainsi avec le cycle des renaissances : l'âme atteint alors l'union avec le *brahman*, état indescriptible où toute dualité est abolie.

Qu'est-ce que le *nirvâna* ?

Contrairement à une idée répandue, la notion de *nirvâna,* commune à l'hindouisme et au bouddhisme, n'est pas liée à la satisfaction hédoniste des désirs.

Ce terme désigne un état que l'on peut atteindre par la *moksha* (libération) et qui correspond à l'extinction de tous les désirs et aspirations. Le *nirvâna* est donc un état sans souffrance, un vide intérieur dans lequel la conscience de l'individu ne se perçoit même plus elle-même.

Ci-dessous :
Le karma *détermine la qualité de la vie impartie à la naissance. Les* sadhus, *comme cet homme méditant sur la rive du Gange, renoncent à tous les biens de ce monde pour tendre vers la* moksha *et s'affranchir de la transmigration des âmes.*

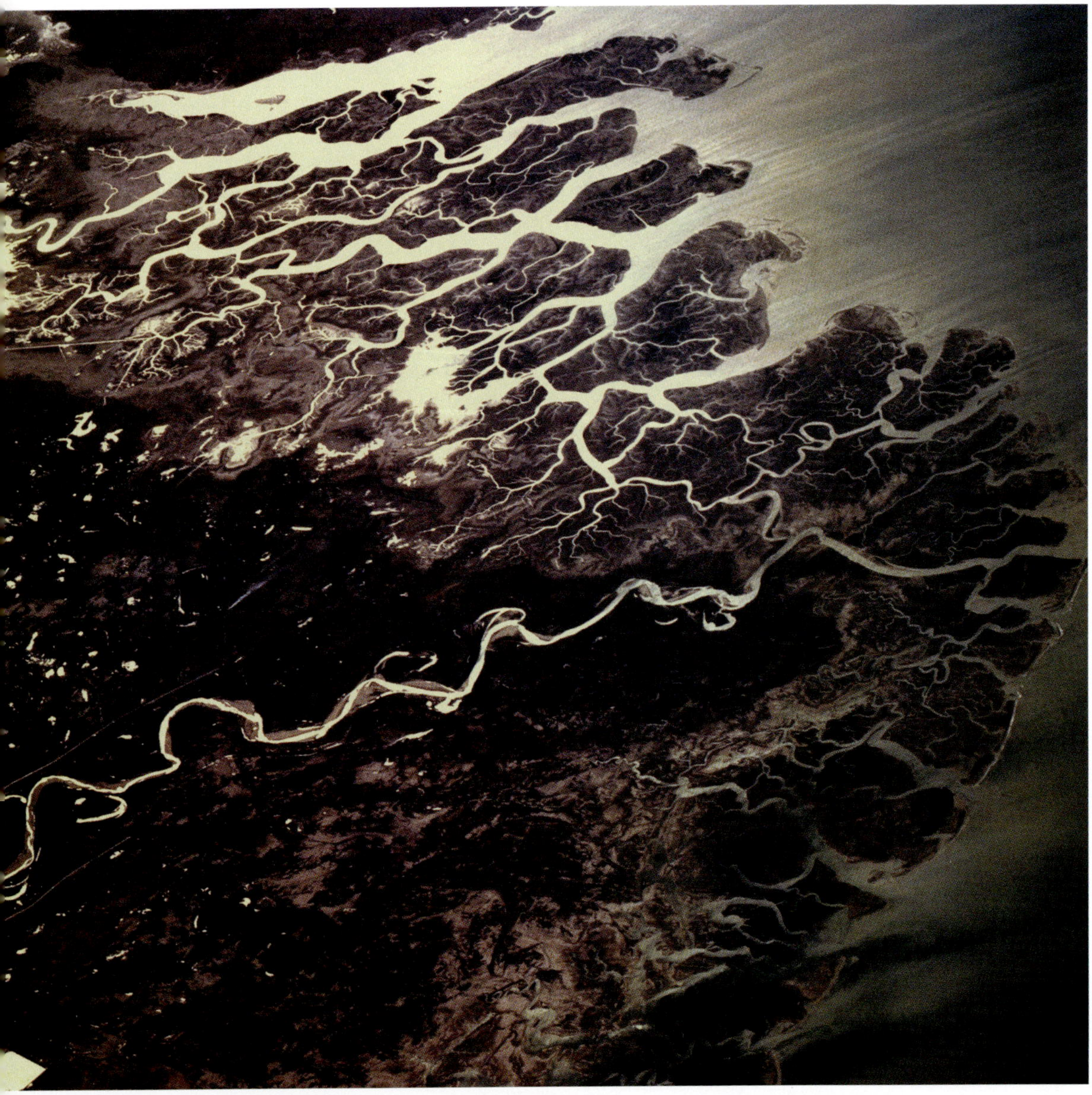

À gauche :
Le passage dans le royaume des morts impose de traverser des eaux périlleuses semblables au delta de l'Indus (Pakistan).

Page ci-contre, en haut :
Le temple d'Angkor Vat, au Cambodge, est censé imiter la configuration du mythique mont Meru, qui domine la Terre sous laquelle résident esprits et démons.

Âme, paradis et enfer

La conception hindoue du paradis et de l'enfer n'a rien de commun avec celle des chrétiens. Au-dessus de la Terre (plate) s'élève le mythique mont Meru (dont s'inspirent par leur verticalité le sanctuaire d'Angkor Vat, au Cambodge, et bien d'autres temples hindouistes). Sous la montagne se trouvent les royaumes infernaux, peuplés d'esprits malins et de démons. Au-dessus de la Terre sont situées les sphères célestes où résident dieux et esprits gentils. L'Univers est clos et protégé par une sorte de coquille. Plusieurs de ces « œufs » existent à travers l'espace infini. Tous les êtres vivants possèdent une âme, appelée *jiva* ou *âtman,* qui appartient au *brahman*, auquel elle retourne après la mort. Mais elle ne reste pas entière, comme dans le christianisme, se fondant au contraire dans l'immensité du *brahman.* Ne subsistent plus alors que les énergies karmiques de l'homme, qui ne possède donc pas d'individualité historique. Ses bonnes et ses mauvaises actions continuent de former un « motif énergétique personnel » dans la circulation cosmique. Après la mort, le corps physique se corrompt : le mieux est donc de le faire disparaître par la crémation. Le reliquat karmique doit être vécu en fonction du *dharma* et de façon à en épuiser l'énergie pour échapper au cycle des renaissances. La chose n'est possible que durant l'existence humaine. L'hindouisme admet pourtant que le corps possède, en plus de son enveloppe charnelle, des corps subtils.

Page ci-contre, en bas :
Ce relief du temple d'Angkor Vat représente Yama, le dieu hindou de la Mort. Il tient une massue et un collet lui permettant d'attraper ses victimes. On le voit souvent monté sur un buffle, animal qui symbolise la mort, l'ignorance et le mal.

Corps éthéré et corps astral

Les deux corps, éthéré et astral, sont subtils.

Le corps éthéré se charge de propager les phénomènes physiques par le biais des *chakras* (centres énergétiques) et s'éteint à la mort de l'individu.

Le corps astral est formé de tous les désirs, les émotions et les pensées qu'abrite l'esprit humain. Il quitte le corps après la mort pour regagner le monde astral. Il peut aussi abandonner le corps en cas d'accident, ou si le sujet est sous l'influence de la drogue ou dans le coma.

L'au-delà dans la représentation hindoue

En pénétrant dans la vallée de l'Indus au cours du IIe millénaire av. J.-C., les Aryens, ces nomades indo-européens, importèrent leurs représentations de la vie après la mort. Leur plus ancien document, le *Rigveda,* ne nous renseigne que fort peu sur ce point.

Tout au plus peut-on y lire qu'après la crémation l'âme du défunt entre dans un état intermédiaire appelé *preta.* Elle séjourne alors sur la Terre en attendant d'accéder au royaume des ancêtres. Le passage dans le domaine des défunts impose de traverser des eaux dangereuses et d'affronter les chiens du dieu de la Mort Yama. Pour celui qui y accède, le royaume des ancêtres offre la vie éternelle, la renaissance du corps, les mets les plus fins et une musique paradisiaque écoutée en excellente compagnie.

Description tirée du *Rigveda*

«Transporte-moi dans l'univers de la lumière éternelle, au royaume du Soleil, dans le monde immortel et infini où réside l'onde ultime et m'y rends immortel! Là où vœux et désirs sont satisfaits, où le Soleil est à son zénith, où se trouvent le nectar et l'ambroisie et la satiété éternelle, m'y rends immortel (3)!»

Les 1028 hymnes du *Rigveda* sont consacrés à différents dieux, comme Indra, divinité tutélaire des guerriers. Le *Rigveda* affirme que les joies de l'au-delà sont réservées à ceux qui auront vécu de façon droite. Les méchants seront jetés aux enfers, univers caractérisé par une obscurité complète, sans que l'on sache si un châtiment particulier les y attend.

La vie quotidienne
Les castes

Ci-dessus :
Petits paysans et ouvriers agricoles appartiennent à la plus basse caste. Ils forment aussi la classe sociale la plus défavorisée, intouchables mis à part.

Un système bien structuré

L'hindouisme ne connaît pas de profession de foi, échappe à toutes les définitions et comporte une immense variété de pratiques, cérémonies et représentations religieuses. Le foyer de chaque hindou croyant comporte un petit autel sur lequel trône une image de la divinité. Nombreux sont ceux qui consacrent au moins deux fois une demi-heure par jour à se recueillir devant cet autel. Tous les hindous partagent en outre une vision du monde fonctionnant selon un principe d'ordre strict : tous les êtres vivants s'inscrivent dans une classification clairement définie, qui va des végétaux aux hommes les plus purs et les plus pieux. Entre ces deux pôles figurent les animaux et les hommes mauvais ou moins bons.

La répartition en castes

Dans l'hindouisme, l'humanité est fortement hiérarchisée. Les déclarations de principe des différents gouvernements n'y changent rien, la majorité des Indiens continuent de penser que

Le système des castes

Situés au sommet du système des castes, les brahmanes ont pour but de se rapprocher des dieux, c'est-à-dire d'atteindre la *moksha* en s'affranchissant du cycle des morts et des renaissances. Pratiques religieuses et respect des interdits leur permettent de préserver leur pureté rituelle.

L'hindouisme établit une stricte distinction entre le pur et l'impur, dont la principale expression se trouve dans le système des castes. Son sens et sa finalité sont d'attribuer à chacun une série de devoirs héréditaires. Abolir le système reviendrait à reléguer au second plan les obligations dont l'homme hérite à la naissance. La Constitution de l'Inde a certes aboli les discriminations fondées sur la caste, mais celles-ci restent vivaces dans la population.

À gauche : Les prêtres et érudits, ou brahmanes, trônent au sommet du système des castes. Ayant pour but de s'approcher des dieux, ils cherchent à s'affranchir du cycle des morts et des renaissances, le samsâra.

Qui sont les « deux-fois-nés » ?

Selon l'orthodoxie des trois *varna* dits supérieurs (brahmanes, *kshatriya* et *vaishya*), un petit garçon n'accède véritablement à sa caste qu'à son douzième anniversaire.

Cette entrée dans la communauté donne lieu à une cérémonie durant laquelle l'enfant se voit confier un mantra et qui est considérée comme une seconde naissance symbolique. Il est alors autorisé à étudier les Veda et à se ceindre le torse du cordon sacré porté sur l'épaule gauche.

chaque être s'est vu assigner un rang à la naissance en vertu du *dharma,* la loi universelle. La croyance dans le sens et la finalité de cette construction religieuse considérée comme liée à la loi du *karma* est si profondément ancrée dans les consciences que la politique est impuissante à la surmonter. Naître dans une caste reste donc une évidence pour des millions d'Indiens. Elle comporte il est vrai quelques avantages en termes de statut et de sécurité.

Les castes de brahmanes

Le système des castes comprend quatre grandes catégories, appelées *varna.* La plus élevée est celle des brahmanes, qui soumettent leur vie entière à la religion et à des principes les protégeant de la pollution rituelle. Les brahmanes occupent donc une place à part et sont considérés comme «purs», d'un point de vue physique comme mental. Parmi eux, la caste des pandits, ou érudits, est auréolée du plus grand prestige.

Les castes de guerriers, marchands et travailleurs

Le deuxième *varna* est celui des *kshatriya,* guerriers et nobles, qui protègent la société et l'ordre. En troisième position viennent les *vaishya,* le groupe des marchands ainsi que des cultivateurs et éleveurs. Le dernier *varna* est celui des *shudra,* travailleurs et paysans. Au-delà des *varna,* les différenciations liées aux métiers et les règles d'endogamie donnent naissance à des centaines de castes, comme celle des *dhobi* (blanchisseurs) ou celle des orfèvres.

Les renonçants et tous ceux qui ont opté pour l'ascèse et la quête spirituelle sont considérés comme en dehors du système des castes.

Ci-dessous : Les marchands appartiennent au troisième varna, *celui des* vaishya. *Le rôle primordial du commerce en Inde fait que la classe dominante des villes indiennes appartient en grande partie à cette caste.*

Ci-dessus :
Les « intouchables », que le Mahatma Gandhi rebaptisa harijans, *ou enfants de Dieu, préfèrent se dire* dalits, *c'est-à-dire opprimés. Les tâches les plus dégradantes leur sont toujours réservées, en dépit de timides mouvements de résistance.*

Les intouchables

L'indépendance de l'Inde a officiellement sonné le glas des discriminations de caste. La loi punit désormais quiconque ostracise les castes dites inférieures ou les hors-caste. Et pourtant, ces « intouchables » restent aujourd'hui encore sujets aux pires injustices, car une loi ne saurait suffire à empêcher qu'ils soient méprisés et qu'on évite leur contact.

L'accès aux temples leur est longtemps resté interdit. La discrimination positive et la création de quotas à l'université ont suscité une vague d'indignation dont la presse s'est fait l'écho, alors que personne ou presque n'élève la voix lorsque leurs masures sont livrées aux flammes par les membres des hautes castes.

Les « intouchables » d'autrefois, à qui le Mahatma Gandhi donna le nom de *harijans* (enfants de Dieu), préfèrent aujourd'hui se dire *dalits*, c'est-à-dire opprimés.

Les *dalits* s'organisent désormais pour défendre leurs droits. Les ouvriers agricoles, par exemple, se réunissent régulièrement pour exiger une hausse de leurs gages ou refuser les travaux impurs ou les corvées imposées à

Assouplissement des règles de caste

La notion de caste et la peur de la souillure rituelle portent essentiellement sur trois activités : le repas, le mariage et la profession. Certains métiers et quartiers sont réservés aux castes dites inférieures.

Il peut arriver de nos jours, et surtout en milieu urbain, que les castes se côtoient à table, et les règles d'endogamie se sont elles aussi quelque peu assouplies. Mais la notion de pollution rituelle reste intacte. Transgresser l'interdit expose à l'ostracisme.

Le sort des femmes et des fillettes

La société indienne accorde moins de valeur aux fillettes qu'aux petits garçons. On avorte plus facilement quand l'enfant à naître est de sexe féminin, et l'infanticide n'a pas disparu. Le taux de mortalité des fillettes est de 43 % plus élevé que celui de leurs frères : allaitées moins longtemps qu'eux, elles sont aussi moins bien nourries et moins souvent présentées à un médecin en cas de maladie.

La loi hindoue fait du mari l'égal d'un dieu pour son épouse, qui n'a pas le droit de le quitter mais peut être répudiée à tout moment si elle lui désobéit. Le recueil normatif des *Lois de Manu* lui enjoint la patience, même face aux pires traitements. Jusqu'en 1829, année où la *satî* fut abolie, il n'était pas rare qu'une femme s'immolât sur le bûcher funéraire de son mari.

La société traditionnelle indienne continue de privilégier les garçons aux dépens des petites filles.

Ci-dessous : La dot est souvent le principal motif du mariage, dans lequel l'amour au sens occidental a rarement sa place. Si la règle veut que l'on ne se marie qu'à l'intérieur de sa caste, l'apport d'une dot importante permet cependant bien des exceptions. Dans les milieux défavorisés et surtout ruraux, les jeunes mariées sont souvent exposées aux mauvais traitements et même au meurtre par leur belle-famille.

leurs femmes. Les gros propriétaires terriens réagissent à ces revendications en faisant venir des travailleurs de l'extérieur – qu'ils paient plus cher – ou en mettant le feu aux huttes des meneurs.

Les mariages entre castes

L'appartenance à la caste, les liens de parenté et l'horoscope sont trois facteurs déterminants pour le mariage hindou. Celui-ci donne presque toujours lieu au versement d'une dot par la famille de la mariée.

Si la règle est qu'on ne peut se marier qu'à l'intérieur de sa communauté, épouser une femme d'un rang supérieur est considéré comme le fin du fin, à défaut de faire progresser le marié dans la hiérarchie de caste.

Les parents d'une mariée de caste inférieure, au contraire, sont contraints de verser une dot plus importante, qui représente bien souvent une part substantielle de leurs économies, quand elle ne les pousse pas à s'endetter. Un mariage entre castes s'explique donc bien souvent plus par des raisons économiques que par l'amour des jeunes mariés. Il permet à l'homme et à sa famille de s'enrichir facilement.

Il arrive hélas! que ce genre d'union débouche sur le meurtre de la jeune mariée, une fois la dot dépensée.

Pratiques hindoues

Chakras et tantras

Dans le tantrisme, courant religieux apparu vers le ve siècle et qui exerça une profonde influence sur l'hindouisme et le bouddhisme, le corps humain a besoin d'énergie cosmique pour vivre. Le principal canal énergétique court le long de la colonne vertébrale et est ponctué de six grands chakras, sortes de nœuds qui accumulent l'énergie cosmique pour la répartir. Un septième chakra est situé en dehors du corps, dans l'aura, juste au-dessus de la fontanelle, au sommet du crâne. Le chakra inférieur contient l'énergie suprême, ou *kundalini,* lovée à la façon d'un serpent. Une fois mise en éveil, elle s'élève en sinuant vers les chakras supérieurs, qu'elle active l'un après l'autre. Cette ascension de la *kundalini* et l'éveil des chakras provoquent, outre un sentiment de joie ineffable, la mise en œuvre de forces surnaturelles.

Les écritures dites tantriques rassemblent des textes rattachés aux Veda, mais dénués de valeur normative universelle. D'un point de vue formel, les tantras sont des dialogues entre Shiva et son épouse Shakti concernant la création et la destruction du monde, le culte des divinités et le moyen d'accéder à des forces surnaturelles, qui culminent dans l'union mystique avec l'Absolu.

Yoga et ascèse

Les hindous sont à la recherche de techniques menant à la libération. L'ascèse consiste à s'affranchir des liens avec les possessions matérielles, à renoncer au sommeil, à la nourriture

Ci-dessous :
Les ascètes, ou sadhus, *cherchent à atteindre la libération à tout prix, renonçant à tous les plaisirs terrestres, au sommeil et à l'activité sexuelle. Ils soumettent leur corps aux pires contraintes.*

et autres conforts terrestres, ainsi qu'au plaisir charnel. Les *sadhus* font parfois même vœu de silence absolu pour mieux se retirer du monde. L'ascèse est un petit pas, quoique essentiel, sur la voie de la libération. Son but est d'accroître et de sanctifier l'énergie spirituelle. Le yoga (mot sanskrit signifiant « unir, mettre en relation », d'où joug en français, *yoke* en anglais et *Joch* en allemand) vise l'union avec le divin.

Le yoga permet de s'affranchir de la peur et d'accéder au contrôle sur son corps. On parle alors de *hatha-yoga*. Le *bhakti-yoga* insiste sur la dévotion et l'abandon à Dieu, tandis que le *kundalini-yoga* est censé élever la conscience.

À gauche :
Hevajra est l'une des principales divinités du tantrisme bouddhique. Ce dieu à la peau bleue sombre et aux huit visages possède deux ou seize bras et quatre jambes. Sa tête est ornée de cinq crânes formant une tiare.

Om, syllabe sacrée de l'hindouisme

Om (que l'on écrit parfois *aum*) est la syllabe sacrée de l'hindouisme. Composé de trois phonèmes, ce symbole de l'absolu représente le monde physique, le monde de l'esprit et le monde de l'inconscient. Ce son originel est censé contenir l'Univers tout entier et figure dans la plupart des principaux mantras. Symbole du *brahman* inconnaissable, il embrasse le passé, le présent et l'avenir. Se concentrer

À gauche :
La syllabe sacrée om *tracée sur ce mur symbolise les trois univers : physique, mental et inconscient. C'est aussi un élément essentiel des principaux mantras.*

Ci-dessus :
*Pour l'*advaita-yoga*, le monde entier n'est qu'illusion. Cette technique très particulière consiste à faire le vide absolu à l'intérieur de soi. Le yogi n'a bientôt plus qu'une image sans forme de son propre être, laquelle est à son tour appelée à s'effacer.*

L'*advaita-yoga*

L'*advaita-yoga* considère la Création comme une immense illusion. Ses techniques consistent à établir une paix mentale poussée à son paroxysme : le yogi est alors plongé dans un vide intérieur qui lui fait oublier l'Univers tout entier et abolir jusqu'à la conscience de son propre être. Toute pensée se présentant à l'esprit est aussitôt repoussée par la formule «*Neti, neti*» (Ni ceci, ni cela) pour permettre au yogi de se concentrer sur la réalité ultime, au-delà du monde phénoménal. Pour reprendre la métaphore d'un sage hindou, « la Création est comme le jeu changeant des ombres et lumières projetées sur un écran de cinéma. Le spectateur ne voit plus l'écran, qui est pourtant la seule chose permanente et donc la seule à exister réellement, à la différence du film (4). »

L'*advaita*, ou non-dualité, s'est fait connaître en Occident et recrute de nombreux adeptes parmi celles et ceux qui privilégient une approche intellectuelle et philosophique du yoga.

sur la syllabe *om* dans la méditation permet d'atteindre la vérité absolue. Pour les étudiants de yoga, *om* est le son à l'origine de la création et par lequel l'homme est capable de retourner à sa source.

La *bhakti*, abandon total à Dieu

Le terme de *bhakti* désigne l'abandon total à une divinité. Krishna, l'avatar de Vishnou à la peau bleutée, est la principale divinité vénérée sur ce mode. La *bhakti* est une forme de religion éminemment affective, où l'émotion l'emporte sur l'intellect et dans laquelle le croyant éprouve – et exprime sans retenue – la douleur d'être séparé de Dieu tout en aspirant à surmonter cette séparation. La *bhakti* ne saurait être utilisée dans l'espoir d'exaucer un quelconque vœu, cette forme d'amour divin étant censée tenir tous les autres désirs en échec. Elle s'accompagne au contraire d'une forme de renoncement, Dieu devenant le seul objet vers lequel tend l'être. Dans le *bhakti-yoga,* l'homme vit dans la béatitude dès lors qu'il aime et connaît Dieu. Certains vont jusqu'à s'imaginer être Radha, l'amante du dieu Krishna : l'union érotique se confond alors avec l'union mystique. La *bhakti* est aussi faite de compassion et d'une force spirituelle basée sur l'âme individuelle, ou *âtman.*

Utilisation et signification des mantras

Le mot «mantra» désigne des formules magiques – le plus souvent, des lettres de l'alphabet sanskrit, des syllabes ou des fragments de phrases – associées à certains rites ou divinités et censées être opératoires, c'est-à-dire déclencher un effet ou une réaction. Les mantras («instruments de la pensée») sont donc, à l'instar de la syllabe *om,* des sons sacrés considérés comme des vecteurs d'énergie. Certains mantras se résument au nom de certaines divinités ou de certains êtres cosmiques, dont la répétition du nom est censée permettre de communiquer avec l'énergie.

Le mantra du mouvement Hare Krishna, par exemple, est bien connu en Occident. Derrière la litanie se cache l'idée que les vibrations sonores et mentales peuvent faire jaillir la réalité. Les mantras sont des paroles efficaces et puissantes. Pour les employer à bon escient et de façon responsable, il est donc important d'en comprendre le sens, de façon à ne pas envoyer de messages non désirés dans l'Univers.

Les gourous

Des maîtres auxquels on doit obéissance

L'hindouisme a toujours eu ses gourous. Ils sont souvent considérés comme des incarnations partielles d'une divinité : à la différence de l'avatar, qui n'est autre que le dieu lui-même, ils ont gardé leur nature humaine, à la façon des héros de la mythologie grecque.

L'hindouisme distingue plusieurs catégories de gourous, plus ou moins auréolés de prestige : les parents figurent au bas de cette hiérarchie, suivis des enseignants, qui accompagnent l'homme dans sa découverte du monde. Le gourou peut aussi être une divinité – tel, dans le *Mahâbhârata*, Krishna qui, sur le champ de bataille, explique le sens de la vie au guerrier Arjuna, saisi de doutes. Le croyant peut également choisir un maître spirituel humain reconnu de tous.

À gauche :
Connu dans le monde entier, Sai Baba est aujourd'hui le plus célèbre guérisseur de l'Inde. Ses adeptes affirment qu'il serait capable de matérialiser des objets ex nihilo.

Sai Baba, gourou et mage

Sai Baba (de son vrai nom Sathyanarayan Raju, né en 1926) affirme être la réincarnation du Sai Baba de Shirdi, mort en 1918, qui était à la fois gourou pour les hindous et maître soufi pour les musulmans. Il a accédé à la célébrité dans les années 1950, notamment par une série de guérisons miraculeuses, qui lui valent depuis d'être vénéré comme une incarnation partielle du dieu Vishnou. Ses adeptes lui prêtent le pouvoir de matérialiser des objets *ex nihilo.*

Sai Baba a proclamé en 1976 une foi nouvelle, affirmant être l'incarnation de l'Amour absolu, c'est-à-dire du Dieu unique que les religions adorent sous différents noms.

C'est la raison pour laquelle personne n'est contraint d'abjurer sa foi pour devenir son disciple. C'est aussi ce qui explique l'importance du culte rendu à son image et les masses de pèlerins qui affluent vers son ashram de Puttaparthi (Andhra Pradesh). Pour ses adeptes occidentaux, la fête de Noël est particulièrement célébrée : Sai Baba y est identifié à Jésus et adoré comme tel.

Ci-dessous :
Les gourous comme Sri Ganapathi ont toujours existé en Inde. La plupart sont considérés comme des incarnations partielles d'une divinité, tout en ayant conservé leur nature humaine.

Le temple hindou, lieu de résidence des dieux

Un pont entre l'homme et Dieu

Le temple est le « point focal de la vie sociale et spirituelle de la communauté des croyants. Des temples ont été bâtis à travers toute l'Inde et à diverses époques. Chacun reflète les idéaux et le mode de vie de ceux qui l'ont construit et pose un pont entre le monde des hommes et celui des dieux (5) ».

Les temples sont toujours situés à un endroit considéré comme sacré et soumis à un rituel de purification avant même les premiers plans et la construction. Le plan du temple s'inspire d'un mandala, figure géométrique concentrique et sacrée. S'il s'agit d'un carré, celui-ci est « divisé par une grille de lignes d'intersections en plusieurs sous-unités. [...] Cette configuration de carrés centraux entourés d'autres carrés est considérée comme la réplique dans le microcosme de la structure concentrique de l'univers (5) ».

L'image aide à communiquer avec la divinité

C'est ainsi que sont reliés l'univers des dieux et l'œuvre humaine qu'est le temple, réplique en miniature de ce macrocosme.

Ci-dessous :
Les temples, comme ici à Bajinath, sont toujours situés sur des lieux considérés comme sacrés. Cette femme asperge d'eau lustrale le taureau Nandi, monture du dieu Shiva.

Cette identification du modèle avec l'Univers nécessite une relation métaphorique entre le monde des dieux et celui des hommes.

L'architecture sacrée est aussi le reflet du pouvoir économique du souverain local. Aller au temple une fois par jour ne relève pas d'une nécessité : la plupart des hindous ne s'y rendent que lorsqu'ils ont de l'aide ou une bénédiction à demander à leur dieu.

Dans le saint des saints

Le saint des saints est un petit sanctuaire dans lequel se trouvent les images (généralement une statue en pierre ou en métal) ou des symboles de la divinité à laquelle le temple est consacré.

L'icône représente un moyen de communication avec la divinité, censée « habiter » sa représentation, sans que celle-ci soit pour autant forcément identifiée à la divinité : le dieu ou la déesse n'y réside que de façon provisoire.

Quiconque souhaite honorer les dieux se doit évidemment d'être en état de pureté rituelle : le service divin, ou *puja*, a lieu après le bain et avant les repas.

À son entrée dans le temple, le fidèle sonne la cloche située sur le seuil, afin de s'annoncer, mais aussi dans le but d'éloigner les esprits malins.

Le temple est un lieu de passage, d'allées et venues, sans horaires fixes pour les prières (mais le saint des saints a, lui, des horaires d'ouverture et de fermeture).

Il existe cependant des cérémonies à heure fixe *(arti)* qui prennent la forme de prières collectives.

L'un des principaux rituels consiste en la circumambulation du saint des saints (dans le sens des aiguilles d'une montre), par laquelle le fidèle reproduit la course de l'astre solaire

Ci-dessus :
Les 1 500 piliers du temple jaina de Ranakpur sont richement ornés et tous différents. Le saint des saints contient une statue de marbre ou de métal, qui symbolise la présence divine.

La beauté des images du culte

La beauté plastique des représentations rituelles des dieux et déesses de l'hindouisme a pour but de les inciter à « s'installer » dans la sculpture ou l'image. L'art sacré hindou a donné naissance à des canons particuliers : les dieux ont les épaules et le torse larges, leur taille est fine, et leur ventre, légèrement renflé au-dessus de la ceinture. Les membres sont puissants, quoique assez cylindriques. Les divinités féminines se distinguent par une coiffe élaborée, des ornements, une poitrine galbée et généreuse, une taille resserrée, des hanches larges et un port gracieux. La plupart des déesses semblent irradier de bonheur, de prospérité et d'une profonde satisfaction mentale et spirituelle. Les images sont extrêmement colorées, les notes dominantes étant le rose, le bleu et le violet.

À gauche :
L'image sacrée, ici un mandala, est un moyen de communication avec le divin, sans pour autant être identifiée à la divinité. Celle-ci n'est conviée que par moments à « entrer » dans l'image par un prêtre.

nistre la bénédiction de la divinité, soit sous forme d'eau «bénite» entrée en contact avec l'idole, soit sous forme de nourriture offerte à la divinité et ainsi sanctifiée. Cette nourriture est restituée aux fidèles en témoignage de la grâce divine, prenant le nom de *prasad.* L'officiant orne aussi le front des fidèles d'un point de poudre vermillon pour montrer qu'ils sont sous la protection de la divinité tutélaire.

Les *pujari*

Dans leur immense majorité, les prêtres officiants, ou *pujari,* sont des hommes simples, sans grande formation théologique. Considérés comme les «ouvriers» du culte, ils sont parfois traités avec condescendance par le reste des castes de brahmanes. L'hindouisme ne connaît ni catéchisme ni clergé qui nomme et contrôle les prêtres.

Le *pujari* hérite de sa charge : il appartient à une famille de brahmanes consacrée à ce service depuis des générations. La principale source de revenus du temple réside dans les offrandes des visiteurs. Pour accueillir la divinité dans la statue, le prêtre se purifie et nettoie le temple. Il honore la divinité par une salutation de bienvenue, un lavage des pieds, des offrandes de sucreries, des onctions, de l'encens, de la nourriture et du cordon sacré.

La cérémonie d'*arati*

Dans un temple, le culte rendu à la divinité culmine avec une cérémonie appelée *arati* : le prêtre commence par sonner une cloche «pour attirer l'attention du dieu, qui devient alors présent dans l'icône pour les croyants. Puis il présente une lampe à huile, qu'il fait tourner trois fois devant la statue avant de la retourner vers les fidèles. Ceux-ci posent leurs mains au-dessus de la flamme et les portent ensuite à leur front pour s'imprégner de la divinité (5)». De nombreuses statues sont ainsi quotidiennement «réveillées» par la musique du temple, puis lavées, habillées, parées et «nourries» plusieurs fois au cours de la journée. Le soir venu, elles revêtent une tenue de nuit et sont «couchées» auprès de leur époux ou épouse. Une fois par an, elles sont sorties en procession : montées sur d'immenses chars en bois, elles bénissent les fidèles massés à leurs pieds.

Ci-dessus : Il incombe au prêtre d'attirer l'attention de la divinité sur les fidèles. Devant une représentation du dieu Ganesha, cette femme attend la cérémonie avec son enfant, dont les cheveux ont été rasés en l'honneur de la divinité.

tout en évitant de présenter à la divinité ou au tombeau du saint son côté gauche, impur.

Les tâches du prêtre

Les prêtres servent, dans toutes les religions, d'intermédiaires entre l'homme et les dieux. Leur connaissance des écritures, des savoirs ésotériques, des formules et des incantations en fait des auxiliaires indispensables pour les rituels et sacrifices. Ils sont les seuls, dans la croyance hindoue, à pouvoir prier la divinité d'entrer dans la statue du temple. Le prêtre est aussi celui qui accepte les offrandes et admi-

À gauche :
Le grand bassin de Gadi Sagar, à Jaisalmer (Rajasthan), est entouré de somptueux sanctuaires et de petites chapelles. Il servait jusqu'à une époque récente à l'approvisionnement en eau de la ville.

Ci-dessous :
Ce prêtre de Bénarès reçoit l'offrande d'une fidèle au linga *du dieu Shiva. Il lit à voix haute un texte sacré et transmet la bénédiction de la divinité.*

Les offrandes, dont les noix de coco

Les offrandes de prédilection sont des aliments tels que le riz, les fruits et les noix de coco, présentés à la divinité accompagnés de fleurs et baignés dans la fumée des bâtons d'encens. Parfums et lampes à huile font également partie du rituel.

Le riz est synonyme de fertilité. Les fleurs évoquent la pureté et la réincarnation. Quant aux noix de coco, elles représentent les fruits des actions passées.

La coque de la noix de coco symbolise le corps dans toute son imperfection. Sa chair blanche rappelle l'âme, avec ses désirs et ses attachements. Lorsque le prêtre casse la noix, il en montre l'intérieur aux fidèles : l'idée est qu'en brisant le carcan de l'intellect on peut libérer toutes les énergies supérieures. Le lait de coco qui s'écoule aux pieds de la divinité est une image de la fusion de l'âme individuelle avec l'âme cosmique.

Pèlerinages et fêtes religieuses

La ville sainte de Bénarès

Le pèlerinage est un élément fondamental de la pratique religieuse hindoue. À la différence de l'islam, l'hindouisme compte un grand nombre de lieux de pèlerinage, ou *tirtha* : entre 58 – si l'on ne compte que les principales villes, comme Bénarès (Varanasi) ou Hardwar – et 64000, si l'on y ajoute les destinations moins courues. Bénarès, située sur le Gange, marque le lieu où serait apparu le dieu Shiva pour y vivre comme ascète, mais la ville est aussi liée à la geste de Râma, considéré comme l'incarnation de Vishnou. Pour ses adeptes, Shiva continuerait de hanter la ville. Pour un hindou vivant à l'étranger, un simple voyage en Inde peut revêtir la dimension d'un *tirtha-yatra,* ou pèlerinage. La plupart des lieux saints de l'hindouisme sont situés en bordure de rivière ou de fleuve, au bord de la mer ou en montagne. Les points de jonction entre la terre et l'eau, mais aussi les confluents de deux cours d'eau sont donc particulièrement sacrés. C'est le cas aussi des lieux à dimension historique ou mythique.

Les fêtes religieuses

Les hindous aiment les fêtes et les pèlerinages. Le célèbre Kumbha Mela, qui tous les trois ans attire plusieurs millions de personnes dans quatre villes saintes à tour de rôle, correspond à l'entrée de la planète Jupiter dans le signe du Verseau. La fête de Dussehra (octobre/novembre) est l'occasion de retracer l'épopée du *Râmâyana* pendant trente jours. Les pèlerins

Ci-dessous :
De nombreux hindous, comme ici à Hardwar durant le Kumbha Mela, partent pour de longs pèlerinages les menant d'une ville sainte à l'autre.

Ci-contre :
Plusieurs centaines de milliers de pèlerins affluent chaque année vers Pushkar pour y laver leurs péchés dans les eaux du lac et prier Brahmâ dans le seul temple de l'Inde qui lui soit encore consacré.

de Vrindavan et du pays braj, à 150 kilomètres au sud de Delhi, associé à la geste de Krishna, affluent surtout pour le jour anniversaire du dieu ou pour la fête de Holi, voisine de l'équinoxe de printemps, dans l'espoir d'avoir la vision du divin pâtre batifolant avec ses *gopi* (vachères).

Un dernier temple pour Brahmâ

De nombreux hindous parcourent l'Inde en train, de ville sainte en lieu de pèlerinage. Le voyage, qui peut durer une dizaine de semaines selon le temps passé sur chaque site, les emmène notamment à Pushkar, la cité des lotus, au Rajasthan. Cette petite ville sainte au bord d'un lac abrite le dernier temple dédié au dieu créateur Brahmâ. Il existe aussi des *tirtha* modernes, comme le site de la crémation du Mahatma Gandhi, en bordure de la Yamuna, à Delhi. Étape obligée des visites de chefs d'État étrangers, Rajghat voit affluer tous les jours des centaines de pèlerins les bras chargés de fleurs.

Les pèlerinages abolissent provisoirement les discriminations de caste. Un bain dans le Gange rend les purs encore plus purs et les impurs un peu moins impurs, ne serait-ce que pour un temps. L'eau lustrale – et au-delà, l'atmosphère des villes saintes de Bénarès et Hardwar tout entières – efface en théorie la notion de caste. Car si les hindous y voient une institution d'origine divine, celle-ci n'est pas valable pour toute l'éternité. Le pèlerin, si du moins il est sincère, est réputé s'extraire des griffes du temps pour la durée de son pèlerinage.

La valeur des pèlerinages

La valeur d'un pèlerinage dépend du point de vue du fidèle. Pour certains hindous, elle est liée à la distance parcourue et à l'effort engagé (ils s'y rendent alors de préférence à pied, et certains s'allongent face à terre, se relèvent et recommencent en plaçant leurs pieds là où était leur tête), à la sainteté du lieu et à la finalité du voyage. D'autres au contraire préfèrent au pèlerinage le voyage dans les profondeurs de l'âme. « Ramprasad Sen, adorateur de la déesse Kâlî qui vécut au XVIIIe siècle, affirmait : "Qu'irais-je chercher à Bénarès? Les pieds de Kâlî sont mon lieu de pèlerinage. Quand le lotus de mon cœur entre en méditation sur elle, je flotte sur un océan de béatitude (6)." »

Ci-dessous :
Ces trois sages se sont enduit le visage de cendre en signe de pénitence. Pour eux, le seul vrai pèlerinage est un voyage intérieur jusqu'aux tréfonds de l'âme.

LE BOUDDHISME

4

Origines et histoire du bouddhisme

Siddharta Gautama

À droite :
Le terme « bouddha » dérive de bodhi *(« éveil »)* *et qualifie celui qui a atteint l'Illumination. On désigne en particulier par « le Bouddha » le personnage historique de Siddharta Gautama.*

Naissance et vie du Bouddha

Siddharta Gautama (v. 560-480 av. J.-C.) naquit à Kapilavastu (actuelle Lumbini), à la frontière entre l'Inde et le Népal. Nombre de textes sanskrits (les Veda et autres écrits indiens) décrivent la vie de cet homme devenu le Bouddha, «l'Éveillé».

Si ces textes ne furent rédigés que des siècles après la mort du Bouddha, on ne peut douter que celui-ci ait réellement vécu, car certaines dates de sa vie sont historiquement attestées. Sa mère serait décédée sept jours après sa naissance. Son père, le roi Suddhodana, qui régnait sur un petit État, lui assura une bonne éducation et lui donna une épouse dès son jeune âge. À vingt-neuf ans, Siddharta Gautama quitta sa famille, en proie à une profonde crise existentielle. Ascète errant, il partit à la recherche d'un maître de vérité et connut l'Illumination à trente-cinq ans. Ensuite, il parcourut le pays pour prêcher sa doctrine, accompagné d'un cortège de disciples sans cesse croissant, avant de mourir vers l'âge de quatre-vingts ans.

La situation politique en Inde

Du vivant du Bouddha, la vie en Inde était marquée par la misère et la servitude, au mépris des droits les plus élémentaires de l'homme. Tout cela avait créé d'importantes tensions au sein du peuple, qui aspirait à de nouveaux rapports sociaux.

La corruption et le despotisme des dirigeants plongeaient le pays dans des guerres sans fin. Les castes dites inférieures étaient largement exploitées et opprimées.

Le peuple avait faim de liberté. La religion établie contribua à combattre ces injustices : le terme de *moksha* signifiant «délivrance» acquit un sens politique («libération de la servitude») et devint un élément central de la doctrine des incarnations.

Légendes autour du Bouddha, l'Éveillé

Des faits historiques

On ne sait rien avec certitude sur la vie du Bouddha. De nombreuses biographies – certaines prétendant relater sa vraie vie – furent rédigées, mais bien après sa mort; elles s'accordent toutes sur une série de faits.

Une conception surnaturelle

Le futur Bouddha fut conçu par un dieu. Descendu sur Terre sous l'apparence d'un jeune éléphant blanc, le Seigneur des Trois Mondes perça de ses six défenses le flanc droit de la reine Maya. La mère de Siddharta rapporta qu'elle avait alors éprouvé une sensation de bonheur physique et de béatitude morale, comme si elle venait d'accéder au détachement le plus complet.

Naissance et éducation du prince Siddharta

À la naissance de Siddharta, des sages venus des quatre coins du pays prophétisèrent au roi Suddhodana que son fils deviendrait un grand homme, un souverain appelé à gouverner l'Univers : il instaurerait des lois meilleures et établirait un royaume de paix et d'équité, s'étendant jusqu'aux confins de l'Océan mondial. Le roi désirait que Siddharta ne vît jamais rien qui fût triste, laid ou désagréable. Il le gâta, exauçant le moindre de ses souhaits. Pour son onzième anniversaire, Siddharta reçut le cordon sacré faisant de lui un brahmane et un hindou à part entière. Ainsi que l'affirment les brahmanes, tout homme doit naître deux fois : la première, des entrailles de sa mère; la seconde, par l'éducation et l'enseignement.

Les quatre sorties de Siddharta

Selon la légende, après avoir entrepris quatre sorties, Siddharta Gautama prit la décision irrévocable de renoncer au monde protégé dans lequel il vivait.

Lors de la première sortie, le jeune prince quitta la ville par la porte Est et croisa bientôt un vieillard : l'âge avait eu raison de lui, ses forces diminuaient, ses sens l'abandonnaient. Siddharta eut la surprise d'apprendre de la bouche de cet homme décrépit que vieillir et s'affaiblir sont le sort de chacun; le corps d'un nourrisson, même sain, commence à se délabrer dès sa venue au monde.

Lors de sa deuxième sortie, Siddharta emprunta la porte Sud et rencontra un homme malade. Le prince comprit que tout bonheur est trompeur et que la souffrance gouverne le monde.

Sa troisième sortie mena Siddharta de l'autre côté de la porte Ouest, où il se retrouva face à un cortège funèbre. Entouré de personnes endeuillées et en pleurs, le prince sut que la vie a une fin.

Lors de sa quatrième et dernière sortie, Siddharta prit la porte Nord. Un ascète errant croisa son chemin; il cherchait la paix intérieure et avait tout abandonné pour cette quête. Le prince fut profondément impressionné par la force morale de cet homme.

Ci-dessous, à gauche : Des érudits de tout le pays prophétisèrent un grand avenir à Siddharta Gautama, fils de roi. Lors de leur initiation, les jeunes moines sont habillés en partie comme lui.

Ci-dessous, à droite : Le vieillard que croisa le Bouddha à sa première sortie lui expliqua que vieillir et s'affaiblir étaient le sort de l'homme.

Ci-dessus :
C'est sous un figuier que le Bouddha connut l'Illumination, après que le diable eut cherché à le tenter. Aujourd'hui, le figuier est considéré par les bouddhistes comme l'« arbre de la sagesse ».

Page ci-contre, en haut :
Siddharta Gautama suivit la voie de l'ascétisme, mais jugea finalement cette pratique vaine, ce qui explique que le bouddhisme rejette les formes d'ascèse extrêmes.

Page ci-contre, en bas :
Selon la légende, le Bouddha résolut de mourir à l'âge de quatre-vingts ans. Après un dernier sermon dans l'actuelle Bénarès, il alla méditer entre deux arbres et accéda au nirvâna.

Siddharta quitte femme et famille

Le jeune prince appréciait tous les agréments du foyer familial, mais, après avoir été confronté à la vieillesse, à la maladie, à la mort et au besoin de quête spirituelle, il remit en question sa propre vie et décida de partir à la recherche de l'état de paix absolu, du *nirvâna.* Se rasant le crâne et la barbe, il revêtit la robe jaune des ascètes et quitta son palais, sa femme et son fils. Désormais «sans domicile» (1), il se mit à parcourir le pays pendant six longues années, avec cinq compagnons qui devinrent ses disciples.

L'ascèse

Siddharta eut deux instructeurs de méditation pour enseignants et modèles. Puis il se joignit à un groupe d'ascètes errants, se privant de toutes choses agréables, se mortifiant et refusant de manger et de boire. Il maigrit dangereusement. Après un rêve, il renonça à cette ascèse sévère et recommença à s'alimenter – reconnaissant ainsi l'inanité de toute mortification. Il savait désormais que ce n'était pas dans une vie dure et ascétique qu'il devait chercher la vérité, mais au plus profond de lui-même. Il médita et libéra son esprit par une ascèse légère. Il savait maintenant que seule une voie médiane, et non extrême, mène à l'Éveil.

La mort du Bouddha

Après son Illumination, le Bouddha se rendit dans la ville de Varanasi (actuelle Bénarès) où il prononça un sermon marquant, connu parmi les écrits fondateurs du canon bouddhique comme le *Discours sur la mise en mouvement de la Roue de la Loi.* Au cours des quarante ans

L'Illumination de Siddharta Gautama, qui devient le Bouddha

Siddharta Gautama passa de nombreuses années sur les routes en tant qu'ascète errant. Une nuit, alors qu'il était entré dans une profonde méditation sous un figuier, le diable lui apparut et le tenta avec des images du palais de son père, où il ne manquait de rien. Siddharta ne tomba dans aucun piège, et au bout de quarante-neuf jours, à l'aurore, il accéda à l'Illumination totale. Les quatre «Nobles Vérités» et la voie de la délivrance s'offraient à lui. Le prince devenu ascète était désormais l'Éveillé – le Bouddha.

> **La voie de la perfection**
>
> En renonçant à la convoitise, à la haine et à l'aveuglement, tout individu peut, comme le Bouddha, accéder à l'Illumination. Mais peu y parviennent, nous apprend le bouddhisme, car l'accumulation de *karmas* – somme des conséquences de toutes les actions, bonnes ou mauvaises, commises dans cette vie ou dans une vie antérieure – prolonge le cycle des renaissances et éloigne de l'Illumination. Le Bouddha enseigne comment parvenir, au fil de nombreuses existences, à suivre le difficile chemin menant à la perfection.

qui suivirent, il prêcha, créa une communauté *(sangha)* et bâtit des monastères, avec l'aide d'amis nobles. Devenu fort âgé, le Bouddha résolut de mourir à Kushinagara. Il installa sa couche funèbre entre deux arbres. Au cours de la méditation, son esprit accéda au *nirvâna* – manière de mourir que nombre de moines tibétains choisissent aujourd'hui encore, à la fin de leur vie.

La doctrine du Bouddha

Selon le Bouddha, l'origine de toute souffrance est la soif de renaître, la soif de satisfaire les cinq sens, intérieurs et extérieurs, la soif de mourir. Pour y remédier, il propose le «chemin octuple» : la vision juste, la motivation juste, la parole juste, l'acte juste, le moyen d'existence juste, l'effort juste, l'attention juste, la concentration juste. Il enseigne en outre cinq préceptes à suivre, jour après jour : s'abstenir de léser toute vie, de s'approprier ce qui n'a pas été offert; s'abstenir d'excès dans les plaisirs des sens, de paroles fausses ou inconsidérées, et de toute substance troublant la vigilance ou la claire conscience.

Yâna, le véhicule

Le Bouddha incite au détachement permanent – du ressenti corporel, de la propriété, des images et des idées. «Bouddhisme» se dit *yâna* en sanskrit, ce qui signifie «véhicule». Ainsi, son enseignement pousse à renoncer au monde, à lâcher prise – pas à retenir. Le bouddhisme est une voie qu'emprunte seul celui qui la choisit. Il n'y a aucun dieu, et l'extinction éternelle *(nirvâna)* constitue la seule récompense.

Les bouddhismes hînayâna et mahâyâna

Ci-dessus : Temple bouddhiste du Sri Lanka, actuel fief du Hînayâna, bouddhisme monastique.

Le bouddhisme hînayâna

Tous les disciples du Bouddha, sans exception, étaient des moines. Après la mort du maître et grâce à des mécènes, on vit bientôt s'élever les premiers monastères. Il s'y développa une conscience élitaire et un ordre régi par une règle stricte. Au premier plan se trouvaient la personne historique du Bouddha, la doctrine (le *dharma*) et la communauté (la *sangha*), constituant le cadre du bouddhisme hînayâna, ou « Petit Véhicule ». « Petit », car le Hînayâna n'offre de « place » qu'à une minorité : c'est un bouddhisme exclusivement monastique. Le but du moine hinayaniste est d'accéder à l'état d'*arhat* (homme pur), plus haut degré du Sentier surnaturel, afin d'approcher la plénitude (celle-ci ne pouvant toutefois être atteinte que par un seul homme par ère, le Bouddha). De toutes les écoles hinayanistes, seul le bouddhisme theravâda (doctrine des Anciens de l'Ordre) a survécu ; il est surtout répandu de nos jours en Thaïlande, en Birmanie, au Sri Lanka, au Cambodge, au Laos et au Vietnam. Le Sri Lanka abrite aujourd'hui le principal foyer hinayaniste.

Le bouddhisme mahâyâna

Contrairement au Hînayâna (bouddhisme monastique), le Mahâyâna, ou « Grand Véhicule », qui vit le jour au Ier siècle av. J.-C., veut ouvrir la « voie du salut » à tous, nonnes, moines et laïcs, non à de rares élus. Dans le Mahâyâna, le Bouddha est un personnage surnaturel auprès de qui se réfugient les croyants. Ils espèrent accéder au salut et à la délivrance

À droite, dans l'encadré : Après que le cruel roi guerrier Ashoka eut découvert la doctrine, il changea et voulut à son tour devenir un Éveillé. Il fit dresser nombre d'édifices en l'honneur du Bouddha – comme celui-ci, porteur des « yeux du Bouddha ».

Le roi Ashoka et la paix

Deux cents ans après la mort du Bouddha, le terrible roi indien Ashoka (268–232 av. J.-C.) accéda au trône. Après avoir exploité et persécuté son peuple, le souverain eut connaissance de la doctrine du Bouddha et opéra un changement radical. Ashoka voulut accéder lui-même à l'Illumination. Il fut le premier dirigeant de l'histoire à renoncer à la guerre et à l'oppression comme moyens politiques. Dès lors, humanité et tolérance régnèrent. Il s'engagea en faveur de la diffusion pacifique de l'enseignement du Bouddha et favorisa la culture dans son royaume.

Après la mort d'Ashoka, l'influence du bouddhisme en Inde se réduisit. Ce n'est que bien des siècles plus tard que le Mahatma Gandhi renoua avec le principe fondamental de non-violence.

par la miséricorde, plutôt que par l'ascèse monastique.

Le Mahâyâna recommande de mener une vie pure en pensées, en paroles et en actes ; d'invoquer l'Accompli (le Bouddha) et de le vénérer dans l'amour ; de suivre l'exemple du Bouddha dans sa compassion infinie pour tous les êtres ; de méditer sur la perfection du Bouddha. Le but ultime du Mahâyâna n'est pas de devenir un Accompli, mais un *bodhisattva* – un homme qui renonce à atteindre le *nirvâna* tant que tous les êtres en quête n'ont pas atteint l'Éveil *(bodhi)*. C'est pourquoi il inculque à ses adeptes de s'engager de manière désintéressée. Le Mahâyâna, qui vénère également d'autres figures que celle du Bouddha, gagna, depuis la Chine, la Corée et le Japon (contrée où se développa le bouddhisme zen).

Les *bodhisattvas*

Le bouddhisme mahâyâna distingue *bodhisattvas* terrestres (incarnés) et transcendantaux. De nos jours, les croyants considèrent ces derniers comme des êtres surnaturels, qui les guident et les aident dans leur vie.

Les *bodhisattvas* sont représentés dans les temples par des symboles et des gestes précis, et assument la souffrance des hommes quand on les invoque de façon appropriée.

Dès qu'ils se sont incarnés dans un individu, à sa naissance, ils suivent la voie du salut telle qu'on l'enseigne dans les écoles bouddhistes.

Un *bodhisattva* doit franchir dix étapes avant d'atteindre l'Illumination, lors de sa dernière vie.

Ci-dessous :
Le bouddhisme mahâyâna veut offrir à la majorité de ses adeptes un « véhicule » pour leur salut. C'est pour les autres, non pour eux, que les mahayanistes aspirent à l'état de bouddha.

Le tantrisme

Naissance et développement

Le tantrisme (du sanskrit *tan* signifiant «étendre», «poursuivre», «accroître») est un mouvement philosophique et religieux dont les prémices remontent au IVe siècle en Inde. Il se diffusa dans d'autres pays bouddhistes ; surtout au Tibet, mais aussi au Japon – donnant notamment naissance au Vajrayâna (branche tantrique du bouddhisme mahâyâna). Au Tibet, il porta ses fruits en renouvelant le bouddhisme local.

Le tantrisme se développa principalement à la frontière indo-afghane et dans le Bengale-Oriental. Aujourd'hui encore, ses racines restent toutefois obscures – on note des parallèles avec le taoïsme, la gnose, l'alchimie et les mystères grecs. Au début, il constituait surtout une doctrine du salut pour les castes inférieures en Inde. Les tantrismes hindou et bouddhiste possèdent un grand nombre d'éléments communs, dont le culte central de la déesse-mère : Kâlî, Shakti ou Prajnâparamita chez les bouddhistes.

À droite :
La déesse Shakti est à la fois énergie dynamique et force fondamentale de l'Univers. Conséquence de son culte, la femme est reconnue par les adeptes du tantrisme et peut, elle aussi, accéder à l'Illumination.

Les dieux du tantrisme indien

Shiva et Shakti jouent un rôle particulier. Shakti est la force fondamentale, l'énergie primitive qui rend la vie possible et garde l'Univers. C'est le principe créateur, la déesse-mère par excellence. C'est pourquoi la femme jouit d'une grande considération dans le tantrisme (à la différence du brahmanisme). Shiva, son époux, est la force spirituelle. Tous deux paraissent opposés mais constituent en réalité une seule et même nature. Le but du tantrisme est de restaurer l'unité originelle de Shiva et de Shakti, esprit et matière, en rapprochant tous les contraires.

La pratique tantrique

Dans le bouddhisme tantrique, le principe féminin incarne la sagesse transcendante. Les femmes peuvent parvenir à l'Illumination au même titre que les hommes. Au Tibet, nombre de maîtres tantriques femmes constituent un excellent exemple de cette spiritualité féminine. Les techniques du tantra bouddhiste, fortement orientées vers l'expérience humaine, concernent également la vie quotidienne, alors que l'Occident réduit souvent le tantrisme à la transformation des énergies sexuelles. Pourtant, toutes les formes de tantrisme (bouddhiste en particulier, mais aussi hindou) n'englobent pas l'acte sexuel proprement dit. Ritualisé et accompli dans des conditions précises, ce dernier doit favoriser l'accès à l'Illumination. Le plaisir sexuel n'est toutefois pas une fin en soi : les énergies générées par l'acte doivent permettre de méditer de façon accrue sur la Vacuité *(shûnyatâ)*, l'écoulement de la semence mâle étant considéré comme un frein. Seul un maître bouddhiste est capable d'exposer avec précision les systèmes du tantra bouddhiste et la manipulation des énergies physiques, non dénuée de danger.

Il existe de nombreuses formes de tantrisme : les textes couvrent des domaines allant de la magie la plus grossière à la métaphysique la plus avancée.

Bien que le développement du tantrisme ait atteint son apogée vers l'an 1000, il n'a jamais disparu et a exercé une influence considérable jusque dans les mouvements religieux modernes – comme celui du Bhagwan Sri Rajneesh (1931-1990).

Les quatre catégories de tantras

Il existe plusieurs doctrines tantriques, fonction du niveau spirituel des adeptes :

1. le *kriyâ-tantra,* tantra de l'action cultuelle, insistant sur les offrandes et les rites de purification ;
2. le *charyâ-tantra,* voulant qu'aux processus extérieurs correspondent des processus intérieurs, spirituels ;
3. le *yoga tantra,* mettant l'accent sur la méditation, la compréhension spirituelle du monde ;
4. l'*anuttara-tantra,* tantra du yoga suprême.

À gauche :
Différentes doctrines spirituelles exercèrent une influence sur le Bhagwan Sri Rajneesh, nommé « Osho » après sa mort : le tantrisme, ainsi que le bouddhisme zen.

Ci-dessous :
L'étude des écrits tantriques apporte de nouvelles connaissances. Les techniques du tantrisme bouddhiste visent toutefois l'expérience personnelle dans la vie quotidienne.

Le bouddhisme vajrayâna

Page ci-contre : Homme à la recherche de la délivrance. Selon le bouddhisme tibétain, il faut échapper au cycle des renaissances pour atteindre l'extinction totale, l'état de conscience suprême, ou nirvâna.

L'aspiration à l'Illumination

Le Vajrayâna, ou « Véhicule de Diamant », est une autre branche du bouddhisme. Il s'est développé en Inde au VIIe siècle. Pour cette doctrine, l'Illumination nécessite de suivre le chemin de la Vacuité et de l'amour des êtres vivants, avec le soutien de six qualités, ou *paramitas* (« ce qui a atteint l'autre rive ») : charité, moralité, patience, énergie, méditation et sagesse. Techniques yogiques et tantriques, mandalas et mantras, ouverture des chakras, innombrables rites ainsi que maître spirituel (lama ou gourou) doivent permettre d'accéder à l'Illumination. À chaque niveau sur terre et sous terre correspondent démons, esprits et divinités : forces diaboliques, fantômes, animaux, hommes, demi-dieux et dieux. Les divinités peuvent être ressenties par l'homme comme douces ou colériques, secourables ou trompeuses. Ainsi, le *Yidam* est une divinité protectrice dont la nature, extrêmement complexe, présente une parenté avec l'*Ishta-Deva* hindou. Il sert aussi de support à la méditation, tout en incarnant le Bouddha à certains degrés de son existence.

Ci-contre : C'est surtout dans le bouddhisme vajrayâna que les mandalas *comme celui-ci ont une utilité religieuse ; ils doivent favoriser l'accès à l'Illumination.*

À droite, dans l'encadré : La croyance dans les démons est un élément important du bouddhisme tantrayâna, qui accueille les représentations populaires dans sa doctrine.

Le bouddhisme tantrayâna

Les écoles postérieures au bouddhisme originel rédigèrent aussi leurs textes en tibétain et en chinois. Ce n'est qu'entre le VIIe et le IXe siècle que le bouddhisme accéda aux hauts plateaux du Tibet, où dominait jusqu'alors la croyance en des esprits et des démons. Le courant bouddhiste qui y vit le jour – le Tantrayâna ou « Véhicule des tantras » – assimila les conceptions populaires traditionnelles et mêla divinités mythiques et coutumes cultuelles aux idées de dépassement des passions et de « chemin octuple ».

Le bouddhisme tibétain

Naissance du bouddhisme tibétain

Le bouddhisme spécifiquement tibétain, une branche du bouddhisme chinois, s'est développé dès le VIIIe siècle à partir du Vajrayâna. Il est aujourd'hui principalement répandu dans les régions où vivent des Tibétains et des Mongols (Tibet, Népal, Inde himalayenne et Mongolie).

C'est au sein de la noblesse que le bouddhisme trouva ses adeptes, pour commencer, mais, au fil du temps, le simple peuple s'enthousiasma lui aussi pour cette religion, et le bouddhisme s'amalgama avec les croyances locales (esprits et démons).

Le titre de « dalaï-lama » fut conféré pour la première fois en 1578 par un prince mongol.

Le cycle des renaissances

Dans le bouddhisme tibétain aussi, être délivré signifie se détacher totalement du cycle des naissances et accéder à l'extinction *(nirvâna)*. Dans sa « Noble Vérité de l'apparition de la douleur », le Bouddha explique ce qui fait tourner la roue des renaissances. Pour l'Éveillé, c'est la convoitise qui enchaîne l'homme au *samsâra* (littéralement « migration »). La convoitise, la haine et l'aveuglement sont des impulsions qui conditionnent notre renaissance. Selon le Bouddha, il existe un rapport entre nos désirs débridés et notre façon d'agir en ce monde. C'est ce qui entraîne renaissance et donc nouvelle souffrance. Supprimer la convoitise, c'est faire cesser la souffrance. Par « convoitise », il faut comprendre la réalisation du Moi (ego). Cela ne signifie pas être avide de nourriture ou d'argent, mais participer au « jeu » du monde et de la société. Suivre l'enseignement du Bouddha doit permettre de devenir « sans soif », d'apprendre l'égalité d'humeur et de découvrir ce qu'est la vraie vie. Le monde n'est pas ; il est devenir, tout est devenir et, par conséquent, rien n'a d'existence véritable. Nombre d'écrits du bouddhisme tibétain s'expriment quant à cette philosophie religieuse.

Le onzième panchen-lama

Gedhün Chökyi Nyima, onzième panchen-lama du Tibet, a eu – s'il vit toujours – dix-sept ans en 2006. Depuis 1995, il se trouve sous détention chinoise, dans un lieu inconnu.

Quelques mois après son enlèvement, la Chine (qui ne le reconnaît pas en tant que panchen-lama) a nommé à sa place Gyaltsen Norbu, alors âgé de cinq ans.

Nombre de moines et de nonnes ont été emprisonnés, condamnés et chassés de leurs couvents ou de leurs monastères parce qu'ils refusaient de « renier » le onzième panchen-lama désigné par le dalaï-lama.

Si les photos du panchen-lama choisi par la Chine sont accrochées en bonne place dans les principaux monastères et hôtels de tourisme tibétains – ce dont peuvent témoigner des réfugiés du Tibet et des touristes occidentaux –, celles du dalaï-lama et de Gedhün Chökyi Nyima sont interdites dans la majeure partie du pays.

Les sectes du bouddhisme tibétain

Le bouddhisme tibétain comprend diverses sectes – secte rouge, secte blanche, secte jaune et secte des fleurs, en fonction de la couleur de l'habit et de la coiffe, et de la décoration des temples.

La secte jaune fut fondée au début du XVe siècle par Tsongkhapa (1357-1419). Grâce à ses deux disciples, qui deviendraient le troisième dalaï-lama et le premier panchen-lama, elle accéda au rang de secte dominante, comptant le plus grand nombre d'adeptes. Ce groupement religieux joue aujourd'hui encore un rôle important dans la vie quotidienne des Tibétains – bien que le communisme chinois ait persécuté les bouddhistes tibétains, entravé la pratique de cette religion, et que l'actuel dalaï-lama vive depuis 1959 en exil en Inde.

Le panchen-lama

Le panchen-lama ou plus exactement *Panchen Rimpoche* (en tibétain, « grand érudit extraordi-

Ci-dessous :
Le bouddhisme tibétain comprend nombre de sectes, qui se distinguent entre autres par la couleur de l'habit. La secte jaune est celle qui compte le plus d'adeptes.

L'actuel dalaï-lama

Né en juillet 1935 à Taktser, dans le nord-est du Tibet, Tenzin Gyatso fut reconnu à l'âge de deux ans comme la réincarnation de son prédécesseur, le treizième dalaï-lama, et intronisé en 1940.

Après l'entrée au Tibet de l'Armée populaire de libération chinoise, en été 1949, le dalaï-lama devint chef de l'État en novembre 1950, à l'âge de quinze ans.

Le peuple tibétain se souleva le 10 mars 1959 contre l'occupant chinois ; cette dernière insurrection coûta la vie à près de 90 000 Tibétains.

Le dalaï-lama franchit l'Himalaya et se réfugia en Inde. Exilé à Dharamsala, il y a mis en place un gouvernement démocratique et tente depuis d'améliorer le sort des Tibétains, mais aussi d'obtenir des appuis internationaux pour la cause de son pays.

Œuvrant sans relâche et dans la non-violence pour le peuple tibétain, il a reçu en 1989 le prix Nobel de la paix.

En dépit des nombreuses tentatives du chef spirituel du Tibet, aucun dialogue direct n'a encore pu être établi avec le gouvernement chinois.

nairement précieux ») est un maître spirituel très influent, deuxième personnage de la hiérarchie du bouddhisme tibétain. Il joue un rôle dans la désignation de la réincarnation du dalaï-lama, avec qui il entretient une relation maître-élève.

La position de panchen-lama apparut au Tibet sous la dynastie Qing (1644-1911) – il s'agissait à l'origine d'une fonction à laquelle on pouvait accéder par le mérite. La tradition le considère comme une incarnation d'Amitâbha, c'est-à-dire bouddha « de la lumière infinie ».

Le 14 mai 1995, le dalaï-lama annonça que Gedhün Chökyi Nyima était la réincarnation du dixième panchen-lama. Trois jours plus tard, le garçon âgé de six ans disparut, et on ne le revit plus jamais.

Le dalaï-lama, un *bodhisattva*

L'enfance de l'actuel dalaï-lama fut médiatisée en Europe grâce au film *Sept Ans au Tibet*, adapté du roman autobiographique de l'Autrichien Heinrich Harrer (1912-2006). Durant la Seconde Guerre mondiale, Harrer fut l'un des premiers Européens à vivre au Tibet, et il se lia d'amitié avec le dalaï-lama, alors très jeune.

Le chef religieux des Tibétains n'est pas un bouddha mais l'incarnation du *bodhisattva* Avalokiteshvara, surnommé « Infinie Compassion », car il aspire à porter toutes les misères du monde.

Il est aussi le saint patron du Tibet, sous le nom de « Chenresi ». Chenresi a renoncé au *nirvâna* et renaîtra tant que tous les hommes ne seront pas eux-mêmes délivrés.

Ci-dessous : Le panchen-lama est la deuxième autorité religieuse du bouddhisme tibétain. Son portrait – ici, le dixième panchen-lama – orne nombre de lieux bouddhistes.

La religion au Tibet avant le bouddhisme

Au Tibet vivaient (et vivent encore) des paysans et des nomades qui croyaient (et croient toujours, pour beaucoup) que le monde est peuplé d'esprits bons et mauvais (animisme), que des chamans (prêtres-sorciers) peuvent asservir ou apaiser.

Les prêtres de la religion Bön (antérieure à l'introduction du bouddhisme) avaient pour cela recours à des invocations magiques. Intermédiaire entre ici-bas et l'au-delà, le chaman est aussi un guérisseur. Au Tibet, le bouddhisme s'est développé sur l'héritage millénaire, tant magique que mythique, de la religion populaire originelle, qui fut assimilée par la branche du bouddhisme tibétain auparavant appelée lamaïsme.

Ci-dessus :
En Extrême-Orient, on trouve de nombreuses statues monumentales du bodhisattva *Avalokiteshvara. L'une des plus grandes est à Chengde.*

La réplique d'un temple tibétain en Chine

C'est à Chengde, petite ville à 250 kilomètres au nord-est de Pékin, que se trouve la célèbre résidence d'été de la dynastie chinoise des Qing (1644-1911). Sa construction, ordonnée par la maison impériale, ne demanda pas moins de quatre-vingt-sept ans. Durant ce laps de temps, des tribus mongoles se soulevèrent à deux reprises au nord des montagnes appelées Tian Shan. En 1755, le gouvernement Qing y envoya des troupes en service commandé et terrassa les insurgés. Pour fêter sa victoire, l'empereur fit construire la même année, près de la résidence d'été, un monastère lamaïste – le fameux temple Puning, ou « Paix universelle ». Il souhaita qu'on le bâtît à l'identique du temple Samye, lieu saint du bouddhisme tibétain. Le temple Puning est aujourd'hui un vaste monastère présentant le style symétrique typique du Tibet.

Un monastère tibétain d'architecture chinoise

Le monastère, qui s'étend sur 33 000 m², s'organise en deux parties, avant et arrière. La partie avant – la porte d'entrée, la tour de la cloche et du tambour, la salle du roi céleste, la salle de Mahavira et les deux palais secondaires, à l'est et à l'ouest – a été bâtie dans le

Avalokiteshvara, le « Seigneur qui regarde en bas »

Dans la partie sud-est du monastère se trouve une cour rectangulaire où les empereurs faisaient halte lors de leurs visites. Dans la partie sud-ouest, une autre cour accueillait les croyants venus écouter les sermons du « Bouddha vivant ». Le pavillon du Mahâyâna, qui compte trois étages, est avec ses 37 mètres l'un des plus hauts pavillons en bois de Chine. Dans la cour entourée de promenoirs se dresse la sculpture en bois du *bodhisattva* Avalokiteshvara, haute de 22 mètres. Elle mesure 15 mètres de tour de hanches, possède 42 bras, des yeux innombrables, et pèse plus de 120 tonnes. Dans plusieurs niches murales se trouvent 10 090 figurines du Bouddha ; en argile recouverte d'or, chacune mesure 10 centimètres environ.

À gauche :
Le monastère de Chengde, qui s'étend sur 33 000 m^2, est visité chaque année par des milliers de touristes venus du monde entier. Il est inscrit au patrimoine de l'humanité par l'Unesco.

style han (d'après le pleuple chinois – les Han – qui constitua le gros des immigrants entre 200 av. J.-C. et 200 apr. J.-C.).

La salle de Mahavira en est le bâtiment principal. On y trouve Kâshyapa, bouddha du Passé, Sâkyamuni, bouddha du Présent, et Maitreya, bouddha du Futur. Les statues des dix-huit *arhats* se dressent de chaque côté. Sur les murs nord, est et ouest se déroule, sous forme d'épisodes, la vie des dix-huit *arhats* et des huit *bodhisattvas*.

La légende veut que ces *arhats* aient été les premiers disciples du Bouddha, et ces *bodhisattvas,* de remarquables guides spirituels dans l'histoire du bouddhisme : ils repoussèrent leur délivrance pour permettre aux autres de l'atteindre.

Ces statues et fresques impressionnantes sont encore intactes.

La partie tibétaine du temple

La partie arrière du temple Puning, de style tibétain, repose sur un socle en dalles de pierre, haut de 9 mètres. Le pavillon du Mahâyâna – symbole du mont Meru, qui se dresse au centre de l'Univers bouddhiste – en est le bâtiment principal.

Les bouddhistes croient que le Soleil et la Lune tournent autour de l'Éveillé, de chaque côté du mont Meru. C'est pourquoi il existe, d'un côté du pavillon du Mahâyâna, une salle du Soleil et, en face, une salle de la Lune rectangulaire. Autour du pavillon se trouvent quatre petites salles et huit terrasses blanches à trois étages présentant les formes les plus différentes. Elles symbolisent, conformément à la tradition bouddhiste, les quatre grands continents et les huit petits.

À chaque angle du pavillon s'élève une pagode figurant un des quatre degrés de développement du Bouddha. La pagode sud-est, peinte en rouge, est ornée de fleurs de lotus, symbole de la naissance du Bouddha. La pagode du nord-est est peinte en noir (prise de conscience du Bouddha), celle du nord-ouest en blanc (premier sermon) ; celle du sud-ouest, verte, symbolise le *nirvâna.*

Ci-dessous :
L'architecture du temple Puning est inspirée du temple Samye, premier monastère bouddhiste du Tibet.

Le bouddhisme zen

Ci-dessous :
Le jardin zen sert de support au recueillement et à la méditation. Le but consiste à cesser de réfléchir, car l'habitude « tue ». Ce sont surtout Laozi et le grand philosophe Zhuangzi qui contribuèrent à la doctrine du zen.

Laozi et Zhuangzi

«La nasse à poisson existe à cause du poisson; une fois que vous avez attrapé le poisson, vous pouvez oublier la nasse. Le collet à lapin existe à cause du lapin; une fois que vous avez attrapé le lapin, vous pouvez oublier le collet. Les mots existent à cause de leur signification; une fois que vous avez la signification, vous pouvez oublier les mots. Où puis-je trouver un homme qui a oublié les mots pour que je puisse avoir un mot avec lui (1)?» Le zen de Zhuangzi est une technique séculaire visant à faire sortir l'esprit des sentiers battus par des gestes, des aphorismes, des histoires et des énigmes insolubles.

Le but est de cesser de réfléchir, car l'habitude «tue». Les racines du zen se trouvent indubitablement en Chine – où on l'appelle *chan* – et doivent beaucoup à la pensée de Laozi (ou Lao-tseu) et du grand philosophe Zhuangzi (auteur d'un texte fondateur du taoïsme; voir le chapitre correspondant).

Deux variantes du zen se développèrent au Japon : d'un côté, les idées du moine tendai et shingon Eisai Zenji (1141-1215), qui donnèrent

le jour à l'école Rinzai; de l'autre, celles du moine Dôgen (1200-1253), qui virent naître l'école Sôtô.

Si la première place au centre de tout la méditation sur les *kôans,* textes énigmatiques et faits paradoxaux, la seconde souligne l'importance de la méditation dans la pratique du zen.

À gauche : Fondateur du taoïsme, Laozi (le « Vieux Maître ») exerça aussi – avec Zhuangzi – une grande influence sur le bouddhisme zen. On lui attribue le texte riche d'enseignement du Tao-tö-king, *qui traite du tao – « la Voie », principe universel – et décrit la façon dont l'homme peut emprunter ce chemin.*

Une troisième école

Un autre maître, Daiun Sôgaku Harada (1870-1961), chercha à «briser la raison» en associant les techniques de l'école Rinzai à celles de l'école Sôtô (méditation assise, ou *zazen*).

Il développa une nouvelle forme de méditation, n'excluant pas l'emploi de *kôans,* comme cette formule – souvent mal interprétée – énonçant que «ce n'est pas en restant assis que l'on devient un bouddha». La doctrine du zen veut en effet que l'on écarte sciemment la pensée logique afin que puisse s'instaurer le «Grand Vide».

L'instantanéité de l'Illumination

Le zen – ou *chan* en Chine – part du principe que chacun peut connaître l'Illumination soudaine. Pour cela, inutile de jeûner quarante-neuf jours durant ou de se mortifier. L'Illumination peut se produire brusquement. Par le biais d'un texte, par exemple. Le zen naquit de la rencontre, au fil des siècles, du bouddhisme et du taoïsme. La sagesse de l'Éveillé se mêla à «l'humour» de maîtres chinois tels Laozi ou Zhuangzi, dont l'esprit consistait à livrer des histoires en apparence quotidiennes.

Ainsi, quelques disciples de Laozi étaient un jour plongés dans une discussion sur un dicton du maître : «Ceux qui savent ne disent pas. Ceux qui disent ne savent pas.» Lorsque Laozi les rejoignit, ils lui demandèrent le sens de ces paroles, et il leur répondit : «Lesquels d'entre vous connaissent le parfum de la rose?» Tous le connaissaient. Il leur demanda de le décrire… et ses disciples restèrent muets. La chute, spirituelle, fait sourire. Mais, en y regardant de plus près, on voit apparaître le sens profond d'une parabole, à première vue anodine.

Ci-dessous, dans l'encadré : Les moines Shaolin sont célèbres pour leur art du combat, mais le monastère Shaolin du mont Song passe avant tout pour le lieu de naissance du bouddhisme zen.

Shaolin et zen

La légende veut que l'art martial du kung-fu (*gongfu* en chinois) ait été mis au point par des moines bouddhistes du monastère Shaolin, sur le mont Song (une des cinq montagnes sacrées de Chine). Le monastère fut fondé en 495. Nombre d'écrits indiens *(sûtras)* y furent traduits en chinois au VIe siècle. Bodhidharma, un homme venu de «l'Ouest» (c'est-à-dire de l'Inde), y passa neuf années à méditer, assis face à un mur. Moine connu du zen chinois, Bodhidharma (v. 470–543, aussi appelé «barbare de l'Ouest») contribua grandement à la diffusion du *chan* en Chine. Le monastère Shaolin est célèbre pour son sport de combat, mais rien ne nous dit si les maîtres du zen étaient aussi expérimentés dans cet art…

Ci-dessus :
Les maîtres du zen – ici Bodhidharma – sont parfois d'étranges personnages, qui provoquent sciemment leurs élèves par des méthodes chocs, des aphorismes et même des coups de bâton. Leur but est de rompre par ces moyens l'habitude intérieure.

Les maîtres du zen et leur mode de pensée

Un jour, un élève dialogua ainsi avec Yunmen Wenyan (864-949) : «Quel âge avez-vous, maître? – Sept fois neuf font soixante-huit. – Comment sept fois neuf peuvent-ils faire soixante-huit? – J'ai soustrait cinq ans à cause de toi.»

L'art consistant à manier un humour en apparence absurde fut perfectionné, encore et encore, par tous les maîtres du zen. La chute de leurs histoires, paradoxale si l'on s'en tient à la logique, s'avère extrêmement plaisante d'un point de vue existentiel. Pourtant, il s'écoule parfois des années avant que l'élève ne saisisse où son maître voulait en venir. «Quel est le bruit d'une seule main qui applaudit?» Nul ne peut applaudir d'une seule main… Que cherche-t-on à nous faire comprendre par là? Le maître ne livre jamais le sens de la chute : il appartient à l'élève de le trouver. La pensée dualiste (reposant sur des oppositions) est poussée dans ses derniers retranchements par ce genre de formules. L'objectif du maître est de libérer son élève de sa vision manichéenne du monde. Ce dernier accéderait à l'Illumination soudaine s'il élevait la question «Quel est le bruit d'une seule main qui applaudit?» au niveau de la Vacuité *(shûnyatâ)* et répondait sans même réfléchir.

S'en remettre aux choses

Selon Bodhidharma, maître du zen : «S'en remettre aux choses et suivre l'inspiration du moment est facile; transformer les choses en leur résistant est difficile. Lorsque les choses désirent venir, accueillez-les sans vous y opposer; lorsqu'elles désirent partir, laissez-les aller sans les reconduire. Tout ce qui a été accompli, dépassez-le sans regrets; tout ce qui n'est pas encore arrivé, laissez-le advenir et n'y pensez plus. Ainsi fait le pratiquant de la Voie. S'il s'abandonne sans résister, se laisse aller sans s'opposer, où et quand manquerait-il d'aise (2)?»

Cris et coups de bâton

Le Bouddha lui-même n'a jamais prétendu que la voie de l'Illumination n'était pas épineuse. L'homme, par nature, est lent et indolent; il a tendance à se fier à ce qu'il a déjà éprouvé.

Il n'empêche qu'il est malaisé d'avoir conscience, à chaque instant et en chaque occasion, de ce que le monde et le Moi ne sont rien de plus qu'illusion…

En Chine puis au Japon, les maîtres du *chan* et du zen ont modifié radicalement leurs méthodes pédagogiques pour rendre la doctrine plus accessible à leurs élèves : sans *bodhi,* nul n'accède à l'Éveil; sans cris et sans coups, impossible d'échapper aux apparences trompeuses du monde.

Une méthode extrême

En Chine, voici quelle était la pédagogie de maître Deshan Xuanjian : «Si tu comprends, trente coups de bâton! Si tu ne comprends pas, trente coups de bâton!» L'élève n'avait aucune chance d'échapper aux rudes méthodes de son maître, qui n'entendait pas discuter avec lui : cette école *chan* voulait que l'Illumination survienne brusquement, sans questions ni réponses. Le Moi du moine devait être «choqué» pour rompre son conditionnement. Tout ce qui faisait sa personnalité et qu'il avait auparavant appris, éprouvé, reçu de ses parents, de son éducation, des traditions; tout ce que lui-même croyait, espérait et voulait devait se trouver brisé par un coup dans le dos. Dans d'autres monastères zen, on tentait de parvenir à ce résultat par un coup de pied, un cri ou un acte similaire. Le maître n'avait pas pour objectif de persécuter son élève, mais de l'aider à atteindre la délivrance. Certains grands maîtres du zen naquirent à l'instant où leur maître les frappa au visage : ils rirent parce qu'ils venaient de recevoir la révélation.

Au Japon, le maître pousse un grand «Ho!» pour aider son élève à accéder à l'Illumination.

Atîsha, réformateur et enseignant

Le maître bouddhiste indien Atîsha (v. 982-1055) contribua grandement au rétablissement du bouddhisme pur au Tibet. Ce dernier y avait été introduit plus de deux cents ans plus tôt, mais sa pratique avait grandement pâti de l'attitude du roi Lang Dharma (arrivé au pouvoir v. 836), adepte du bön, ancienne religion populaire du Tibet.

Un autre souverain tibétain chargea Atîsha d'élaborer un *dharma* que chacun puisse observer, et d'indiquer aux adeptes comment suivre le chemin des sutras et des tantras. Atîsha rédigea donc *La Lampe du chemin de l'Illumination,* qui devait constituer la base de tous les enseignements à venir.

Ses disciples relèvent de l'école Kadampa. «Kadampa» est formé de *ka,* signifiant «parole», se rapportant à la doctrine du Bouddha, et de *dam,* «enseignement», qui désigne les instructions d'Atîsha, qualifiées de «degrés

Ci-dessous, à gauche : Les bouddhistes zen sont réputés enjoués et pleins d'humour. Leur enseignement consiste surtout à livrer des histoires banales en apparence, mais chargées d'un double sens.

Ci-dessous, à droite : Selon le zen, il est possible de connaître l'Éveil absolu de façon soudaine, par exemple en prenant brusquement conscience du sens caché de la question : « Quel est le bruit d'une seule main qui applaudit ? »

de la Voie». Les meilleurs enseignants du Kadampa *(Kadampa Geshes)* sont non seulement de grands érudits, mais aussi des praticiens spirituels formant directement leurs élèves par des exercices de méditation.

Historiquement, l'école Kadampa est une branche du bouddhisme qui se développa à partir du Mahâyâna.

Le Kadampa moderne

L'enseignement d'Atîsha se transmit de maître à élève, tant par l'oral que par l'écrit, et se répandit dans nombre de pays, y compris en Occident. En effet, la doctrine du Bouddha, ou *dharma,* est comparée à une roue qui se déplace d'une contrée à l'autre, en s'adaptant au cadre et aux tendances karmiques des êtres qui y vivent.

On trouve aujourd'hui quantité de centres Kadampa dans le monde occidental, aussi bien aux États-Unis qu'en Angleterre, en France, en Espagne et en Allemagne.

La méditation dans l'école Kadampa

Au cours de la méditation, l'esprit doit se familiariser avec un objet précis, de façon intensive et constante.

La méditation bouddhiste vise à surmonter les troubles intérieurs, fruit de la colère, de l'envie et de l'ignorance : en contrôlant son esprit, l'homme accède à la paix intérieure. La méditation l'encourage à agir de façon morale, à faire le bien et à s'abstenir du mal.

Le Kadampa veut que la méditation permette à chacun de progresser sans cesse d'un niveau spirituel au suivant – au bout l'attend le plus haut de tous : la nature de bouddha.

Pour se préparer à méditer, il importe d'être correctement instruit par le *dharma.* Il faut réfléchir à la signification de ce que l'on a lu et entendu.

Le bouddhisme distingue deux types de méditation : la méditation analytique et la méditation placée.

Ci-dessous :
Le Dharma-Chakra, ou « Roue de la Loi ». C'est sous ce nom qu'est connue la doctrine du Bouddha, car elle se déplace d'un lieu à l'autre telle une roue. L'école Kadampa enseigne elle aussi le Dharma-Chakra.

La méditation analytique

Dans la méditation analytique, on procède à une réflexion ou à un examen ciblés, visant un thème précis. On en analyse les différents aspects, que l'on juge ensuite de plusieurs points de vue.

Le degré le plus haut de cette méditation est atteint lorsque l'esprit en vient à visualiser clairement l'objet de la méditation.

La méditation placée

Dans la méditation placée, l'esprit finit par se fondre de plus en plus avec l'objet de la méditation. Ainsi, si l'on entame une méditation analytique sur la souffrance de tous les êtres vivants, un net sentiment de compassion va naître. Dès qu'il apparaît, la méditation placée peut familiariser l'esprit avec la compassion, pas à pas, jusqu'à ce que compassion et esprit ne fassent plus qu'un.

Le but de cette technique est d'élargir son esprit en faisant en sorte qu'à tout moment ses pensées et ses actes soient imprégnés de compassion envers tous les êtres vivants (hommes, animaux et plantes).

Ci-dessus : Atîsha rédigea La Lampe du chemin de l'Illumination *vers l'an 1000 de notre ère, dans un monastère tibétain. Cet enseignement devint la base de la doctrine Kadampa, qui se répandit à partir du Tibet.*

À gauche : Par la méditation, on apprend beaucoup sur soi-même et ses sentiments envers autrui. Une méditation analytique sur les maux de tous les êtres vivants peut s'avérer précieuse, en contribuant à comprendre la souffrance de son prochain.

Entre zen et taoïsme – l'ermite de la « Montagne froide »

Ci-dessous :
L'inconnu qui vécut en solitaire dans le Han Shan, splendide contrée montagneuse de Chine, fuyait un monde qu'il jugeait trop mouvementé.

«La falaise est froide
les hommes ne viennent pas
les nuages blancs
sans cesse s'amoncellent (3).»

On appelle Han Shan («Montagne froide»), du nom de la région où il se retira, un homme qui vécut en ermite au VIIe siècle et dont on ne sait presque rien. Il eut une grande influence sur la *Beat Generation* dans l'Amérique des années 1960 et 1970, puis en Europe.

Les quelque 300 poèmes de lui qui nous sont parvenus mêlent lyrisme et contemplation de la nature, enseignement des classiques taoïstes et pensée zen. L'auteur y annonçait son immortalité avec beaucoup d'assurance :

«Maître Han Shan
devient ce qu'il est
demeure par lui-même
non né ni mort (4).»

Le Bouddha avait cherché la délivrance dans le cercle de ses disciples, mais Han Shan choisit un autre chemin : il vécut l'idéal taoïste de retrait du monde pour trouver la Vacuité.

Fuir le monde pour connaître la délivrance

Han Shan avait fui le monde pour ne plus jamais revenir. Il ne laissa derrière lui que ses poèmes, dans lesquels il témoigne de sa vie solitaire, de ses pensées, de ses réflexions philosophiques. Ses considérations sur le zen firent de Han Shan un Éveillé parmi les laïques du bouddhisme zen en Chine (il ne dépendait en effet d'aucun monastère). Voici comment il décrivait sa vie d'ermite :

«Si toute ma vie durant
je me cache dans montagne froide
vivant de plantes/vivant de baies
quoi de mal à ça (5).»

Trouver la paix intérieure et extérieure

«Je regarde devant moi/
laissant le monde à son agitation
trop heureux croyez-moi
d'être assis là
au milieu des falaises (5).»

Han Shan voulut tout abandonner, ne plus rien retenir, afin que plus rien ne puisse le

La *Beat Generation*

La *Beat Generation* (1944–1960) doit son nom à un cercle de jeunes auteurs américains épris de liberté. Parmi ses plus célèbres représentants, on compte Jack Kerouac, Allen Ginsberg et William S. Burroughs.

Leurs œuvres fortement autobiographiques formaient un vif contraste avec la littérature américaine établie. « Nous sommes *beats* », affirmaient-ils – cet adjectif (signifiant « claqué », « défoncé », « révolté » en anglais) devant traduire leur « folie ». Ils ne voulaient surtout pas avoir affaire à la société bourgeoise ni à sa morale.

La *Beat Generation* s'intéressait à la culture des Mayas comme au jargon des bûcherons canadiens.

Elle « découvrit » surtout le bouddhisme zen et lut avec enthousiasme les *Poèmes de la Montagne froide* de Han Shan, ermite chinois inconnu ayant volontairement tourné le dos à la civilisation.

À gauche, dans l'encadré : L'auteur américain Jack Kerouac (1922–1969) était enthousiasmé par les Poèmes de la Montagne froide*, qui l'avaient aidé à trouver une certaine philosophie de la vie.*

Ci-dessous : Gary Snyder et Allen Ginsberg, auteurs de la Beat Generation*, auraient sûrement aimé suivre les traces du poète Han Shan en Chine. Tous deux avaient le goût du voyage, mais les frontières du pays leur restèrent fermées.*

retenir. Il se délivra de toute contrainte. Bien que ses paroles laissent entrevoir à quel point la solitude lui était familière, il a dû lui être très difficile de suivre la voie menant du Moi au véritable Soi (le *tao*). Seules peuvent y aider une parfaite maîtrise de soi et la volonté inébranlable d'endurer ce chemin. Vérité, Sagesse et Vacuité sont les buts pour lesquels Han Shan a vécu.

Un autre texte met en lumière le dépouillement auquel était parvenu l'ermite de la « Montagne froide » :

« Là-haut, du pic qui règne sur la montagne
de tous côtés, l'infini !
de sa loge, à minuit
la lune, solitaire, se répand en un regard
qui se mire à la surface des eaux gelées
frissonnant, je chante à la lune (6). »

Aujourd'hui comme hier, les poèmes de Han Shan exercent une grande fascination sur quiconque s'intéresse au bouddhisme zen et au taoïsme. Cela vaut pour les Européens comme pour les Chinois ou les Japonais – et ce, bien que Han Shan ne fournisse aucune « recette » pour une vie meilleure.

Il arrive que ses pensées paraissent choquantes ou ambiguës. Quoi qu'il en soit, il engage celui qui le lit à trouver sa propre voie pour accéder au Soi.

Le bouddhisme en Occident

Lieux de paix et de méditation

En Occident, le bouddhisme est connu à travers divers courants. On peut visiter temples et lieux de culte bouddhistes, ou méditer et étudier dans plus de cent centres et communautés. Des hommes et des femmes ayant des conceptions du monde et des croyances différentes s'y retrouvent pour pratiquer des exercices et méditer ensemble.

Si le cadre, dominé par les statues en bois ou en bronze du Bouddha, impressionne et crée une atmosphère paisible, la plupart des personnes se réunissant dans ces lieux ne sont pas « croyantes » au sens où on l'entend habituellement – même si elles s'assoient en silence par terre dans la position du lotus, ce qui donne l'idée d'un culte. Certaines se réclament du bouddhisme ; d'autres en revanche ne viennent que pour « déconnecter », ou « enrichir » leur foi – quelle qu'elle soit – ou leur personnalité par ces exercices. Peu importe aux enseignants : le principal est ailleurs, à leurs yeux. On ne devient pas bouddhiste en entrant dans un lieu de culte ni en se faisant baptiser. On s'engage en récitant trois fois la formule d'hommage aux « trois joyaux ». On montre ainsi sa confiance en prenant « refuge » dans l'Éveillé (le Bouddha) qui a su suivre la Voie, dans l'enseignement (le *dharma*) qui est le chemin de la connaissance, et dans la communauté (la *sangha*) qui accompagne et soutient chacun.

Les courants modernes du bouddhisme

La distinction traditionnelle entre « Petit Véhicule », « Grand Véhicule » et « Véhicule de Diamant » est aujourd'hui largement dépassée. On voit coexister les courants suivants, aussi légitimes les uns que les autres : le Theravâda, issu surtout des traditions de la Thaïlande, du Sri Lanka et du Cambodge ; le bouddhisme zen ; l'amidisme (bouddhisme chinois et japonais plaçant le bouddha Amitâbha au centre de sa doctrine) ; le bouddhisme tibétain. Tous possèdent des centres et réunissent quantité d'adeptes, jusque dans les pays occidentaux. C'est toutefois le bouddhisme zen qui est le plus répandu en Occident.

Ci-dessous :
Le centre Lava Viva d'El Golfo sur l'île de Fer (Canaries) n'est qu'un des nombreux centres de méditation en Occident. On trouve aujourd'hui des monastères et des centres bouddhistes dans le monde entier.

Le zen en Occident

L'essor du zen

Les États-Unis découvrirent le zen au début du XXe siècle, suivis par l'Europe. Des érudits japonais notèrent des similitudes entre le zen et la mystique chrétienne du Moyen Âge. Le zen n'est pas lié à une culture précise (bien que les avis divergent quant à l'indépendance du bouddhisme). Trois personnages en particulier contribuèrent à la diffusion en Occident du zen japonais (d'école Sôtô essentiellement).

Suzuki Shunryû (1905-1971) passe pour un pionnier en la matière. Il arriva en 1958 à San Francisco pour servir de prêtre à une petite communauté japonaise. Puis il se mit à enseigner la pratique quotidienne du *zazen* à de petits groupes de personnes, qui l'intégrèrent complètement à leur mode de vie. Son ouvrage *Esprit zen, esprit neuf* renferme toute une série d'entretiens; traduit dans une douzaine de langues, il s'est vendu à plus de un million d'exemplaires.

Un ambassadeur du zen

Taisen Deshimaru (1914-1982) est un autre «passeur» de l'école Sôtô. Arrivé à Paris en 1967, ce moine zen y vivota, s'assurant quelques revenus en proposant des massages shiatsu. Mais il pratiqua surtout le *zazen* et donna rapidement naissance à un groupe de disciples. Peu de temps après, il dirigeait les premiers rassemblements en Provence. Le nombre des participants grandissant, il acheta dans la vallée de la Loire un château, qui fut agrandi et rénové, et où il put bientôt former quatre cents personnes au *zazen*. Grâce notamment à une importante activité d'écrivain, maître Deshimaru bénéficia d'un nombre de disciples croissant en France, en Allemagne et aux Pays-Bas.

Ci-dessus, à gauche : Le bouddhisme zen est très populaire aux États-Unis. Ici, temple Sôtô à San Francisco (Californie).

Ci-dessus, à droite : En 1994, à Paris, une importante exposition permit de faire connaître plus largement le zen japonais. La diffusion du zen ne s'est toutefois pas limitée à la France, mais s'est étendue à toute l'Europe. Il y est aussi connu grâce au Traité du zen et de l'entretien des motocyclettes *de Robert M. Pirsig.*

Ci-dessus : Aujourd'hui, dans le monde entier, quantité d'Occidentaux se rendent eux aussi dans des temples Sôtô. Méditer en marchant n'est qu'une des nombreuses techniques.

Le zen en Europe

Il existe aujourd'hui encore, en France, en Espagne, en Allemagne et aux Pays-Bas, entre autres, des centres suivant la ligne de Taisen Deshimaru, maître zen. De même que Bodhidharma avait diffusé le zen d'Inde en Chine voici mille quatre cents ans, et que Dôgen Zenji l'avait introduit au Japon il y a sept cents ans, maître Deshimaru l'introduisit en Europe.

Dôgen Zenji, esprit brillant du zen Sôtô

Dôgen Zenji (1200–1253) introduisit la tradition Sôtô au Japon. Il y passe aujourd'hui encore pour une grande personnalité religieuse, et toutes les écoles bouddhistes le vénèrent comme un saint et un *bodhisattva*. Dôgen Zenji se rendit en 1223 en Chine, où il reçut l'Illumination profonde et le sceau de la confirmation dans la tradition de l'école Sôtô. En 1227, il retourna au Japon et vécut dix ans à Kyoto, dans deux monastères successifs. Ensuite, il se retira dans un ermitage, au milieu des montagnes. Sa cabane se transforma avec le temps en un grand monastère qu'on appela « Eihei-ji » – ce « monastère de la Paix éternelle » et le Sôji-ji sont les deux principaux de l'école Sôtô au Japon.

Son œuvre principale, le *Shôbôgenzô*, passe pour un des écrits les plus profonds de la littérature zen. Il y fait l'éloge de sa forme de *zazen*, exercice revenant à « oublier corps et esprit ».

Son héritage est perpétué par l'Association zen internationale.

Le troisième enseignant clé en Occident est Fumon Nakagawa (né en 1947). Maître japonais de tradition Sôtô, il œuvre depuis plus de vingt ans en Allemagne, dans un temple à proximité de Munich. Il passe pour l'ambassadeur de l'école Sôtô officielle, c'est-à-dire de l'institution japonaise. Il se distingue surtout par sa connaissance de la culture orientale et sa longue expérience de la culture occidentale.

L'art du *zazen*

Selon Dôgen Zenji, l'essence du *zazen* repose sur la méditation assise (qui donne son nom à l'exercice) et sur la respiration. Pour pratiquer le *zazen*, il est conseillé de s'alimenter modérément, de choisir un lieu paisible et de ne plus se préoccuper des affaires quotidiennes.

On étend sur le sol une épaisse natte et on y place un coussin pas trop épais. Puis on s'assoit sur le coussin en croisant les jambes en position du lotus ou du demi-lotus. La posture du lotus consiste à placer le pied droit sur la cuisse gauche, puis le pied gauche sur la cuisse droite. Pour le demi-lotus, on ne place que le pied gauche sur la cuisse droite. Vêtements et ceinture ne doivent pas serrer.

La pratique du *zazen*

Selon les instructions de Dôgen Zenji, il faut s'asseoir en maintenant sa colonne vertébrale bien droite, le menton rentré et la nuque étirée. Les oreilles dans l'alignement des épaules, le nez à la verticale du nombril, on pousse la terre avec les genoux et le ciel avec le sommet du crâne. La main gauche est posée sur la main droite, paumes vers le ciel, leur tranchant en contact avec l'abdomen. On peut aussi poser les mains, paumes ouvertes, sur les genoux. Les épaules sont relâchées. La pointe de la langue touche le palais, lèvres et dents sont jointes, mais non contractées. Les yeux restent ouverts, mais le regard est posé sur le sol à 1 mètre de distance environ, sans fixer quoi que ce soit en particulier.

Il faut maintenant respirer calmement et naturellement, sur un rythme lent et puissant. Puis on laisse les images et les pensées surgies de l'inconscient passer comme les nuages dans le ciel, sans s'y opposer ni s'y accrocher.

C'est ainsi qu'on libère son esprit de toute pensée ; y parvenirt découle naturellement d'une profonde concentration sur la posture et sur la respiration, permettant le contrôle de l'activité mentale résultant de l'amélioration de la circulation cérébrale.

Ci-dessous :
La méditation zazen *implique de s'asseoir dans la posture du lotus, le dos bien droit. Il est important d'aligner oreilles et épaules, ainsi que nez et nombril.*

Foi et conception du monde
Les cinq *skandhas*

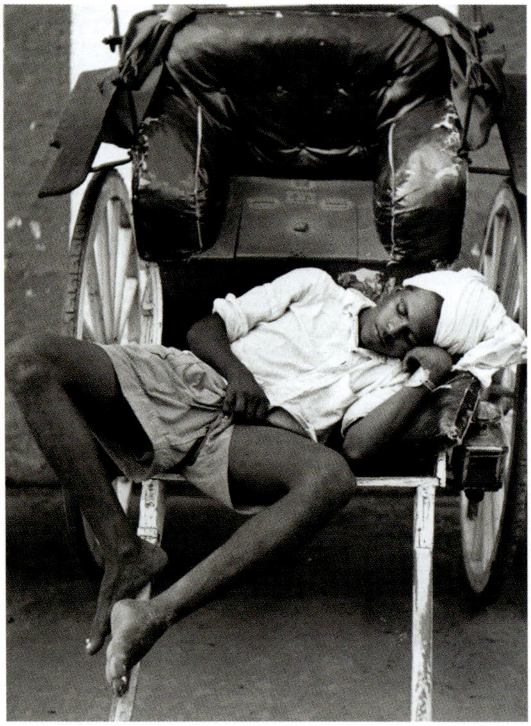

Ci-dessus : L'assoupissement fait partie des facteurs impermanents, car il peut être tant positif que négatif.

Les Quatre Nobles Vérités du Bouddha

Toute existence est douloureuse et insatisfaisante. L'homme est toujours à la recherche de choses qu'il ne peut trouver dans le monde des sens et des expériences. C'est pourquoi tout est souffrance : la naissance, la maladie, la mort, l'union avec ce que l'on n'aime pas, la séparation de ce que l'on aime, la privation de ce que l'on désire et les cinq groupes d'attachement, ou *skandhas*.

Les cinq *skandhas*, essence de la personnalité

Les cinq *skandhas* (d'un mot tibétain signifiant « groupe ») sont des agrégats constituant la personnalité de chacun.

En prenant conscience de l'existence de ses différentes facettes, le bouddhiste travaille à reconnaître que toute représentation qu'il se fait de lui-même n'est qu'illusion. Le Moi n'est pas durable. L'homme (occidental, en particulier) croyant à une véritable unité de sa personnalité, il s'accroche à une certaine image de lui-même.

En acceptant le fait que l'idée d'une unité individuelle et autonome est une simplification, fruit de l'habitude, le bouddhiste, délivré de cette illusion, devient « libre » au sens bouddhiste du terme.

1. L'agrégat de la corporéité *(rûpa)*

Par « corporéité », les bouddhistes entendent toute chose perçue par les organes sensoriels. Ils distinguent les quatre éléments (solide, liquide, chaleur et mouvement) et les cinq sens (visuel, auditif, olfactif, gustatif et tactile) associés à leurs objets de perception (sons, odeurs, goûts, objets pouvant être vus et touchés).

Autre chose est la corporéité de la connaissance (voir « L'agrégat de la connaissance », p. 194).

2. L'agrégat de la perception *(vedanâ)*

La caractéristique marquante des sensations est de pouvoir être vécues ou éprouvées.

Le bouddhisme recense trois catégories de sensations : douloureuses, agréables et neutres. Elles se rapportent soit au corps, soit à l'esprit. Ainsi, la méditation engendre différentes formations mentales.

Le courage, la joie et la compassion sont des sentiments qualifiés d'absolus, car ils relèvent de la nature de l'esprit. Tous les autres sont relatifs, puisqu'ils sont le fruit de conditions variables.

3. L'agrégat de la conscience *(sannâ)*

L'accent est mis sur ce *skandha* en particulier, car la perception de l'évolution des conceptions ou des visions du monde est primordiale.

On dénombre deux types de perception, selon qu'on ne peut désigner une chose, ou que l'on peut la nommer et porter un jugement moral sur elle.

4. L'agrégat des créations psychiques *(samskâra)*

Il s'agit de six groupes, que l'on peut encore subdiviser : on qualifie de «phénomènes mentaux» tous les états d'esprit positifs, négatifs ou impermanents. On dénombre :

- cinq facteurs omniprésents accompagnant chaque concept, dont l'intention ou le contact ;
- cinq facteurs aiguillant l'esprit vers des objets précis, tels intérêt, attention ou concentration ;
- onze facteurs positifs, tels le respect de soi, la confiance ou la considération envers autrui ;
- six émotions malsaines de base, par exemple l'ignorance, la colère ou l'arrogance ;
- vingt émotions malsaines dérivées, comme le manque de discernement ou le ressentiment ;
- quatre facteurs impermanents pouvant être positifs ou négatifs, comme l'assoupissement ou le souci.

Soit quarante-sept facteurs en tout (dans le Theravâda, contre cinquante et un dans le Mahâyâna), que l'on peut subdiviser à leur tour.

À gauche :
Le feu (la chaleur) est un des quatre éléments de l'agrégat de la corporéité.

Ci-dessous :
Les bouddhistes se livrent souvent à la méditation pour se concentrer sur les sentiments qu'ils éprouvent. La plupart de ceux-ci sont relatifs, car soumis à différentes conditions.

Ci-dessus :
Représentation du samsâra, *la chaîne sans fin des existences et ses diverses possibilités de réincarnation. Seul celui qui accède à la délivrance peut échapper au cycle des renaissances.*

Le « chemin octuple »

1. Compréhension parfaite : le monde et le Moi ne sont qu'illusion.
2. Pensée parfaite : je suis tolérant et bienveillant envers tout être vivant.
3. Parole parfaite : j'évite mensonge, bavardage et médisance.
4. Action parfaite : j'évite les actions portant atteinte aux bonnes mœurs.
5. Moyens d'existence parfaits : j'évite toute profession pouvant nuire à d'autres êtres vivants.
6. Effort parfait : je développe en moi ce qui est sain et j'évite ce qui est malsain.
7. Attention parfaite : je prends conscience des activités du corps et de l'esprit.
8. Concentration parfaite : je médite afin d'accéder à la délivrance.

Si l'on considère les sept premières divisions de ce Sentier comme le fondement intellectuel et moral de l'enseignement du Bouddha, la huitième en est le point culminant. Quant à la concentration parfaite, elle n'est, toujours selon le Bouddha, qu'un radeau permettant d'atteindre l'autre rive, la Vacuité.

5. L'agrégat de la connaissance *(vijñâna)*

I. On distingue ici les aspects matériels de la connaissance (homme, femme, maison) de ceux qui sont plutôt abstraits (âme, amour, haine). C'est toujours la conscience qui perçoit les objets, les définit et les reconnaît comme réels ou non. Dans le Theravâda, et en partie dans le Mahâyâna, la connaissance regroupe les six catégories de la conscience : visuelle, auditive, olfactive, gustative, tactile et mentale.

II. Le désir est source de toute souffrance. L'homme a « soif » de plaisirs sensuels et de se « réaliser ». Cette recherche incessante enchaîne les êtres humains au cycle des existences, le *samsâra* (Roue de la Vie et de la Mort).

III. Sans désir, plus de souffrance. Fin du monde phénoménal.

IV. Le « chemin octuple » est le moyen pour y parvenir.

Le cycle des renaissances

Les concepts centraux du bouddhisme sont le *samsâra*, le *karma*, la *mâyâ* et le *dharma*.

Le *samsâra* est la chaîne sans fin des existences : par leur décès et leur renaissance, les êtres humains de ce monde changent d'apparence. La « mort » en tant que telle n'existe pas dans le bouddhisme. Il s'agit plutôt d'une transformation, car, avec chaque décès, la vie adopte une nouvelle forme d'existence.

Le *karma* fait partie du cours de la vie. Ce qui reste inachevé dans cette vie contraint à la

Les « véhicules » du bouddhisme

Le bouddhisme est le « véhicule » *(yâna)* qui, de façon figurée, « conduit » au *nirvâna* par-delà la mer de la souffrance. Au fil du temps, on vit se développer bien des courants au sein du bouddhisme – Hînayâna ou « Petit Véhicule », Mahâyâna ou « Grand Véhicule », Vajrayâna ou « Véhicule de Diamant », Tantrayâna ou « Véhicule des tantras ». Cette évolution est nette d'un point de vue historique : la première phase correspondit à la diffusion du bouddhisme theravâda; la deuxième phase vit apparaître le Mahâyâna, qui se propagea en Asie. Le Hînayâna apparut durant la troisième phase. La quatrième permit au bouddhisme de faire son entrée au Tibet en tant que Vajrayâna, lequel allait donner naissance au bouddhisme tibétain.

renaissance. Les bonnes actions entraînent une meilleure renaissance que les mauvaises. Seul celui qui atteint la délivrance échappe au *samsâra* et au cycle des renaissances. Il accède alors au *nirvâna,* lieu caractérisé par la paix et la lucidité absolues. Le *nirvâna* est un état d'apesanteur, à la fois extinction et plénitude.

La *mâyâ* est tromperie et illusion ; c'est le voile qui empêche de percevoir la réalité et l'unité de l'univers. C'est à l'homme de le déchirer et de prendre conscience des apparences trompeuses du monde.

Le Bouddha s'est abstenu d'évoquer Dieu pour enseigner le *dharma,* la vérité universelle. Celui dont le *karma* est en accord avec le *dharma* atteint le *nirvâna.*

Ci-dessus :
Par « désir », le bouddhiste n'entend pas au premier chef l'appétit sexuel, mais l'envie de vivre en épuisant toutes les possibilités de plaisir offertes par ses sens.

Ci-dessous :
D'après la croyance bouddhiste, toute action de l'homme entraîne des conséquences qui ne sont pas forcément directes, et peuvent ne survenir que dans la vie suivante. Ces figurines sont censées favoriser un bon karma.

Les écrits sacrés du bouddhisme

Les sutras

C'est sans doute au Ier siècle avant notre ère que le Theravâda, ou «doctrine des Anciens», établit un canon d'écrits sacrés en pâli. Ce *Tripitaka* (mot signifiant littéralement «triple corbeille») comporte trois parties.

En premier lieu, le *Sûtra-Pitaka* rassemble les sermons attribués au Bouddha, ou *sûtras* en sanskrit («fil conducteur» liant les textes les uns aux autres).

Le sutra du Lotus, très populaire, est l'un des principaux écrits du Mahâyâna. Il repose sur des traditions qui virent le jour en Inde, voici plus de deux mille ans. Son but est d'offrir le salut à tous – quel que soit le statut social. Liberté intérieure et foi inébranlable en la puissance rédemptrice du Bouddha transparaissent dans ce texte, qui comprend vingt-huit chapitres. Le Bouddha est présenté dans ce sutra comme l'incarnation de l'ordre cosmique, du *dharma* éternel. Sa présence sur Terre a pour objet de faire profiter de ses bienfaits tous ceux qui souffrent.

Ci-dessous :
Le Vinaya-Pitaka *est consacré aux règles de discipline monastique édictées par le Bouddha. D'autres écrits, comme l'*Abhidharma-Pitaka*, renferment commentaires et essais sur des principes et des commandements bouddhiques.*

Les fêtes bouddhistes

L'année bouddhiste suit le calendrier lunaire, selon lequel les mois comptent 29 ou 30 jours. En février se tiennent des processions lumineuses marquant le souvenir du premier sermon du Bouddha. Plus importante encore est la manifestation commémorant sa naissance, son Illumination et son extinction dans le *nirvâna*. Elle a lieu au mois de mai, à la pleine lune. En octobre, les moines fêtent la fin du jeûne. En novembre est organisée à nouveau une grande fête des Lumières, à la pleine lune. Chaque pays célèbre en outre des fêtes plus modestes en l'honneur d'écrits sacrés, de rituels ou de reliques.

Les deux autres corbeilles

Le *Vinaya-Pitaka,* deuxième «corbeille» du *Tripitaka,* énonce les règles de vie des moines et des nonnes.

La troisième «corbeille», ou *Abhidharma-Pitaka,* rassemblant divers commentaires et essais savants sur des postulats et des commandements, représente ainsi la doctrine bouddhiste pure.

Ultérieurement, les écrits de grands prêtres chinois et japonais furent aussi intégrés dans le canon bouddhiste. Sont également parvenus jusqu'à nous nombre de textes sanskrits ainsi que les *sastras,* qui reprennent les commentaires et exposés de différents auteurs, et également les *Jâtaka,* «histoires de naissance» dépeignant avec une grande imagination les existences antérieures du Bouddha.

Les stupas

Après sa mort, le Bouddha fut incinéré, et ses cendres ont été réparties entre différents princes, qui firent dresser des stupas pour abriter les reliques du fondateur du bouddhisme.

On rencontre ces monuments funéraires en forme de dôme principalement en Inde et

dans d'autres pays de l'Asie méridionale ; ils servent à perpétuer le souvenir de l'Éveillé et offrent aux croyants un lieu où se rassembler. Des sermons, des écrits sacrés mais aussi des scènes de la vie du Bouddha ornent l'intérieur des lieux de culte bouddhistes.

Le reliquaire abritant les restes de l'Éveillé est toujours placé dans un hémisphère. Les bouddhistes contournent les stupas de droite à gauche. Le plus grand de ces monuments se dresse à Borobudur, en Indonésie (bien que la majorité de la population de ce pays soit musulmane). En Corée, en Chine, en Thaïlande, au Sri Lanka, en Birmanie et au Japon, on bâtit plutôt des pagodes. Leurs toitures typiques en forme de parapluie sont étagées et leur nombre est toujours impair. Chaque étage représente un pas vers la perfection, le degré le plus haut étant symbolisé par la pointe de la pagode, coiffée d'une boule.

Ci-dessus :
Les stupas sont des monuments funéraires en forme de dôme. On en voit surtout en Inde et dans d'autres pays de l'Asie méridionale. Ils perpétuent le souvenir de l'Éveillé et constituent, comme ici en Birmanie, un lieu de rassemblement pour les croyants.

Moulins à prières et drapeaux

Les moulins à prières bouddhistes sont formés d'un cylindre contenant un rouleau de papier sur lequel sont inscrits des textes sacrés. Ces cylindres, présents dans les monastères, sont actionnés au passage par les croyants, afin que les prières prennent vie. On trouve également des moulins si grands qu'ils sont abrités dans un bâtiment à part. Sur les drapeaux de prières sont représentés mantras et autres maximes. Le vent qui les fait claquer est censé emporter les messages aux quatre coins du ciel.

Les moulins à prières sont des objets de culte présents dans les monastères bouddhistes ; on les fait tourner tout en priant.

Mort, au-delà et renaissances

Ci-dessus :
Cet enfant, élevé dans le monastère de Sonada, au Tibet, est considéré comme la réincarnation de Kalou Rimpoche. Ce maître a choisi de renaître pour aider les hommes à se détacher de ce monde.

Une conception différente de l'hindouisme

En Inde, il existait et existe toujours des représentations détaillées de ce qu'il advient de l'âme au moment de la mort. Sa dernière heure arrivée, l'individu doit s'efforcer de méditer en se concentrant exclusivement sur Vishnou. Grâce à ce détachement du monde extérieur, il parvient à l'union avec le dieu. Il ne reste alors plus de lui qu'une âme, qui se fond entièrement avec Vishnou.

Le Bouddha historique a sans doute connu lui aussi cette conception religieuse. Selon son enseignement originel, on échappe au cycle des renaissances par la délivrance et l'accès au *nirvâna.*

Mais ce qui attend, tout à la fin, celui qui a satisfait à ces conditions et reçoit ainsi la nature de bouddha, reste encore largement abstrait... Après avoir réalisé l'abolition de tout désir et de tout attachement, qui entraîne l'extinction de la souffrance, l'homme accède au plus haut degré du Sentier surnaturel : son esprit est totalement libéré grâce à la connaissance parfaite.

À la différence de l'hindouisme, le bouddhisme originel n'envisage pas que l'âme survive à la mort. Ce que l'on appelle en Occident « âme », « Moi » ou « personnalité » n'existe pas pour lui. Cette idée troublait déjà les hommes du vivant du Bouddha. Comment l'âme peut-elle renaître si elle ne surmonte pas la mort?

La réponse du Bouddha ôte toute illusion : il n'y a pas de métempsycose. C'est l'existence précédente qui conditionne l'existence suivante. Elle fournit une impulsion impersonnelle qui fait avancer la « Roue » du *samsâra.*

Le savoir secret du *Livre des morts tibétain*

Dans la conception bouddhiste, outre la Roue de la Vie et de la Mort, on trouve la Roue de la Renaissance. Le but de la foi est de rompre le cycle du devenir. Le recueil de textes tantriques le plus célèbre – le *Bardo Thödol,* plus connu comme le *Livre des morts tibétain* – décrit dans le détail ce que traverse l'âme à l'heure du décès, après celui-ci et lors de la renaissance.

Mais d'où vient ce savoir sur l'après-mort? Les Tibétains sont convaincus que quelques-uns sont parvenus à garder en mémoire les processus ayant eu lieu après leur décès; ces souvenirs ont servi de base au *Bardo Thödol.*

Le thème central en est par conséquent la peur de la mort et l'incapacité de l'homme à reconnaître comme telles les projections de son subconscient – projections prenant corps dans l'état suivant son décès. Le *Livre des morts tibétain* accompagne ainsi le défunt dès l'instant de sa mort, jusqu'à sa renaissance.

Temps écoulé entre deux existences

L'état intermédiaire entre mort et renaissance, appelé *bardo,* est un processus de quarante-neuf jours qui débute lorsqu'un lama ou un ami cher de l'agonisant ou du défunt lui souffle à l'oreille le texte suivant :

«Noble fils, voici pour toi le moment de chercher une voie, car la lumière fondamentale qui apparaît lors du premier état intermédiaire va poindre. Ton gourou t'avait déjà montré cette lumière, la Vérité en Soi vide et nue, comme l'espace sans limites. Voici le moment de la reconnaître (7).»

Le bouddhisme tibétain a abandonné le concept du Bouddha selon lequel l'âme périt au moment de la mort.

L'âme du dalaï-lama défunt s'incarne aussitôt dans un nouveau dalaï-lama. Et l'on trouve ce dernier en montrant au nourrisson ou au jeune enfant (que désignent des signes) des objets ayant appartenu à l'ancien dalaï-lama, au milieu d'autres. La croyance tibétaine part du principe que le nouveau-né se rappelle sa vie antérieure. Il doit donc reconnaître ce qu'il a autrefois possédé. Si le jeune enfant s'empare d'un de ces objets qu'on lui présente, son geste sera considéré par les prêtres recherchant le dalaï-lama réincarné comme un premier indice d'importance.

Les bonnes actions sont récompensées

Si le défunt a réalisé beaucoup de bonnes actions au cours de sa vie, il est assez bien

À gauche :
Le Livre des morts tibétain, *recueil de textes tantriques, décrit l'agonie, la mort et la renaissance des êtres vivants.*

Ci-dessous :
Ce moine tibétain chante des prières et fait sonner une petite cloche. Il exécute le fameux rituel de quarante-neuf jours, décrit de façon détaillée (comme bien d'autres) dans le Livre des morts tibétain *et pratiqué de la sorte depuis des siècles.*

Ci-dessus :
Cette fresque montre deux hommes contraints de manger du charbon incandescent dans l'au-delà. C'est leur punition pour avoir commis de mauvaises actions au cours de leur vie.

armé. Les mauvaises actions, en revanche, risquent de le précipiter dans l'enfer de l'ignorance.

C'est pourquoi le lama tente de lui venir en aide en intervenant à son chevet. Les appels du défunt ne peuvent être entendus de sa famille. Il constate, déconcerté, qu'il possède un second corps, tel un voile, qui le sépare du monde qu'il connaissait, et que lui seul peut voir. Le désespoir s'empare de lui, et le lama cherche à l'apaiser :

« Le temps s'est longuement écoulé depuis que tu erres dans le *bardo* de la Vérité en Soi. Voilà pourquoi tu es si malheureux. C'est la souffrance de l'état intermédiaire du devenir. Aussi longtemps que tu seras à la recherche d'un corps, tu ne connaîtras que la souffrance. N'en fais donc rien et au lieu d'aspirer à retrouver un corps, demeure sans distraction dans le non-agir (7). »

Mais ces paroles ne sont d'aucun réconfort au défunt, qui se montre de plus en plus désespéré. Des divinités pacifiques et furieuses lui apparaissent. Beaucoup se mettent à le tourmenter, si bien qu'il essaie de s'enfuir, sans y parvenir.

Lorsque Yama, le dieu des Morts, lui demande s'il était un homme bon ou mauvais, il ment – et aussitôt, les furies lui tranchent la gorge, sortent son cœur et ses entrailles, aspirent sa cervelle et boivent son sang.

Karma neutre et *loka*

Il existe toutefois des individus dont le *karma* est neutre, car leurs actions bonnes et mauvaises s'équilibrent, et dont le *bardo* (« état intermédiaire ») s'avère « incolore ». Mais tous les défunts ont un point commun : lorsque prend fin le *bardo,* l'âme revêt la couleur du *loka* (« monde ») dans lequel elle renaît. Il n'est toutefois pas en son pouvoir de choisir de revenir sur Terre en tant qu'homme ou en tant qu'animal. Seul son *karma* le déterminera.

Le deuil

Selon la coutume bouddhiste, le « deuil » dure pour les proches sept fois sept semaines, soit quarante-neuf jours. C'est le temps qu'il faut à l'âme du défunt pour voyager jusque dans l'au-delà, temps pendant lequel il peut avoir besoin d'un soutien spirituel. C'est en particulier à la fin de chaque semaine que se déroulent les cérémonies bouddhistes, et les funérailles ne font pas exception à la règle. Les vêtements de deuil sont aujourd'hui noirs, alors qu'ils étaient auparavant blancs. À intervalles réguliers – au bout d'un, trois, sept ou treize ans – se tiennent des célébrations à la mémoire du défunt. Après cela, on considère (tout au moins au Japon) que son âme est définitivement entrée dans l'au-delà.

La terrible situation du défunt

La situation du défunt est terrible, parce qu'il tient pour réel tout ce qu'il voit. S'il se tournait aussitôt vers la « Claire Lumière », il serait délivré. Il déchirerait le voile de la *mâyâ* et accéderait au *nirvâna* en comprenant que toutes les visions qui l'assaillent ne sont que les ombres de sa conscience imparfaite. Mais, en règle générale, il se laisse impressionner par l'apparition de personnages terrifiants, et ses propres peurs et souffrances le détournent de la « Claire Lumière » et l'entraînent au plus profond des ténèbres. Cette réaction lui sera fatale.

Les rites funéraires bouddhistes

Les défunts sont incinérés, car le corps doit être entièrement détruit. Les cendres seront soit dispersées dans un fleuve ou dans la mer, soit conservées, comme ce fut le cas pour Siddharta Gautama, le Bouddha.

En Chine, en Corée et au Japon, les funérailles comptent parmi les principales cérémonies bouddhistes. Après la crémation, les cendres du défunt sont placées dans le caveau familial. On récite des sutras; les cérémonies funèbres peuvent durer des jours et des jours.

Le bouddhiste se prépare toute sa vie à la mort et au *bardo*. La façon dont il agira après son décès aura des répercussions sur sa renaissance.

De même, les différents états de l'au-delà résultent du *karma* accumulé au cours des existences antérieures.

Le *Livre des morts tibétain* décrit les comportements possibles du défunt. S'il reconnaît les démons et les anges qui le menacent ou l'accueillent comme des créations de sa propre conscience, il pourra même accéder à la délivrance.

Ci-dessus : Après l'incinération, les cendres du défunt sont dispersées ou – comme ici – placées dans un tombeau familial, au cimetière.

Ci-dessous : La croyance veut que l'incinération permette à l'âme de quitter totalement le corps. On évite ainsi qu'elle ne reste à jamais prisonnière du monde terrestre.

Vivre dans la foi bouddhiste
La pratique religieuse dans un monastère tibétain

La vie monastique

Le Bouddha lui-même conseillait à ses disciples d'être «sans domicile», de parcourir le pays en tant que moines mendiants. Après la mort de l'Éveillé, on vit très vite apparaître des monastères. L'école Gelugpa (qui est aussi celle du dalaï-lama) est le principal ordre tibétain.

Le déroulement d'une journée y est représentatif des monastères tibétains. Chaque jour sont répétés des actes cultuels que les moines accomplissent ensemble dans la salle d'assemblée, comme la récitation à l'aube de liturgies et les actes rituels correspondants. Vient ensuite la méditation sur un *mandala* précis, représentant une divinité. Les moines visualisent la divinité en question et se fondent en elle par la pensée, afin d'accéder à la vraie Réalité, au-delà de la *mâyâ*.

L'interprétation des textes

L'abbé (*mkhan po* en tibétain) lit souvent, lors d'un autre rassemblement, un texte qu'il interprète ensuite en s'adressant plus particulièrement aux nouveaux moines, moins instruits.

Le repas de midi pris en commun, la lecture et l'étude en solitaire, dans les cellules, font aussi partie de la journée monastique. Le soir,

Les femmes et la vie monastique

Le bouddhisme s'offre à tous ceux qui cherchent la délivrance. Dans le Vajrayâna, qui donna naissance au bouddhisme tibétain, le sexe revêt une autre importance que dans le bouddhisme originel. Assez tôt, des femmes se sont révélées de grands «maîtres» du bouddhisme vajrayâna/tantrique. En revanche, il n'y avait (et n'y a) que très peu de nonnes au Tibet. Chaque couvent dépend toujours d'un monastère, et c'est l'abbé qui détient l'autorité. Tout cela reflète bien la nature de la société tibétaine, fortement imprégnée par le patriarcat.

À droite :
Le monastère de Thiksey (ordre Gelugpa), vieux de six cents ans, abrite dix temples répartis sur douze niveaux.

Page ci-contre :
Les monastères bouddhistes sont soumis à l'autorité d'un abbé. Malgré l'évolution des siècles derniers, les Tibétains ont du mal à favoriser l'émancipation de la femme dans ce domaine.

diverses divinités protectrices sont invoquées, à moins que l'on n'honore les défunts par la prière.

L'école Gelugpa accorde moins de valeur à la liturgie qu'à l'érudition, insistant sur l'étude intensive et l'analyse très approfondie des écrits sacrés pour nourrir la méditation.

À ce «programme» s'ajoutent l'astrologie et l'astronomie, la médecine et la calligraphie.

Le *dharma*

Le bouddhisme enseigne qu'il n'existe ni corps ni âme qui survive à la mort et préserve éternellement la personnalité de son «propriétaire» (le Moi individuel). Chaque être vivant n'est pas davantage l'œuvre d'un Créateur ou d'une cause profonde et impersonnelle de l'Univers; il ne voit le jour que grâce au *dharma* – ensemble de forces motrices qui produisent tout et qu'il est impossible de définir plus précisément.

Il est important de saisir que ce «moteur» crée le *karma* qui déterminera la renaissance d'un individu, sur la base de ses actions bonnes et mauvaises.

Tant que l'homme ne comprendra pas que tout est éphémère, sans substance et douloureux, il ne pourra se libérer du cycle du devenir.

Pour y remédier, il lui faut emprunter le «chemin octuple» qui mène à la disparition des sources de souffrance. La convoitise, la haine et l'aveuglement doivent être surmontés.

À l'origine, le Bouddha ne destinait cette voie de délivrance qu'aux moines itinérants (c'est-à-dire à ceux qui avaient renoncé à la société); plus tard, elle s'étendit à l'ensemble des moines.

À droite :
Outre l'étude des textes sacrés, l'ordre Gelugpa met l'accent sur l'art de la calligraphie.

Ci-dessus :
La méditation, la prière et la discussion sur les manifestations du monde sont traitées différemment selon les monastères. Les uns insistent sur la méditation profonde ; les autres, sur le débat contradictoire mené avec intelligence.

Shûnyatâ – la Vacuité

La Vacuité, ou *shûnyatâ,* est le concept central du bouddhisme. Exister et devenir sont interdépendants, car tout n'est qu'apparence et qu'il n'est rien en dehors de la Vacuité.

Exister et devenir sont bien présents, comme l'individu peut le constater péniblement ou voluptueusement chaque jour, mais seule la *shûnyatâ* porte toutes choses et tous phénomènes.

Quant à ce qui constitue la Vacuité, on dénombre plusieurs écoles. Le bouddhisme tibétain part du postulat suivant : les non-bouddhistes considèrent le monde et tout ce qu'il renferme comme réels; ils ne comprennent pas que seul le *karma* produit le monde. La *shûnyatâ,* en revanche, est la Réalité suprême. Aucun mot n'est en mesure de traduire sa nature, et on ne peut la percevoir qu'intuitivement. Celui qui y parvient a la brusque révélation que l'Univers et lui-même n'existent pas.

Ni Moi, ni monde – juste la conscience

Différentes techniques aident les moines à identifier les dépendances à l'origine du monde phénoménal. Elles entraînent également leur intellect à reconnaître chaque argument et chaque explication comme contradictoire. Rien n'est assuré. Le contraire d'une chose que l'on peut supposer certaine est toujours possible. Seule la conscience est jugée réelle. Le Moi, la personnalité, les choses qui nous entourent sont sa création. Produit de la conscience, le Moi est dépendant de la vie, du succès, des richesses, de la santé… ainsi que des expériences psychiques que vit le Moi, et qui le trompent en lui faisant croire qu'elles sont réelles. Ainsi, lorsqu'on est amoureux, notre conscience nous fait miroiter une chose qui n'existe pas réellement. En se libérant de ces illusions, on se «réveille» et on comprend l'imbécile qu'on a été. Il en va ainsi pour tous, selon le Bouddha.

La dangereuse pratique du Chöd

Les rites du Chöd, originaires des monastères du Tibet et décrits dans la littérature magique locale, furent pratiqués par Alexandra David-Neel (1868-1969) elle-même, au début du XXe siècle. L'intrépide exploratrice française s'est particulièrement intéressée à l'occultisme tibétain durant son séjour de quatorze ans au Tibet.

La pratique du Chöd implique littéralement de se «couper» des représentations erronées du Moi. Elle sert en outre à se libérer de ses angoisses ainsi qu'à développer de la compassion envers toute créature – y compris les démons. Ces derniers sont invoqués, tandis que le yogi se représente le dépeçage de son propre corps, dont il fait offrande aux démons. Il visualise d'abord son enveloppe charnelle comme grasse et hideuse ; c'est un crochet auquel pendent toutes les convoitises. Puis il «voit» la déesse de la Sagesse lui trancher la tête et hacher le reste de son corps en menus morceaux.

La méditation profonde

Les rites du Chöd exigent de s'absorber dans une profonde méditation. Lors de la visualisation suivante, les morceaux du corps sont jetés dans la boîte crânienne, que l'on pose sur le feu telle une petite marmite. L'incroyable lumière astrale qui se dégage de ce sacrifice attire les esprits et les démons les plus divers. Ce rituel exige une discipline extrême et s'exécute surtout dans les cimetières et sur les sépultures. Il passe pour une pratique magique dangereuse – mal réalisé, il peut entraîner de graves troubles psychiques.

À gauche :
Au milieu des années 1930, Alexandra David-Neel explora de son propre chef et avec grande audace le monde religieux tibétain. Elle écrivit de nombreux livres sur son expérience de première femme blanche au Tibet.

Ci-dessous :
L'étude des tankas et des écrits sacrés est indispensable pour découvrir la shûnyatâ, *objectif essentiel du bouddhisme. La* shûnyatâ *est la Réalité suprême que cachent toutes les choses, toutes les manifestations du monde.*

Ci-dessus :
Depuis 1999, les femmes du monde entier peuvent vivre en tant que nonnes bouddhistes dans un monastère sri lankais. Elles doivent toutefois se familiariser auparavant de façon approfondie avec la doctrine bouddhiste.

« Entrée libre » au monastère

Dans certains pays bouddhistes, il est possible aujourd'hui de séjourner un certain temps dans un monastère. Ce séjour n'est toutefois comparable qu'à certains égards à une retraite comme d'aucuns la pratiquent dans un monastère chrétien, en Occident.

En Birmanie, par exemple, de jeunes garçons âgés de dix à quatorze ans troquent jeans et t-shirt contre la robe rouge des moines, se font raser le crâne et passent un temps prolongé dans un monastère, sans leurs parents. Ils n'ont aucune obligation de suivre les règles de l'ordre et peuvent à tout moment quitter la communauté. Ce séjour constitue une expérience qui les guidera dans leur avenir : ils font la découverte de la simplicité de la vie monacale et de la recherche de la Vérité, au-delà de l'ordre social.

Nombre d'adultes passent eux aussi, plusieurs fois au cours de leur vie, quelques semaines dans un monastère. Ils sont motivés par la méditation, les chants et la retraite du monde, qui favorisent la réflexion sur le Moi. Ils tentent de trouver un équilibre entre vie quotidienne et expérience spirituelle, tout en approfondissant leur savoir sur l'aspect philosophique du bouddhisme.

Un ordre de nonnes theravâda au Sri Lanka

L'opportunité offerte par le Bouddha aux femmes d'entrer dans les ordres prit fin au Sri Lanka voici mille ans, après une campagne d'anéantissement menée par des conquérants tamouls venus d'Inde.

Le Bouddha enseignant que rien n'est éternel ni immuable, nombre de femmes bouddhistes (mais aussi de moines) d'Asie tentent, depuis des siècles, de réintroduire dans leurs traditions et leurs pays respectifs l'ordination complète des nonnes. Elles semblent y être parvenues au Sri Lanka, pays dont le *dharma* est particulièrement attaché à la tradition et conservateur. Depuis mars 1999 – et l'ordination complète *(upasampadâ)*, par un groupe de hauts moines locaux, dans le célèbre Raja Maha Vihara, de vingt nonnes qui durent accepter les dix *shîlas* (règles éthiques) –, les femmes du monde entier ont à nouveau la possibilité de vivre et d'œuvrer comme nonnes dans la foi theravâda.

Le Raja Maha Vihara, à proximité de la capitale, Colombo, constitue le temple bouddhiste le plus sacré du pays. La légende veut que le Bouddha lui-même ait jadis visité ce complexe de grottes.

Un tabou tombe

Depuis cette récente ordination, plus rien n'empêche la création d'autres ordres. Une des trois grandes traditions monastiques du Sri Lanka, la congrégation d'Amarapura Nikaya, soutient désormais l'ordination complète des femmes. La population accepte cette «évolution», car les nonnes jouissent depuis longtemps d'une excellente réputation.

Trois ans plus tôt, Bhikkunî Kusuma, une très populaire animatrice de radio et maître de conférences, devenait la première nonne bouddhiste du Sri Lanka. La nouvelle de son ordination en 1996 a ému tout le pays et provoqué un tournant décisif dans les mentalités en faisant tomber un tabou.

À gauche :
Les moines modernes possèdent eux aussi un téléphone portable, surtout lorsqu'ils se sont placés sous la protection d'un monastère pour un temps donné.

Ci-dessous :
Les nonnes bouddhistes ont la tête rasée, car, en se défaisant de sa chevelure – ou en la cachant sous une coiffe, comme cela se pratiquait naguère dans le christianisme –, la femme manifeste son renoncement total aux vanités du monde.

LE JUDAÏSME

5

Origines et histoire du judaïsme
Le judaïsme, première religion monothéiste révélée

Ci-dessus :
En se montrant disposé à sacrifier son fils Isaac, Abraham, l'ancêtre des Israélites, renforça la foi des juifs dans l'Alliance entre le genre humain et son Créateur.

La foi juive

Le judaïsme est une religion monothéiste vieille de plus de trois mille ans. Elle a pour fondement l'Alliance éternelle que Dieu scella avec le peuple qu'il avait élu, en lui remettant les tables de la Loi.

Outre les Dix Commandements (le Décalogue) gravés dans ces tablettes de pierre, les adeptes de cette foi doivent respecter des rituels, règles et prescriptions découlant avant tout du Tanakh (la Bible hébraïque), ainsi que d'un ensemble des traditions, orales à l'origine. Le mot «Tanakh» est l'acronyme de Torah, Nevihim et Ketouvim, les trois groupes de textes le constituant. La Torah correspond au sens strict aux cinq livres de Moïse et désigne par extension l'ensemble des textes sacrés du judaïsme (voir pages 228-229).

Le judaïsme est une religion messianique : ses fidèles attendent la venue d'un messie qui fera de l'humanité entière un peuple sanctifié par Dieu. Selon l'Ancien Testament, Israël est ce peuple élu qui appelle tous les hommes à s'allier dans la foi. En attendant l'avènement de Dieu, les juifs croyants s'efforcent de respecter les commandements et de se sanctifier dans leur vie quotidienne pour l'amour de Dieu.

Le premier patriarche

Les adeptes du judaïsme voient dans Abraham à la fois le fondateur de la foi juive et l'ancêtre des tribus d'Israël. Aussi lui donne-t-on souvent le nom de «patriarche», dont on gratifie aussi son fils Isaac et son petit-fils Jacob. C'est sous le nom d'Ibrahim qu'il joua aussi un rôle clé dans l'islam, en construisant la Kaba avec le concours de son fils Ismaël.

Selon les récits bibliques, Abraham quitta au IIe siècle av. J.-C. sa ville natale d'Our, en Chaldée (sur le territoire de l'actuel Iraq), et parcourut le désert d'Arabie jusqu'à la Terre promise par Dieu, le pays de Canaan. Il avait rejeté le polythéisme de sa tribu et croyait au seul vrai Dieu, le Créateur de l'Univers, qu'il ne pouvait trouver qu'au pays de Canaan.

Abraham, Isaac, Jacob et Joseph

Abraham emmena donc sa tribu et ses troupeaux, en quête permanente de pâturages, à travers le pays de Canaan.

Dieu avait promis à Abraham une nombreuse descendance. Or, c'est seulement à un âge avancé que son épouse Sara lui donna un fils, qu'il appela Isaac. Il chassa alors dans le désert sa servante Agar ainsi qu'Ismaël, le fils

Joseph, l'oniromancien

Jacob, fils d'Isaac, eut douze fils. L'un d'eux, Joseph, fut vendu par ses frères à des marchands qui se rendaient en Égypte. Après diverses péripéties, Joseph fut jeté dans les geôles du pharaon. Comme ce prisonnier avait le don d'interpréter les songes, le souverain lui soumit un rêve. Joseph lui prédit alors que l'Égypte connaîtrait sept années de récoltes abondantes, suivies par sept années de famine. Les douze fils de Jacob sont considérés comme les ancêtres des tribus d'Israël. Le nom d'Israël (« Celui qui lutte avec Dieu ») est à l'origine le surnom donné à Jacob par l'ange de Dieu qu'il avait combattu.

Ci-dessus :
Après que sa femme Sara lui eut donné un fils, Isaac, Abraham chassa dans le désert son fils aîné, Ismaël, et sa mère, Agar.

qu'il avait eu avec cette dernière, tandis qu'il confiait à Isaac un rôle majeur dans la foi juive.

Lorsque Dieu exigea d'Abraham le sacrifice d'Isaac, le seul fils qui lui restait, Abraham n'hésita pas. Cette preuve d'obéissance suffit à Dieu, qui arrêta la main d'Abraham juste avant qu'elle n'ôte la vie au garçon. Abraham sacrifia en fin de compte un bélier en lieu et place de l'enfant.

À la mort de sa femme, Sara, Abraham fit l'acquisition de la caverne de Macpéla, dans laquelle il ensevelit la défunte. Le « tombeau des Patriarches », où selon la tradition Abraham et Isaac reposeraient également, est depuis cette époque un lieu saint du judaïsme. À l'heure actuelle, une mosquée (édifice voué au culte musulman) s'élève à l'emplacement probable de la caverne, à Hébron.

À gauche :
Juif se recueillant sur le tombeau des Patriarches à Hébron, dans lequel reposent Abraham, son épouse Sara et leur fils Isaac. Cet endroit est un lieu saint tant pour les juifs que pour les musulmans.

La sortie d'Égypte

Ci-dessous :
La représentation fréquente de Moïse avec des cornes, comme ici sur cette sculpture de Michel-Ange, résulte d'une confusion entre les mots hébreux keren *(rayon de soleil) et* karnaïm *(corne). Cette erreur de traduction fut corrigée par la suite.*

Le retour à la Terre promise

Les souffrances des Hébreux commencèrent vraisemblablement sous le pharaon Ramsès II (1301-1235 av. J.-C.), comme l'indique le livre de l'Exode, le deuxième livre de Moïse. C'est en effet sous Ramsès II, troisième pharaon de la XIXe dynastie d'Égypte, que les Hébreux furent réduits en esclavage et contraints de travailler sur les chantiers du pharaon. Moïse, qui leur permit de retourner à la Terre promise de leurs ancêtres, le pays de Canaan, était aux yeux des Hébreux le serviteur de Dieu, leur sauveur. La Bible relate la sortie d'Égypte, marquée par un miracle : les eaux de la mer Rouge s'ouvrirent devant les Juifs, leur permettant de traverser à pied sec, puis se refermèrent aussitôt sur les soldats du pharaon lancés à leur poursuite, les engloutissant à jamais. Le Créateur de l'Univers avait-il à cette occasion contrecarré les lois de la nature? Ou bien les choses s'étaient-elles passées différemment? Cet épisode miraculeux donna lieu, encore au XXe siècle, aux tentatives d'interprétation les plus diverses.

Qui était Moïse ?

Selon la Bible, Moïse est l'homme qui libéra le peuple d'Israël réduit en esclavage en Égypte et qui conclut une alliance avec Dieu. C'est lui qui transmit aux Hébreux les Dix Commandements de Dieu. On lui attribue les cinq premiers livres de la Bible hébraïque, auxquels on donne aussi le nom de Pentateuque. Mais le

Un combattant de la liberté v. 1300 av. J.-C.

Qu'en est-il vraiment de Moïse ? L'égyptologue Rolf Krauss est fermement convaincu que le héros de la Bible n'était autre que Beya, un haut fonctionnaire qui usurpa le pouvoir en Égypte au XIIIe siècle av. J.-C. Selon ce chercheur, la Bible rapporterait de manière romancée des épisodes de la vie de ce rebelle. Ses auteurs auraient fait de l'Égyptien un Israélite, et du rebelle contre le pharaon, le libérateur entré dans l'histoire. « Certains chercheurs contemporains font même un rapprochement entre le monothéisme biblique et l'histoire égyptienne. Le pharaon Akhenaton (qui régna de 1372 à 1354 av. J.-C.) avait en effet initié une véritable révolution religieuse en abolissant toutes les divinités, à l'exception d'Aton, représenté par un disque solaire (1) », et en affirmant que Dieu cherche l'homme dans l'amour.

La traversée de la mer Rouge

Quand une couche d'air chaud rencontre une couche d'air moins chaud, il se produit ce que l'on appelle un mirage. Le paysage se réfléchit à l'envers en dessous de la ligne de partage des masses d'air. C'est ainsi que, dans le désert, des paysages de dunes s'étendant à l'infini semblent souvent se transformer en lac. Aussi peut-on se demander, comme le physicien américain Alastair B. Fraser, si la traversée à pied de la mer Rouge ne renverrait pas à un phénomène optique de ce genre. Fraser suppose que l'itinéraire emprunté par Moïse passait au nord de la mer Rouge, un paysage propice à la formation de mirages, illusions d'optique dont le peuple fuyant l'Égypte n'était guère familier.

célèbre fondateur du judaïsme a-t-il réellement existé? Y a-t-il vraiment eu un pharaon qui réduisit les Hébreux en esclavage? Archéologues et spécialistes de la Bible n'en ont toujours pas de preuves tangibles. Pour certains d'entre eux, comme l'archéologue israélien Israel Finkelstein (né en 1949), ce sont les Hyksos («souverains des pays étrangers») qui se cacheraient derrière les récits de la Bible : venus d'Asie Mineure, ils s'établirent dans le delta du Nil vers 1700 av. J.-C. et détinrent même le pouvoir en Égypte (au temps des XVe et XVIe dynasties, v. 1600 av. J.-C.), jusqu'à ce que les pharaons finissent par les expulser.

Ci-dessus :
Dieu apparaît à Moïse sous la forme d'un buisson ardent et lui confie la mission de libérer son peuple de l'esclavage.

À gauche :
Le miracle de l'ouverture des eaux de la mer Rouge devant Moïse est pour les Hébreux fuyant l'Égypte la preuve que Dieu est à leurs côtés. Certains chercheurs expliquent cette histoire surprenante par un mirage.

Quarante années dans le désert

Sur le chemin de la Terre promise, les Hébreux firent halte dans le désert du Sinaï, où Dieu leur remit par l'intermédiaire de Moïse les Dix Commandements, en signe d'alliance avec le «peuple élu». Le premier commandement ne laisse pas subsister l'ombre d'un doute sur les attentes de Dieu à l'égard du peuple d'Israël : «Tu n'auras pas d'autres dieux devant ma face.»

À Canaan, il y eut des affrontements sanglants avec les peuples autochtones, principalement avec les Philistins regroupés en cinq satrapies, dont celle de Gaza. Les Grecs donnèrent le nom de ces derniers au pays du peuple d'Israël, la Palestine. Les Philistins, qui disposaient d'armes en fer, infligèrent quelques défaites cuisantes aux tribus israélites, jusqu'à ce que le roi David écarte la menace qu'ils constituaient.

Ci-dessous : Moïse reçoit de Dieu sur le mont Sinaï les tables de la Loi scellant son Alliance avec les Hébreux. Sur ces tables sont gravés les Dix Commandements qui régissent le comportement des hommes envers Dieu et entre eux.

Le Décalogue

Dans la Bible, Moïse reçut de Dieu sur le mont Sinaï les dix commandements suivants :

Je suis l'Éternel, ton Dieu, qui t'ai fait sortir du pays d'Égypte, de la maison de servitude.
1. Tu n'auras pas d'autres dieux devant ma face.
2. Tu ne te feras point d'image taillée, ni de représentation quelconque des choses qui sont en haut dans les cieux, qui sont en bas sur la terre, et qui sont dans les eaux plus bas que la terre. Tu ne te prosterneras point devant elles, et tu ne les serviras point; car moi, l'Éternel, ton Dieu, je suis un Dieu jaloux, qui punis l'iniquité des pères sur les enfants jusqu'à la troisième et la quatrième génération de ceux qui me haïssent, et qui fais miséricorde jusqu'en mille générations à ceux qui m'aiment et qui gardent mes commandements.
3. Tu ne prendras point le nom de l'Éternel, ton Dieu, en vain; car l'Éternel ne laissera point impuni celui qui prendra son nom en vain.
4. Souviens-toi du jour du repos, pour le sanctifier. Tu travailleras six jours et tu feras tout ton ouvrage. Mais le septième jour est le jour du repos de l'Éternel, ton Dieu : tu ne feras aucun ouvrage, ni toi, ni ton fils, ni ta fille, ni ton serviteur, ni ta servante, ni ton bétail, ni l'étranger qui est dans tes portes. Car en six jours l'Éternel a fait les cieux, la terre et la mer, et tout ce qui y est contenu, et il s'est reposé le septième jour : c'est pourquoi l'Éternel a béni le jour du repos et l'a sanctifié.
5. Honore ton père et ta mère, afin que tes jours se prolongent dans le pays que l'Éternel, ton Dieu, te donne.
6. Tu ne tueras point.
7. Tu ne commettras point d'adultère.
8. Tu ne déroberas point.
9. Tu ne porteras point de faux témoignages contre ton prochain.
10. Tu ne convoiteras point la maison de ton prochain; tu ne convoiteras point la femme de ton prochain, ni son serviteur, ni sa servante, ni son bœuf, ni son âne, ni aucune chose qui appartienne à ton prochain.

David et Salomon

Le roi David, le « bien-aimé »

Le roi David (v. 1010-v. 970 av. J.-C.), dont le nom en hébreu signifie «le bien-aimé», fut l'artisan de l'unité du pays des juifs et en repoussa les frontières. Selon la tradition, il sortit vainqueur de la lutte contre le Philistin Goliath (si grand qu'on le qualifiait de «géant»), qu'il tua d'une pierre lancée par une fronde. Ce descendant de la tribu de Juda était berger de son état et faisait office de porteur de vivres dans l'armée de Saül. Par son mariage avec Mical, la fille de Saül, il s'allia à la dynastie de ce dernier. Malgré les rivalités qui opposèrent très vite les deux hommes, David fit toujours preuve de loyauté envers son beau-père, auquel il succéda à l'âge de trente ans.

L'étoile de David

L'étoile de David (en hébreu *Magen David*, bouclier de David) symbolise l'union des peuples des royaumes du Sud et du Nord. David avait en effet fédéré les tribus d'Israël jusqu'alors indépendantes. En l'état actuel des connaissances, il apparaît que l'étoile à six branches n'était pas dans l'Antiquité un emblème spécifiquement juif. En effet, d'autres peuples l'utilisaient. On prêtait à ce symbole des pouvoirs magiques, comme celui d'éloigner les démons. L'étoile de David – deux triangles imbriqués, dont un repose sur un de ses sommets – est aujourd'hui l'emblème de l'État d'Israël, dont elle orne le drapeau.

Un rôle historique

David se vit investi de la mission principale de conquérir des territoires. Ses victoires sur des peuples voisins comme les Moabites, les Ammonites et les Édomites lui permirent d'étendre sa sphère d'influence et d'accroître le poids économique de son royaume.

Dans des récits de l'époque, le roi David apparaît comme un souverain cruel qui ne ménageait pas ses prisonniers : après sa victoire sur les Moabites, il contraignit ces derniers à se coucher au sol, puis «il en mesura deux cordeaux pour les livrer à la mort, et un plein cordeau pour leur laisser la vie» (II Samuel, 8,2).

Jérusalem devint alors la nouvelle capitale du royaume. Avec l'Arche d'alliance sur la montagne de Sion, elle devint le centre religieux du pays. David fonda une dynastie qui allait rester au pouvoir plusieurs siècles. On voit aussi traditionnellement en lui l'auteur de nombreux psaumes de la Bible, dans lesquels il exprime son amour envers Dieu.

C'est de la maison de David que doit un jour venir un messie qui instaurera définitivement le règne de Dieu sur Terre.

Ci-dessus :
David, qui devint roi d'Israël à l'âge de trente ans, avait tué dans sa jeunesse le géant philistin Goliath d'une pierre lancée avec sa fronde.

Ci-dessus :
David devant l'Arche d'alliance, probablement détruite en même temps que le Temple de Jérusalem. L'Arche renfermait les Tables de la Loi.

L'Arche d'alliance

Pendant la traversée du désert, qui dura quarante ans, l'Arche d'alliance fut la « maison de Dieu », le sanctuaire assurant la cohésion de toutes les tribus d'Israël. Selon la tradition, le roi David l'apporta à Jérusalem et, plus tard, le roi Salomon l'exposa dans le saint des saints du Temple. Certains historiens supposent d'ailleurs que l'Arche disparut lorsque le Temple fut détruit lors de la prise de Jérusalem, en 587 av. J.-C. On la cherche encore en Éthiopie, dans les profondeurs de la colline du Temple à Jérusalem et jusque dans le midi de la France.

La Bible donne une description détaillée de l'Arche : un coffre rectangulaire de 115 centimètres de longueur sur 70 de profondeur et autant de hauteur, en bois d'acacia plaqué d'or. On transportait ce coffre sur des barres passées dans des anneaux fixés aux quatre angles inférieurs.

L'Arche renfermait les Tables de la Loi (tablettes sur lesquelles étaient gravés les Dix Commandements). Sur son couvercle en or massif, deux chérubins aux ailes déployées symbolisaient la protection de Dieu.

Salomon, le Sage

Salomon (970-931 av. J.-C.), fils du roi David, est célèbre pour sa sagesse proverbiale et ses connaissances magiques.

La Bible lui attribue quelque 700 épouses et 300 concubines. Fin politique, il assura la sécurité des frontières de son royaume en épousant les filles de souverains étrangers. Il alla jusqu'à prendre pour épouse la fille du pharaon, évitant ainsi une guerre avec l'Égypte.

L'emblème de son pouvoir était un sceau en forme d'étoile à six branches, qui est encore un talisman très prisé.

À gauche :
La reine de Saba en visite à la cour du roi Salomon. C'est en son honneur que le roi entonna le Cantique des cantiques.

Le roi Salomon et la reine de Saba

Salomon aurait été un roi épris de paix et doué d'une grande sagesse, comme le montre le récit biblique suivant. Deux femmes se présentèrent devant le roi Salomon. Elles avaient chacune mis au monde un enfant, mais un seul avait survécu. Elles en revendiquaient toutes les deux la maternité. Salomon décida de couper l'enfant en deux, pour en donner une moitié à chaque femme. L'une d'elles préféra renoncer à sa part, se révélant ainsi la vraie mère. C'est à elle que Salomon accorda l'enfant. Dans un autre récit biblique, la reine de Saba se rendit à la cour du roi Salomon pour mettre le souverain à l'épreuve avec des énigmes. Or Salomon résolut toutes les énigmes soumises par cette femme mystérieuse, manifestement originaire d'Éthiopie. Cette sagesse (*'hokmah,* en hébreu) trouve son fondement dans le Livre des Proverbes : « L'Éternel m'a créée la première de ses œuvres/Avant ses œuvres les plus anciennes,/J'ai été établie depuis l'éternité » (Proverbes, 8,22 *sq.*), proverbe par lequel la sagesse, antérieure à toute création, affirme son existence.

Le roi Salomon et la reine de Saba forment un couple mythique, partageant une sagesse en rapport avec le secret du masculin et du féminin et de leur union. Le *Cantique des cantiques,* poème érotique décrivant le rapprochement de deux amants, est à lire sur cet arrière-plan.

La construction du Temple

Salomon fit bâtir de nombreux édifices, dont le premier Temple de Jérusalem. La construction de ce lieu de culte, au milieu du Xe siècle av. J.-C., est auréolée de mystère. Ce temple était consacré à des offices religieux expiatoires, et seul le grand prêtre était autorisé, une fois par an, à pénétrer dans le saint des saints.

Succédant à son père, Roboam ne gouverna pas avec le même bonheur et ne parvint pas à maintenir l'unité du royaume.

Ci-dessous :
Salomon est célèbre pour sa sagesse, entrée dans l'histoire avec le jugement dit de Salomon qu'il rendit dans l'affaire des deux femmes revendiquant la maternité d'un même enfant.

Les courants du judaïsme au début de notre ère

Outre les esséniens, une communauté énigmatique établie à Qumran, sur les rives de la mer Morte, trois courants religieux contemporains du Christ sont passés à la postérité grâce aux récits du Nouveau Testament.

Les sadducéens

Ci-dessous :
En l'an 70, l'empereur Titus donna à ses troupes l'ordre de détruire le Temple de Jérusalem. Les soldats romains rapportèrent comme butin la menorah, *ou chandelier à sept branches.*

Les sadducéens tiendraient leur nom de Tsadok, grand prêtre du Temple de Jérusalem au temps de Salomon. Ce groupe, issu d'une aristocratie religieuse ancienne, représenta les prêtres et l'élite entre 150 av. J.-C. et 70 apr. J.-C.

Les sadducéens s'opposaient sur de nombreux points aux pharisiens : très conservateurs, ils rejetaient la tradition orale, ne reconnaissant que la Loi écrite de la Torah (les cinq livres de Moïse). Ils niaient par ailleurs la possibilité d'interventions divines dans la vie des hommes sous la forme de miracles, ainsi que la prédestination. Ils ne croyaient pas non plus à la résurrection évoquée dans l'Évangile selon Luc (Nouveau Testament, Luc, 24).

Lorsque les Romains détruisirent le second Temple de Jérusalem, vers l'an 70, n'en laissant subsister que le mur dit des Lamentations, les sadducéens disparurent de l'échiquier politique. En effet, leurs conceptions religieuses étaient trop étroitement liées à l'existence du Temple et du royaume d'Israël. Ils ne disposaient de toute façon pas d'une assise populaire suffisante, car leur doctrine et leur interprétation de la Loi étaient trop rigoristes aux yeux de la plupart des juifs.

Les pharisiens

Les pharisiens croyaient à l'immortalité de l'âme, aux anges et à la résurrection des morts, ainsi qu'à la justice du Jugement dans l'au-delà. Ils défendaient aussi la doctrine de la prédestination, qu'ils estimaient compatible avec le libre arbitre de l'homme.

Ces conceptions dénotent une influence de la philosophie grecque qui se répandit dans l'est du Bassin méditerranéen à cette époque.

Les pharisiens étaient dans l'attente de l'Apocalypse et espéraient la venue du Messie encore de leur vivant, pour que l'histoire du peuple juif se réalisât selon les prédictions de la Torah.

Les pharisiens professaient la stricte observance des commandements de la Bible hébraïque et complétèrent le canon du judaïsme par la Loi orale, appelée Mishna.

Pour sauvegarder l'existence du peuple juif, ils composaient avec l'occupant romain, ce qui leur valut d'être traités d'«hypocrites» par les zélotes, ainsi que par d'autres groupes radicaux; la connotation négative du terme «pharisien» a ses sources dans le Nouveau Testament. Mais de nombreux spécialistes voient plutôt dans les pharisiens les précurseurs d'un judaïsme moderne, tolérant et ouvert.

Les zélotes

Après la soumission du royaume de Juda par les Romains, l'initiative de la résistance contre l'occupant revint aux zélotes. Ils n'hésitaient pas à recourir à des moyens radicaux, ni à risquer leur vie au nom de l'indépendance religieuse et politique de leur peuple.

Les zélotes se refusèrent à payer le tribut aux Romains et vécurent en combattants de la liberté. Un grand nombre d'entre eux venaient de Galilée.

En l'an 70, lorsque leur défaite leur parut inéluctable, les derniers zélotes optèrent pour le suicide collectif dans leur forteresse de Massada, sur les rives de la mer Morte.

Ci-dessus :
La prise par les Romains de la forteresse de Massada, au bord de la mer Morte, sonna le glas de la rébellion zélote. Ce site impressionnant est de nos jours un haut lieu du tourisme en Israël.

Ci-dessous :
Jean-Baptiste prêcha aussi chez les pharisiens, qui ne se laissèrent cependant pas convertir.

Les esséniens de Qumran, une communauté contemporaine de Jésus ?

Ci-dessus :
Ces grottes des environs de Qumran ont abrité de précieux manuscrits. Ce n'est qu'en 1947 que de jeunes Bédouins en firent la découverte fortuite.

Les manuscrits de la mer Morte

En 1947, un jeune Bédouin fit une découverte sensationnelle dans une grotte située à environ 1 500 mètres du site archéologique de Khirbet Qumran, sur la rive sud-ouest de la mer Morte : il y trouva des jarres de terre cuite remplies de parchemins. Au cours des années suivantes, on fit des découvertes analogues dans d'autres grottes. Ces textes ont visiblement trait à une communauté dont on suppose qu'elle était établie à Qumran et avait mis les manuscrits à l'abri des Romains, au plus tard en l'an 70. Un de ces textes évoque en effet une « guerre des fils de la Lumière contre les fils des Ténèbres », dans lesquels certains chercheurs voient les Romains. Qumran même, comme l'indique le rapport de fouilles du site, fut le centre, jusqu'à sa destruction en 68, d'une communauté à la règle de vie ascétique rappelant celle d'un ordre religieux. On pense qu'il s'agissait des esséniens, les auteurs des manuscrits trouvés dans les récipients de terre cuite. Les documents mis au jour datent pour certains du Ier siècle av. J.-C. Le rouleau

Ce que l'on sait des esséniens

Les esséniens rejetaient le service religieux dans le Temple de Jérusalem, ainsi que la prêtrise, et espéraient pouvoir instaurer le royaume de Dieu par la pénitence. Cette communauté, qui n'admettait pas de pauvres ni de malades en son sein, menait une vie ascétique. Les esséniens se considéraient comme la dernière génération avant la venue du Messie. Par leur doctrine et leur mode de vie, ils rappellent Jésus de Nazareth à bien des égards. Ils connaissaient d'ailleurs apparemment un « maître de la justice » qui prêchait l'amour. Ils appelaient cependant au combat contre les « fils des Ténèbres ».

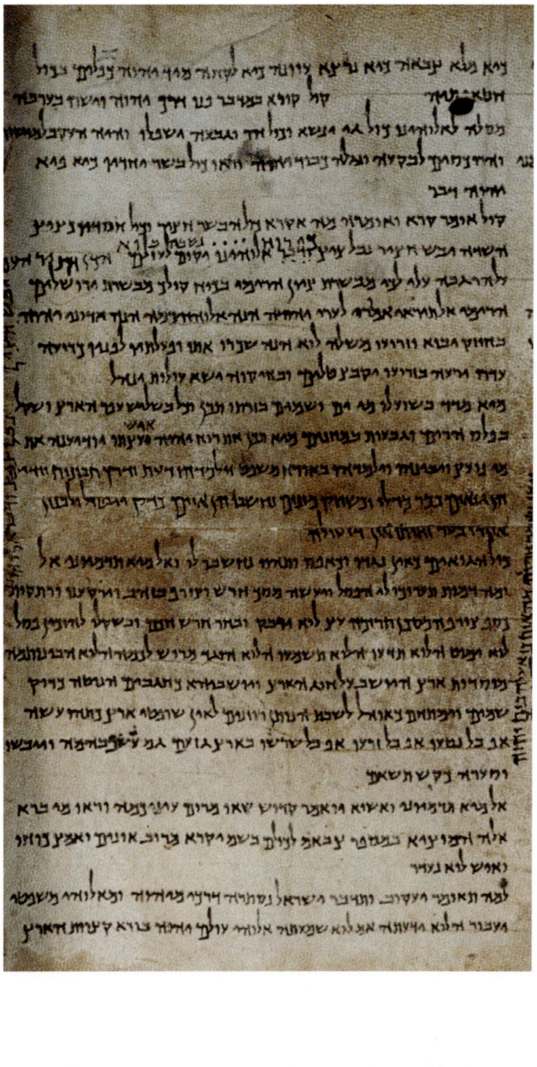

À droite :
Certains des manuscrits découverts à Qumran datent du Ier siècle av. J.-C. Cette copie quasi intégrale du livre d'Isaïe, dont un extrait est reproduit ici, est le parchemin le plus long de tous ceux mis au jour sur le site.

d'Isaïe, une copie du livre éponyme de l'Ancien Testament, est, avec 7,34 mètres de longueur, le parchemin le plus long.

Les recherches archéologiques à Qumran

Jusqu'en l'an 2000, de grands bassins d'eau ont suscité bien des discussions parmi les experts depuis leur mise au jour. En effet, pratiquement la moitié de la capacité de ces constructions est perdue au profit de luxueux escaliers descendant jusqu'au fond, ce qui n'est pas sans rappeler l'architecture des *mikvaot,* les bains rituels juifs.

Par ailleurs, les archéologues étaient persuadés d'avoir découvert exclusivement des squelettes d'individus de sexe masculin dans le cimetière de la communauté, et ils en avaient conclu à l'existence d'une congrégation de moines.

Enfin, les fouilles ont permis de mettre au jour des objets de 5 mètres de long ressemblant à des tables, ainsi que trois encriers imposants. On en a ainsi conclu que Qumran avait été le centre de la communauté des esséniens.

Dernières conclusions

Les résultats des fouilles publiés en 2000 ont permis de déterminer les principales périodes de peuplement du site de Qumran : la période dite israélite, aux VIIIe et VIIe siècles av. J.-C., et une seconde période, de 68 à 73 de notre ère.

Ces résultats ont aussi permis de donner une nouvelle interprétation : Qumran aurait été une résidence d'hiver, une place commerciale dotée d'un octroi et une base militaire, et aurait abrité une tannerie, une grande exploitation agricole ainsi qu'un substitut de temple pour les esséniens.

La découverte de squelettes de femmes a remis en question l'interprétation d'une communauté d'hommes qui avait prévalu jusqu'alors. La population devait s'élever à 200 ou 300 personnes des deux sexes et de tous âges.

Khirbet Qumran était administré selon le mode de gouvernement propre à la civilisation orientale des oasis et vivait en autarcie. Mais, en l'état actuel des découvertes archéologiques, on ne peut ni affirmer ni exclure qu'il se soit agi des esséniens.

Ci-dessus :
À l'heure actuelle, on ignore encore qui étaient les habitants de Qumran. On a longtemps supposé qu'il s'agissait d'esséniens, mais des découvertes récentes, notamment la mise au jour de squelettes de femmes, ont remis en question cette hypothèse.

Les différents courants au sein du judaïsme

Ci-dessous :
Les juifs ultraorthodoxes s'habillent de noir, portent un chapeau, ainsi que la barbe et les papillotes (pe'ot). *On estime à 20 % la proportion des juifs orthodoxes en Israël.*

Au fil des siècles, de nombreux courants de pensée et de pratique se sont développés au sein du judaïsme.

On distingue schématiquement les juifs orthodoxes et ultraorthodoxes, les juifs conservateurs et les juifs réformateurs.

Les orthodoxes et ultraorthodoxes

Les juifs orthodoxes s'en tiennent à une interprétation très étroite de la Torah et du Talmud, à savoir de l'ensemble des Écritures saintes et de leur exégèse. Ce courant qui se développa au cours du XIXe siècle (principalement en Europe centrale et Europe de l'Est) s'est donné pour objectif de vivre au quotidien les enseignements des Écritures. Par exemple, les juifs orthodoxes observent une stricte séparation des hommes et des femmes pendant les offices religieux, cloisonnement d'ailleurs matérialisé par une clôture au mur des Lamentations, à Jérusalem. La religion officielle de l'État d'Israël est le judaïsme orthodoxe, représenté par deux grands rabbins.

Les ultraorthodoxes, reconnaissables à leurs vêtements noirs ainsi qu'à leur chapeau, leur barbe et leurs papillotes (mèches de cheveux bouclées descendant sur les tempes), se subdivisent en scolastiques et hassidim. Leur foi est empreinte du mysticisme de la kabbale.

Les conservateurs

S'ils se conforment aussi aux commandements et règles de la Torah et du Talmud, les conservateurs les adaptent en fonction des circonstances. Ce courant intermédiaire entre orthodoxes et réformateurs interprète les textes moins étroitement que les premiers. Par exemple, il n'y a pas séparation des sexes dans leurs synagogues.

Les réformateurs

Les juifs réformateurs adaptent leur vie religieuse aux exigences du monde moderne et se réclament d'une éthique sociale plutôt que d'une application à la lettre des enseignements de la Torah et du Talmud. C'est ainsi que, dans les synagogues, les femmes peuvent participer aux offices religieux aux côtés des hommes et que les règles de la kashrout concernant les interdits alimentaires et la préparation rituelle des aliments sont appliquées d'une manière

assez souple. Les réformateurs ne se montrent pas aussi stricts dans l'observation du sabbat que les orthodoxes, qui se refusent par exemple à conduire un véhicule ou à appuyer sur un interrupteur (car ils produisent ainsi de la lumière ; voir le sabbat p. 233) : les réformateurs utilisent leur voiture et s'autorisent diverses autres activités. Enfin, comme tous les juifs, ils croient à l'immortalité de l'âme, mais pas à la résurrection de la chair.

Ci-dessus :
Intérieur d'une synagogue à Savannah, aux États-Unis. C'est dans ce pays qu'habitent le plus de juifs réformateurs.

Séfarades et Ashkénazes

Les juifs séfarades sont originaires d'Espagne (*Sefarad* en hébreu), dont ils furent expulsés en 1492, à la fin de la Reconquête ; ils essaimèrent alors en Italie, en Afrique du Nord et au Proche-Orient.

Le berceau des juifs ashkénazes est, lui, en Allemagne et en Europe de l'Est.

Ces deux groupes ne s'opposent pas sur des points de doctrine, mais se distinguent plutôt par des traditions ainsi que par des prières liées à leur histoire et à leur environnement géographique et culturel.

On associe aux Ashkénazes la langue yiddish ainsi que la musique klezmer.

Les Séfarades furent quant à eux profondément marqués par la civilisation arabe, du VIIIe au XVe siècle. Aussi apportèrent-ils une contribution importante aux sciences médiévales, en particulier à l'alchimie. Ils parlent ladino, une langue dérivée du castillan.

En Israël, chacune des deux communautés est représentée par un grand rabbin.

À droite :
Le groupe de musique klezmer The New Orleans Klezmer Allstars se produit dans le cadre de manifestations musicales majeures aux États-Unis, comme le festival de jazz de Hollywood.

Le hassidisme

Ci-desssus :
Les hassidim donnent aussi à leur rabbin le titre de tsaddik. *Ce dernier transmet à ses élèves les enseignements hassidiques, souvent sous la forme de paraboles.*

Le mouvement du renouveau juif

Le hassidisme (de l'hébreu *hassidim,* hommes pieux) est un mouvement de renouveau du rabbinat traditionnel, mouvement parti d'Europe centrale. Outre l'autorité du docteur de la Loi en la personne du rabbin, les hassidim reconnaissaient celle du *tsaddik,* un intermédiaire entre les mondes terrestre et divin. C'est avant tout par la spiritualité, la mystique et la magie que les hassidim entendaient redonner vie à une religion figée dans des prescriptions et commandements.

Le mouvement hassidique implanté dans le sud de la Pologne et en Lituanie eut pour fondateur le rabbin Israel ben Elieser (1700-1760). Ce prédicateur itinérant et magicien surnommé Baal Shem Tov percevait le divin dans toutes les manifestations de l'Univers.

Baal Shem

L'enseignement de Baal Shem («maître du Nom», en hébreu) repose sur la croyance selon laquelle les mondes naturel et surnaturel sont en interaction constante. Le Créateur se trouve au centre du monde, qui n'est que son «habit». C'est pourquoi la formule «Aucun lieu sans lui» empruntée à la kabbale est le fondement de la doctrine hassidique, selon laquelle Dieu et l'homme sont face à face. Tel est le sujet de nombreuses histoires et légendes hassidiques de Baal Shem Tov et autres «maîtres du Nom divin», comme l'histoire suivante : parvenu au terme d'études intensives, Baal Shem ressentit le besoin impérieux de faire le bien autour de lui et s'en alla par le monde guérir des malades. On raconte qu'il aurait même ravi à la mort un jeune garçon agonisant de la manière suivante : il inscrivit le nom de l'enfant sur une tablette de cire qu'il accrocha à un arbre, puis il mit le feu à la tablette et prononça une formule très longue, qui ne fut pas transmise à la postérité. La lumière aurait brûlé toute la nuit, et l'enfant aurait été guéri le lendemain matin.

Le vol mystique de l'âme

D'après Baal Shem Tov, l'homme a été créé pour pénétrer jusqu'au cœur de toute vie. Ce n'est qu'à ce moment-là qu'il découvre le sens de la Création.

Le meilleur moyen de percer à jour le sens de toute création serait le « vol mystique de l'âme », par lequel l'homme parvient dans les univers supérieurs, c'est-à-dire dans l'au-delà.

Selon la kabbale, en effet, le cosmos est organisé de manière hiérarchique. C'est par l'extase, état dans lequel l'âme a quitté le corps, que l'homme peut embrasser l'ensemble de la Création de bas en haut (où se trouve Dieu), affirme Baal Shem. Il apprend ainsi que la mort n'existe pas.

Dans un écrit relativement long, qui a été transmis à la postérité, Baal Shem rapporte une expérience personnelle :

« Le jour du nouvel an de l'année 5507, mon âme s'éleva sous l'effet d'incantations comme Tu les connais, et je pus voir en face des choses merveilleuses comme je n'en avais jamais vu depuis que je suis homme. Et il n'y a pas de mots pour désigner ou raconter ce que j'ai vu et appris en m'élevant.

« Mais lorsque je redescendis au paradis inférieur, je vis une multitude d'âmes, qui étaient celles de morts ou de vivants, de connaissances ou d'inconnus, s'élevant d'un monde à l'autre sur ce rayon connu des initiés à la sagesse occulte… mais parmi tout ce que j'y ai appris, il y a trois mots particuliers, trois noms divins sacrés, qui sont faciles à apprendre et à expliquer. Mais on ne m'a pas permis de les dévoiler. »

Et Baal Shem d'expliquer que « chaque lettre renferme des univers, des âmes et le divin qui s'élèvent, s'associent et s'unissent, les lettres formant ensuite des mots qui se fondent dans l'union véritable dans le divin » (2).

Ci-dessous :
Il y a encore de nos jours des écoles hassidiques, dans lesquelles des rabbins dispensent un enseignement dans la foi mystique qui professe l'interaction des mondes naturel et surnaturel.

Theodor Herzl et le sionisme

Ci-dessus :
Avec son livre L'État juif, *Theodor Herzl apporta une contribution décisive à la création de l'État d'Israël en 1948. Sa dépouille mortelle fut rapatriée en Israël en 1949, où elle fut réinhumée au cimetière du mont Herzl, colline de Jérusalem ainsi nommée en son honneur.*

Theodor Herzl et son « État juif »

Theodor Herzl (1860-1904) grandit dans une famille juive hongroise, pour laquelle traditions et religion ne jouaient qu'un rôle secondaire. Il étudia le droit à Vienne, avant de devenir journaliste. En 1891, il fut envoyé à Paris comme correspondant du quotidien viennois *Neue Freie Presse.* En 1896, il publia *L'État juif,* essai dans lequel il proposait « une solution moderne à la question des juifs ». Il préconisait la création d'un État juif sur un des trois territoires suivants : Argentine, Ouganda ou Palestine. Dans son roman *Terre ancienne – Terre nouvelle* paru six ans plus tard, Herzl présentait sa vision d'un État juif gouverné par une élite.

« Sion » était à l'origine le nom d'une colline de Jérusalem et de la citadelle construite à son sommet, avant de désigner par extension tout Jérusalem. Créé à l'initiative de la bourgeoisie juive à la fin du XIXe siècle, le sionisme est un mouvement idéologico-politique qui avait pour objectif la création en Palestine d'un État juif indépendant.

Antijudaïsme et antisémitisme en Europe

Depuis des siècles, l'image dont jouissaient les juifs auprès du reste de la société était faussée par des préjugés, que l'antijudaïsme théologique des chrétiens avait alimentés. L'image du juif « dépravé » était très répandue depuis le haut Moyen Âge, tandis que la représentation du juif « usurier » était profondément enracinée dans les consciences au début du XXe siècle. Il est vrai que l'accès à de nombreuses professions leur ayant été interdit au fil des siècles, les juifs n'avaient eu souvent guère d'autre choix que de pratiquer les métiers d'argent. Dans la société médiévale, les juifs étaient tolérés, mais pas reconnus comme citoyens. On les cantonnait dans des ghettos (dont le premier est celui de Venise, remontant à 1516), dans lesquels ils vivaient coupés du reste de la société et souffraient de limitations dans l'exercice de leurs activités économiques. Les actes de violence à l'encontre des juifs redoublèrent en Europe de l'Est à partir de 1880, suscitant une vague d'émigration vers la Terre sainte de Sion. Pendant l'ère nationale-socialiste (1933-1945) instaurée par Adolf Hitler, la tentative d'élimination du judaïsme européen se solda par la mort d'environ cinq millions de juifs dans l'« Holocauste » (*Shoah* en hébreu).

Le sionisme

L'aspiration à la création d'un État juif à part entière remonte à la destruction du premier Temple de Jérusalem par les Babyloniens, en 587 av. J.-C. et à la captivité qui s'ensuivit. À ces considérations politiques s'ajoutait le sou-

hait des juifs de pouvoir pratiquer leur religion paisiblement, sans heurts violents avec d'autres peuples.

Dans le contexte d'antisémitisme politique ambiant en Europe à fin du XIXe siècle, Theodor Herzl fonda le sionisme politique et convoqua le premier congrès sioniste international en 1897, à Bâle. Herzl avait été profondément choqué par l'affaire Dreyfus : en 1894, le capitaine Alfred Dreyfus, officier français d'origine juive, avait été injustement arrêté pour espionnage et condamné à la dégradation et au bagne, victime de l'antisémitisme politique qui faisait alors rage en France.

La déclaration Balfour

Après la mort de Herzl, le mouvement sioniste continua de se développer et trouva un de ses plus grands alliés en la personne du ministre britannique des Affaires étrangères, lord Arthur J. Balfour.

Le 2 novembre 1917, lord Balfour s'engagea au nom de la Couronne britannique, par la célèbre déclaration de même nom, à apporter son soutien à la fondation d'un État souverain juif sur le territoire de la Palestine conquis par les Anglais pendant la Première Guerre mondiale. Il s'ensuivit une émigration massive de juifs vers la Palestine. Fuyant les persécutions et l'extermination, les juifs d'Europe furent toujours plus nombreux à immigrer au cours des décennies suivantes.

Partage et création d'un État

Au lendemain de la Seconde Guerre mondiale, la Grande-Bretagne porta la question palestinienne devant les Nations unies. Le 29 novembre 1947, l'ONU adopta une résolution sur un plan de partage de la Palestine entre un État juif et un État arabe. Le 14 mai 1948, le Conseil national juif proclamait l'indépendance de l'État d'Israël.

Ci-dessus :
Sous la domination babylonienne, les Hébreux aspiraient déjà à l'indépendance politique.

Ci-dessous :
Le 14 mai 1948, David Ben Gourion, premier chef de gouvernement israélien, proclama l'indépendance de l'État d'Israël devant le nouveau Conseil national.

Foi et conception du monde
Livres et textes sacrés

Ci-dessus :
La synagogue la plus ancienne des États-Unis, celle de Mickve Israel à Savannah, en Géorgie, recèle plusieurs Torah. Elles sont toutes enveloppées dans une étoffe simple, la mappa*, elle-même couverte d'un manteau brodé.*

Le messianisme

Depuis des millénaires, les juifs attendent la venue du Messie qui libérera leur peuple. On a longtemps débattu de la question de savoir si ce Messie (« oint de Dieu », en hébreu) sera un homme ou une créature envoyée par Dieu, un ange par exemple. Le roi David avait déjà reçu de Dieu la promesse selon laquelle le Messie serait issu de sa maison ; son époque porterait le nom de « temps du Messie », et le monde ne connaîtrait plus ni guerres ni famines. La venue du Messie marquera l'avènement du royaume de Dieu sur Terre, ainsi que le règne de la paix et de la justice, la vie terrestre acquérant ainsi un caractère divin.

Le Tanakh

Le Tanakh est la Bible hébraïque. Il se compose de textes sacrés que l'on classe en trois groupes : la Torah au sens strict du terme (les cinq livres de Moïse), les Nevihim (les huit livres des Prophètes) et les Ketouvim (les onze livres des Hagiographes : textes, livres de doctrine, chroniques). La tradition compte 24 livres, des écrits succincts ayant été regroupés.

À la synagogue, on ne lit régulièrement des Nevihim et des Ketouvim que des passages déterminés, essentiellement les jours de fête et dans des occasions particulières. Ces textes furent écrits entre 950 et 550 av. J.-C.

La composition en différents livres est propice à une multiplicité d'interprétations du canon hébraïque.

La Loi écrite, ou Torah écrite

Au cours des offices religieux, on lit des extraits du Tanakh que l'on appelle aussi « Loi écrite », ou encore « Torah écrite », au sens large du terme (le mot hébreu *Torah* signifiant enseignement ou instruction).

La Torah écrite est la principale source du droit et de l'éthique judaïques, ainsi qu'un guide spirituel et pratique pour les juifs prati-

quants. Elle précise en effet les règles de conduite de l'homme envers Dieu et envers les autres hommes. Tout au long de l'année liturgique, on en lit des passages le jour du sabbat, ainsi que le lundi et le jeudi, et les jours de fête. Un officiant lit à haute voix pour la communauté assemblée les textes copiés à la main sur un rouleau de parchemin enroulé sur deux baguettes. Les fidèles se lèvent au moment où la Torah est sortie de son armoire sainte et quand elle y est replacée.

La Torah écrite comprend au total 613 commandements *(mitsvot),* qui se subdivisent en 248 prescriptions (en rapport avec les parties du corps) et 365 interdits (un pour chaque jour de l'année). Les observer est le devoir qui incombe au juif adhérant à la croyance traditionnelle, qui vit ainsi en se conformant à la volonté de Dieu.

La Torah, ou Pentateuque

La Torah proprement dite est constituée des cinq livres de Moïse, d'où son autre nom : Pentateuque (du grec *penta,* cinq, et *teuchos,* livre). On désigne chaque livre par son premier mot :

1. Le livre de Bereshit («Au commencement») rapporte l'histoire de la Création; c'est la Genèse de la religion chrétienne.

2. Le livre de Shemot («Les noms») relate la sortie d'Égypte, la traversée du désert et la révélation des Dix Commandements; c'est le livre de l'Exode chez les chrétiens.

3. Le livre de Va-jikra («Il appela») traite entre autres des holocaustes des prêtres et de commandements de portée générale; les chrétiens lui donnent le nom de Lévitique.

4. Le livre de Bamidbar («Dans le désert») traite de la traversée du désert par les

Ci-dessus, à gauche : Les rouleaux de la Torah sont enfermés, car on considère qu'il s'agit d'objets sacrés, qui ne doivent pas être laissés entre les mains de quiconque. Cette Torah provient de la grande synagogue de Jérusalem, Hekhal Shlomo.

Ci-dessus, à droite : Pendant le service religieux, un officiant donne lecture d'extraits de la Torah. Il est interdit de toucher la Torah à main nue.

lation de Deutéronome chez les chrétiens. Il ressort des recherches scientifiques sur la Bible que le Pentateuque s'est nourri à des sources plus anciennes remontant à 950-550 av. J.-C. et qu'il fut consigné par écrit vers 450 av. J.-C.

Nevihim, ou les Prophètes

Le Tanakh comprend en outre les Nevihim, à savoir les livres des premiers prophètes et ceux des prophètes postérieurs.

Les «premiers prophètes» correspondent à des livres historiques – évoquant par exemple la conquête du pays de Canaan – et décrivent la vie des prophètes Josué et Samuel ainsi que des juges dans l'Ancien Israël. Les prophètes se considéraient eux-mêmes comme les messagers de la parole de Dieu et avaient le don de prophétie aux yeux des Hébreux.

Les «prophètes postérieurs» représentent trois livres relativement longs et douze livres plus succincts, groupés en un seul. Les auteurs de ces quinze livres, issus de différentes couches sociales, y rassemblèrent des paroles divines, des enseignements et des prophéties ainsi que des récits de la vie des prophètes Isaïe, Jérémie; Ézéchiel et de douze prophètes mineurs. Leur message aux souverains et au peuple d'Israël est presque toujours le même : ils dénoncent les inégalités sociales et les cultes étrangers qui détournent de Dieu. Mais ce message ne trouva que rarement un écho favorable auprès des puissants du pays.

Ketouvim, ou les Hagiographes

Troisième groupe de textes du Tanakh, les Ketouvim remontent à l'exil babylonien (587-537 av. J.-C.) du peuple hébreu, qui vécut en esclavage pendant cinquante ans. Regroupant des textes aussi divers que les *Psaumes*, le *Livre de Job* ou les *Lamentations de Jérémie*, les Ketouvim interviennent à différents moments de l'office religieux. Ces textes auraient été intégrés au Tanakh vers l'an 100, mais un grand nombre d'entre eux aurait eu le statut de textes sacrés dès 190 av. J.-C.

Ci-dessus :
Un sofer, *copiste formé à cet effet, corrigeant un rouleau de la Torah.*

Hébreux. C'est pourquoi de nombreux chercheurs le considèrent comme le livre le plus ancien du Pentateuque, ou tout au moins comme aussi ancien que le Shemot. Les chrétiens appellent ce texte le livre des Nombres.

5. Le livre de Devarim («Les paroles») rassemble le message d'adieu de Moïse au peuple d'Israël, le Décalogue, ainsi qu'un résumé de la profession de foi. Il est connu sous l'appel-

Structure et fabrication d'un rouleau de la Torah

Des copistes formés tout spécialement écrivent le texte de la Torah sur un parchemin confectionné artisanalement à partir de la peau d'un animal abattu (saigné) de manière rituelle. Faisant usage d'une simple plume d'oie et d'encre, les copistes forment et positionnent chaque lettre de l'alphabet hébreu en respectant des règles très strictes, la moindre erreur rendant le rouleau impropre à une utilisation rituelle.

Les rouleaux usagés ne sont pas jetés, mais minutieusement restaurés dans un premier temps. Seuls les rouleaux qu'il n'est plus possible d'utiliser sont enterrés de manière rituelle dans un cimetière juif.

La Torah est enroulée sur deux baguettes symbolisant l'« arbre de vie ». Pour en faire la lecture, on utilise un *yad,* un pointeur en argent à l'extrémité duquel est fixée une main à l'index tendu. On ne déroule de la Torah que le passage qui doit être lu au cours de l'office religieux du jour. La *mappa,* une longue bande d'étoffe étroite, maintient serrés les deux rouleaux de la Torah à la manière d'une ceinture.

La Torah est conservée dans une arche, ou armoire sainte dissimulée par un rideau. Cette armoire est généralement tournée dans la direction de Jérusalem.

À gauche :
La moindre erreur dans la copie rend la Torah impropre à un usage rituel. Ces exemplaires imparfaits ne sont pas jetés, mais enterrés, comme ici à Hébron.

Ci-dessous :
Apparition de Dieu au prophète Ézéchiel, événement jouant aussi un rôle capital dans la kabbale juive. Les livres des Prophètes font partie du canon hébraïque.

Ci-dessus :
Juifs lisant, sinon le Talmud, du moins des textes majeurs du judaïsme. Il existe deux versions du Talmud : le Talmud de Babylone et celui de Jérusalem, plus court.

Le Talmud, Loi ou Torah orale

Second ensemble de textes sacrés du judaïsme, le Talmud, aussi appelé «Loi orale» ou «Torah orale», rassemble des enseignements, des histoires et des anecdotes du judaïsme contemporains de l'exil babylonien ou postérieurs à ce dernier. Interprétation des traditions, le Talmud est un corpus d'instructions pour le culte, de règles sur la purification rituelle et sur la célébration du sabbat, du mariage et des fêtes, ainsi que de dispositions de droit pénal.

Le Talmud est constitué de la Mishna et de la Guemara. On entend par Mishna («répétition», en hébreu) divers traités religieux et interprétations de la Loi écrite rédigés par des docteurs de la Loi entre le Ier et le IIIe siècle de notre ère. Composée entre les IIIe et Ve siècles, la Guemara («complément») comporte des interprétations et des commentaires de la Mishna émanant de différents auteurs.

Il existe deux versions du Talmud.

Le Talmud le plus ancien, la version de Babylone, fut compilé par des rabbins. Il est considéré comme le Talmud par excellence, et c'est à lui que se réfèrent les docteurs de la Loi. Dans ces douze épais volumes, il aborde tous les aspects de la vie des hommes.

Remontant au Ve siècle, le Talmud de Jérusalem est plus court et diverge sur différents points.

Le rabbinat

Les rabbins dispensèrent les enseignements de la Torah bénévolement avant de devenir, au XIVe siècle, des docteurs de la Loi salariés d'une communauté juive. Le travail du rabbin comprend, outre l'interprétation des Écritures saintes, la diffusion des enseignements religieux, l'aumônerie dans les communautés, ainsi que la prise de décisions sur des points de religion. Un rabbin doit être marié, comme c'était déjà le cas du temps du Christ.

Regina Jonas (née en 1902 et morte en 1944, à Auschwitz) fut en 1937 la première femme à accéder aux fonctions de rabbin. Cependant, la tradition juive n'admet normalement pas les femmes au rabbinat.

Le sabbat

Le jour du repos et de la prière

Le septième jour de la semaine est le jour du repos, dit en substance la Bible. Célébrer le sabbat (*shabbat* en hébreu) en s'abstenant de certaines activités compte parmi les principaux commandements de la Loi juive. En effet, le jour du sabbat est réservé à la sanctification de Dieu.

Ce jour-là, tout travail, à savoir toute activité productrice ou créatrice, est interdit, car Dieu lui-même se reposa le septième jour de la Création. Le sabbat sert à prier, se reposer, se recueillir et contempler son Créateur.

Le sabbat commence le vendredi soir pour se terminer le samedi soir. Le dimanche constitue le premier jour de la semaine pour les juifs. C'est le calendrier chrétien qui déplaça la fin de la semaine au dimanche.

Ci-dessus :
Trois générations participent ici à ce rituel particulier du sabbat, voulant que l'on allume des bougies et que les parents bénissent leurs enfants.

À gauche :
Le 'hallah, *pain de froment auquel on donne la forme d'une torsade, est un mets traditionnel du repas de sabbat. Le maître de maison le rompt en le bénissant.*

La célébration du sabbat

On commence le sabbat en allumant deux bougies et on célèbre ce jour « comme une tendre épouse ». Dans les familles, on rompt le *'hallah* (pain torsadé à base de farine de froment) en prononçant une prière (*bera'ha,* en hébreu) et, au cours du repas, on évoque le souvenir de la manne que l'Éternel fit littéralement pleuvoir sur les Hébreux pour les sustenter dans leur interminable traversée du désert. Le soir du sabbat, les Ashkénazes consomment traditionnellement de la soupe, des légumes, de la viande et du poisson (souvent du brochet). Le repas se termine par la *havdala* (« séparation »), bénédiction donnée avec du vin et des épices qui porte sur la séparation entre le sacré et le profane. Dans les familles très pratiquantes, les repas du sabbat sont préparés la veille et conservés au chaud pour éviter de cuisiner le jour dit.

La synagogue

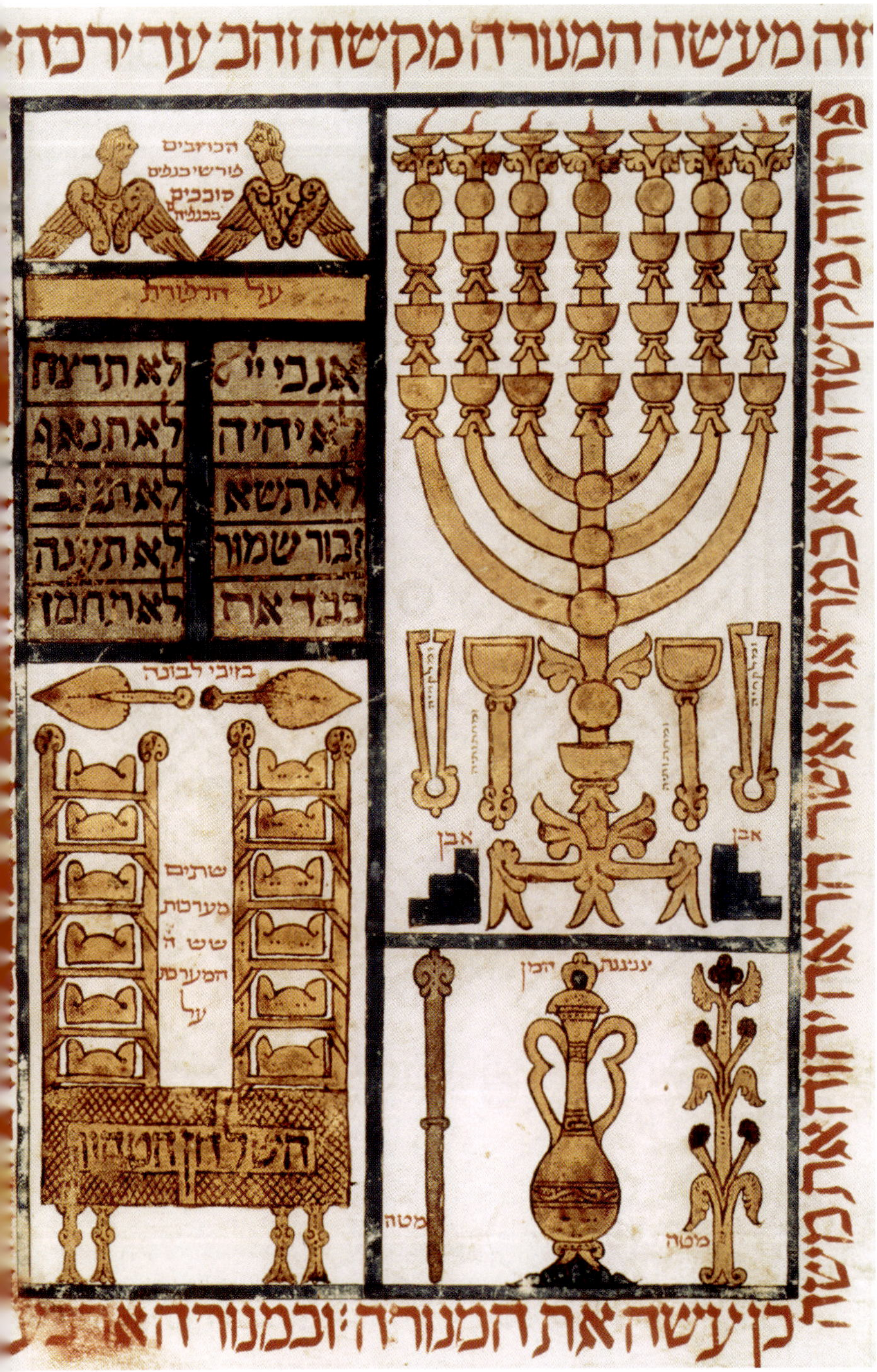

Ci-dessus : Divers objets sacrés, dont la célèbre menorah. *Ce chandelier à sept branches compte, au même titre que l'Arche d'alliance et la table dite « des pains de proposition » abrités dans le Temple, parmi les premiers objets de culte du judaïsme.*

Réunion et enseignement

La maison de Dieu des juifs est un lieu à la fois de réunion et d'enseignement pour les croyants. Le terme de synagogue vient du grec et signifie «la communauté qui s'assemble». Les premières synagogues apparurent comme conséquence de la destruction du Temple de Jérusalem par les Romains en 70. Les synagogues sont en général tournées vers Jérusalem, ce qui signifie qu'en Europe elles doivent être orientées ouest-est. L'architecture des synagogues a de tout temps été influencée par les formes architecturales de leur époque de construction, d'où l'absence d'un style architectural propre à ces lieux de culte. En revanche, on retrouve à l'intérieur de toutes les synagogues les mêmes objets de culte : rouleaux de la Torah, chaire et chandelier à sept branches.

Les offices religieux à la synagogue

Les offices ont lieu matin, midi et soir et, dans l'orthodoxie, dès lors qu'au moins dix hommes (mais aussi des femmes) ayant atteint leur majorité religieuse sont assemblés dans la synagogue.

La majorité religieuse est consacrée par la bar-mitsvah, effectuée à treize ans par les garçons, et la bat-mitsvah, que les filles accomplissent dès l'âge de douze ans.

Les offices religieux ne sont pas obligatoirement célébrés par un ecclésiastique, parce que la foi juive ne voit pas la nécessité d'un intermédiaire entre Dieu et les hommes.

En signe de soumission, les hommes portent sur la tête une calotte appelée en hébreu *kippa* et en yiddish *yarmulke*.

L'office religieux se déroule en suivant le siddour, livre de prières avec des passages de la Torah, des psaumes et des proverbes. Les membres de la communauté alternent à la lecture. Après les chants, les récitations des textes et les bénédictions, une prière pour l'avenir clôt généralement l'office.

À gauche :
La grande synagogue de Jérusalem (Hekhal Shlomo), à laquelle le siège du grand rabbinat est attenant.

Châle de prière et phylactères

Le châle de prière *(talith)* et les phylactères *(tefillin)* sont des éléments importants de la pratique religieuse.

Le port du châle de prière rappelle au juif qu'il doit observer les commandements de Dieu. Le *talith* est orné de 32 franges symbolisant les prescriptions et les interdits de la Torah. Seuls les hommes s'en drapent dans la journée pour assister aux offices religieux du matin, ainsi qu'à l'occasion du sabbat et les jours de fête. Un *talith* doit couvrir presque entièrement le buste. De nombreux juifs très pratiquants se couvrent aussi la tête de leur *talith* pour intensifier leur recueillement avant les prières.

Les *tefillin* sont deux petites boîtes en cuir contenant des morceaux de parchemin sur lesquels sont copiés à la main des passages choisis de la Torah. Les quatre passages figurant dans le *tefillin* porté au poignet sont écrits sur un seul et même morceau de parchemin, tandis que ceux du *tefillin* porté sur le front le sont chacun sur un morceau de parchemin distinct. Le parchemin, à l'instar du cuir des lanières fixées aux boîtes, doit provenir d'animaux kasher.

Le port des *tefillin* doit se conformer à des règles particulières : « La lanière du *tefillin* de poignet doit être enroulée sept fois autour de l'avant-bras gauche chez les droitiers, et sept fois autour du droit chez les gauchers, car le verset des psaumes en hébreu comporte sept syllabes. L'extrémité de la lanière est enroulée encore trois fois autour de la main et trois fois autour de l'annulaire et du majeur, de façon à former le mot hébreu *Shaddai,* qui signifie Tout-Puissant (3). »

On porte les *tefillin* de préférence à la prière du matin, mais pas le jour du sabbat ni les jours de fête.

D'après le Talmud, les femmes sont dispensées du port du *talith* et des *tefillin.* En raison de leurs occupations au sein de leur foyer, elles ne sont pas tenues non plus de se rendre à la synagogue pour y prier.

Le port du talith *(châle de prière) et des* tefillin *(phylactères) rappelle au fidèle l'obligation de suivre les commandements de Dieu.*

Prescriptions et interdits

Ci-dessus :
Tous les aspects de la vie quotidienne, y compris la cérémonie de mariage, sont régis par la halakha. *Le* talith *(châle de prière) recouvre le couple de mariés en signe de protection.*

La *halakha,* le cœur du judaïsme

La religion juive se refuse à toute approche systématique, et ce malgré des tentatives répétées. Ces tentatives ont toutes été vouées à l'échec, «car le judaïsme n'a jamais cherché à donner une structure logique à ses enseignements (4)».

Il a plutôt eu à cœur de développer un recueil d'usages, un «corpus d'actes religieux, qui fixeraient la pratique religieuse (4)».

La Torah écrite impose aux fidèles 613 commandements, que les rabbins se sont de tout temps attachés à interpréter individuellement, sans chercher à formuler un dogme judaïque qui puisse servir de fondement à toute interprétation.

«La théologie du judaïsme est contenue en grande partie dans la *halakha,* à savoir le droit judaïque, qui est essentiellement tourné vers la pratique (4).»

La *halakha* reflète les deux piliers du judaïsme : la toute-puissance de Dieu et la sainteté de l'individu.

Une voie, dans laquelle on s'engage

«La *halakha* est la loi judaïque. Elle repose essentiellement sur les commandements de la Torah écrite et de la Torah orale, sur l'ensemble de la législation et de la jurisprudence rabbiniques, que les grands docteurs de la Loi ont consigné par écrit au fil des siècles (4).» La *halakha* («la voie», en hébreu) s'inscrit ainsi dans la pratique, non dans la théorie. Elle a pour objet l'application correcte au quotidien des commandements *(mitsvot).*

La *halakha* est un corpus de devoirs religieux, et non pas un recueil d'éléments de dogme. C'est pourquoi la *halakha* en tant que système de règles couvre tous les aspects de la vie, y compris les relations des hommes entre eux ou avec Dieu.

Des prescriptions pour tous les aspects de la vie

La *halakha* ne se limite pas à des questions de rituel et de foi; elle s'étend aussi à des domaines qui, pour des spécialistes non juifs, relèveraient plutôt de la morale, du droit civil ou du droit pénal.

La *halakha* est par conséquent un code global, dans l'esprit du judaïsme. Il n'y a en effet aucun aspect de la vie que cette religion n'aborde. La *halakha* donne des directives claires pour tous les actes quotidiens, qu'il s'agisse «des habitudes alimentaires d'une personne, de sa vie sexuelle, de son comportement en affaires, de sa vie sociale, de ses loisirs ou encore de son épanouissement artistique. Tous ces aspects sont régis par la loi et les valeurs religieuses, ainsi que par les directives spirituelles du judaïsme (4).»

Cependant, seuls les juifs orthodoxes se conforment à toutes les règles précises de la *halakha.*

Adonaï

Adonaï («Seigneur», en hébreu) est le nom de Dieu, lequel ne peut être noté dans les textes sacrés que sous la forme du tétragramme formé des quatre lettres hébraïques YHWH *(Yahvé)*.

Les juifs pratiquants ne prononcent pas le tétragramme. Ils ne l'écrivent pas non plus. Dans les offices religieux, pour ne pas l'évoquer, ils parlent de *Hashem* («le Nom»).

Quand on psalmodie des textes de la Torah ou du Talmud en dehors de l'office religieux (dans les répétitions, notamment), on recourt à l'expression *Adoshem* (mon Seigneur) pour éviter de réduire Dieu, le Créateur, à un concept humain en le nommant.

Les raisons des multiples commandements

«De nombreux spécialistes se sont attelés à la tâche d'expliquer le bien-fondé de toutes les lois de la Torah ainsi que des nombreuses règles et coutumes apparues au cours de l'histoire du judaïsme. En effet, la Torah même ne fournit pour la plupart des commandements aucune explication spécifique (4).»

Si un juif pieux doit vivre en se conformant à des règles aussi strictes, c'est pour témoigner de sa soumission à Dieu.

Mais ce respect des règles n'a jamais empêché les juifs de chercher à comprendre le pourquoi des différents commandements. Certains rabbins y ont même travaillé avec acharnement. Cette quête est l'expression de leurs efforts pour approcher au plus près les intentions divines.

Ci-dessus : Les juifs pieux ne prononcent pas le nom de Dieu dans leurs prières.

Ci-dessous : Rabbins et fidèles discutent volontiers des raisons qui sous-tendent les obligations imposées par la halakha.

La mort, les funérailles et l'au-delà

Ci-dessous, dans l'encadré : Les défunts sont traditionnellement portés en terre le jour même du décès, au plus tard le lendemain.

La concentration sur la vie ici-bas

Le judaïsme se concentre davantage sur la vie ici-bas que les autres religions. Si un mourant est encore en mesure de se préparer à accueillir la mort imminente, en priant, en se confessant et en bénissant sa descendance, il doit, peu avant son dernier soupir, et avec sa famille, professer sa foi dans le Dieu qui est un. «*Shema Israel*» – reconnaissance de l'unicité de Dieu – doit être la dernière parole prononcée par l'agonisant. Shema Israel («Écoute Israël») est la prière centrale des offices matinaux et vespéraux du judaïsme. On ne touche pas au corps du défunt dans les heures qui suivent la mort, puis on l'étend sur le sol, on allume une bougie, on pratique la purification rituelle du cadavre, que l'on revêt ensuite d'un linceul de lin. Jusqu'à l'enterrement, on ne laisse pas seul un instant le disparu, en signe de respect. Généralement, un *shomer* (gardien) veille en récitant des psaumes.

Cheol, le monde sous la terre

Les représentations de l'au-delà dans le judaïsme ont évolué au fil du temps. Dans les Écritures hébraïques, pauvres et riches, maîtres et esclaves, rois et princes, petits et grands se rendent après leur mort dans un royaume de ténèbres, où ils sombrent dans une semi-existence obscure et éthérée. Cheol, ainsi qu'on appelle le séjour des morts sous la terre, n'est que décomposition charnelle, ténèbres et chaos.

Le Jugement dernier et la résurrection

Après la destruction du premier Temple de Jérusalem, en 587 av. J.-C., le peuple juif commença à se représenter le ciel comme un lieu où tous les morts comparaîtront devant Dieu le jour du Jugement dernier. Comme l'évoquent les psaumes, les justes ressusciteront, tandis que les impies seront voués à la mort éternelle. Si l'orthodoxie s'en tient à la repré-

L'inhumation

L'inhumation a lieu le plus rapidement possible après le décès, si possible le jour même, au plus tard le lendemain.

Les juifs pratiquants rejettent l'incinération : en application de la prescription biblique selon laquelle « Tu es poussière, et tu retourneras à la poussière », la dépouille mortelle est placée dans le cercueil, uniquement enveloppée dans un linceul.

Un rabbin prononce l'oraison funèbre, puis un parent récite le kaddish (prière des morts).

Avant l'inhumation, les proches du défunt déchirent leurs vêtements en signe de deuil – ou, de nos jours, ils arrachent symboliquement une bande de tissu préalablement cousue à cette intention sur leurs vêtements.

Le deuil dure un an au total. Pendant les sept premiers jours (*shivah*, en hébreu), les membres de la famille restent chez eux pour recevoir les condoléances des visiteurs.

Au cours des trente jours suivant le décès, les parents s'abstiennent de se couper les cheveux, et aucun mariage n'est célébré dans la famille.

À la différence des sépultures chrétiennes, les tombes juives ne peuvent être ni détruites, ni déplacées, ni reprises. En effet, la pratique juive ne connaît pas le système de concessions temporaires : aucune intervention des vivants ne doit venir troubler la paix des défunts jusqu'au Jugement dernier et à l'avènement du royaume de Dieu.

À gauche :
Le prophète Élie s'élève dans les cieux sur un char, comme le feront les justes.

sentation traditionnelle de la résurrection du corps, le judaïsme réformateur a abandonné cette représentation au profit de la foi en l'immortalité de l'âme. De manière générale, la vie après la mort ne joue pas un rôle aussi important dans le judaïsme que dans le christianisme et l'islam.

L'attente du Messie

Les juifs vivent dans l'attente du Messie. Ils associent à la venue de celui-ci la délivrance d'Israël de tous les maux et la restauration du Temple de Jérusalem. Il leur est cependant interdit de représenter ce nouveau monde divin. Dans le livre de prière juif, on dit du Messie (de l'hébreu *mashia'h,* «oint de Dieu») que Dieu va envoyer : «Il envoie à la fin des temps notre oint de l'Éternel, pour délivrer ceux qui attendent la délivrance (5).»

La fin du monde

La fin du monde (Apocalypse) est décidée par Dieu seul. Le juif pratiquant associe la fin du monde à l'espérance que le règne de Dieu viendra, tant pour le peuple d'Israël que pour tous les autres peuples de la Terre qui suivent la volonté de Dieu. Ils devront alors se soumettre à Dieu. Le peuple d'Israël sera affranchi de ses souffrances, et toutes les persécutions, humiliations et vexations cesseront. Cette délivrance n'est pas à comprendre au sens chrétien de rédemption des péchés et de la faute, mais au sens de libération nationale et de paix pour tous les peuples. Dans ce renouveau du monde, les morts ressusciteront aussi. C'est pourquoi ils doivent être inhumés et non pas incinérés. Il sera mis définitivement fin à la misère et à la faim. Mais personne n'a le droit de s'imaginer concrètement cette délivrance, car c'est Dieu qui a le pouvoir de décision en la matière : «Personne, à part toi, Éternel, ne l'a regardée en face (5).»

Ci-dessous :
Cheol, séjour des morts chez les juifs, est un monde de ténèbres.

Vivre dans la foi juive
L'ère judaïque

La Nouvelle Lune, une unité de temps

L'introduction du calendrier juif (*lua'h,* en hébreu) remonte aux temps bibliques. L'année des Hébreux comptait déjà douze ou treize mois.

C'est à l'époque de l'exil babylonien (en l'an 587 avant notre ère) que les noms de mois furent calqués sur ceux du calendrier babylonien.

Le 29e jour de chaque mois, un conseil chargé du calendrier entendait les dépositions de témoins dignes de foi sur l'apparition du croissant de Lune dans le ciel. Le lendemain du soir où le croissant de Lune était réapparu était déclaré *Rosh 'Hodesh,* premier jour du mois. La population était ensuite informée du début du nouveau mois par des signaux de fumée.

Le calendrier

Par la suite, le calendrier juif fut décompté à partir de l'année de la Création du monde, intervenue selon la Bible en 3760 avant notre ère. L'année 2006 est ainsi l'an 5766 de l'ère judaïque.

Le calendrier juif actuellement en vigueur est lunisolaire : la durée des mois est calculée en fonction de la Lune, d'où des variations d'un mois sur l'autre (28 ou 29 jours), et la durée de l'année l'est en fonction du Soleil. Une année pouvant ainsi compter 353, 354 ou 355 jours, on régule ce décalage par rapport au calendrier grégorien en insérant un mois supplémentaire à sept reprises au cours d'un cycle de 19 ans (l'année concernée est alors dite embolismique). Les fêtes juives tombent ainsi toujours à la même saison, à un mois près.

À droite : L'actuel calendrier juif est une combinaison des calendriers solaire et lunaire. Sur ce calendrier datant du XIXe siècle, on reconnaît le chandelier à sept branches et l'arbre de vie.

L'accueil dans la foi juive

Pas de prosélytisme

Contrairement à d'autres religions, comme le christianisme, le judaïsme ne propage pas sa foi (prosélytisme) et rejette dans un premier temps les demandes de conversion. Pour prouver le sérieux de sa démarche, le candidat à la conversion doit acquérir au préalable de solides connaissances sur la religion juive et comparaître devant une commission composée de trois rabbins (*beit din,* en hébreu). Dès qu'il a réussi cet examen de passage, il doit respecter l'obligation de s'immerger à trois reprises dans le *mikveh,* le bain rituel. Les hommes se convertissant au judaïsme doivent en outre se faire circoncire.

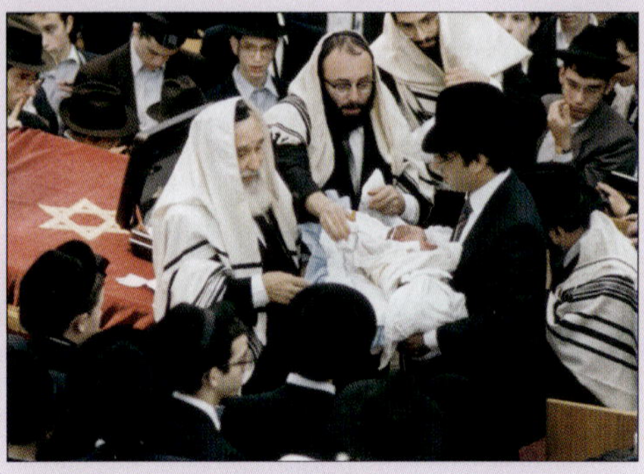

La circoncision

Un enfant de mère juive naît juif en vertu des règles rabbiniques. L'Alliance conclue par Dieu avec le peuple juif lorsque Abraham lui manifesta son obéissance est renouvelée symboliquement par la circoncision des enfants mâles huit jours après leur naissance (Genèse, 17,9 *sq.*). Avec ce rituel consistant à faire l'ablation du prépuce de l'enfant, Dieu se montre garant de la fécondité de son peuple.

Les musulmans pratiquent également la circoncision.

La conversion

En 1956, aux États-Unis, Marilyn Monroe (1926-1962) se convertit au judaïsme avant d'épouser l'écrivain juif Arthur Miller (1915-2005). Elle dut à cette fin apprendre des rudiments d'hébreu pour être en mesure de comprendre la Torah. Elle avait aussi étudié les prescriptions strictes en matière d'alimentation et de célébration du sabbat et des fêtes juives.

Les rabbins sont d'avis que l'intégration dans la judéité doit se faire lentement, car il faut des années pour se familiariser avec tous les aspects de la religion.

L'État d'Israël garantit à tout juif le droit d'immigrer. Les juifs orthodoxes accueillent quant à eux les conversions avec une grande réticence. Ils considèrent le judaïsme américain comme trop libéral et trop réformateur, et contestent souvent la légitimité des conversions de cette nature.

Ci-dessus : L'actrice américaine Marilyn Monroe se convertit au judaïsme par amour pour l'écrivain juif Arthur Miller.

Les fêtes et célébrations juives

Ketouba et 'houppa dans le mariage juif

La *ketouba,* généralement rédigée en araméen, constitue l'acte de mariage. Par la *ketouba,* le marié s'engage à honorer sa femme, à la vêtir, à la nourrir et à satisfaire ses besoins sexuels. C'est par sa lecture que commence la cérémonie du mariage juif.

Autres temps forts du mariage : les mariés partagent une coupe de vin et échangent les anneaux sous la *'houppa* (dais nuptial).

Après la remise de la *ketouba* à la mariée, le rabbin récite le chant des sept bénédictions nuptiales.

Enfin, le marié écrase un verre sous son pied en souvenir de la destruction du Temple de Jérusalem.

Ci-dessus :
La bar-mitsvah, à l'âge de treize ans pour les garçons, et la bat-mitsvah, à l'âge de douze ans pour les filles, marquent la majorité religieuse.

Bar-mitsvah et bat-mitsvah

À l'âge de treize ans, les garçons célèbrent leur bar-mitsvah, c'est-à-dire leur majorité religieuse, qui leur confère des droits et des obligations en tant qu'hommes juifs. Les filles font quant à elles leur bat-mitsvah à l'âge de douze ans. Ce jour-là, garçons et filles, qui ont suivi au préalable un enseignement spécifique et ont été initiés aux traditions du judaïsme, deviennent membres à part entière de la synagogue. Ils sont désormais *bar-mitsvah* et *bat-mitsvah* (respectivement «fils du devoir» et «filles du devoir», en hébreu). L'accomplissement de la bar-mitsvah confère le droit de lire la Torah, de la bénir et de porter les *tefillin*

À droite :
Ce n'est qu'une fois faite la bar-mitsvah ou la bat-mitsvah que le jeune juif peut porter les tefillin. *L'enroulement des lanières de cuir et le positionnement des phylactères sur le sommet du front et sur le bras requièrent un peu d'entraînement, avec le concours des parents.*

(phylactères) au bras. Bien que la Mishna indiquât déjà que les membres de la communauté devaient accueillir en leur sein les jeunes garçons ayant atteint l'âge de treize ans, le rite de la bar-mitsvah n'est attesté qu'à partir du XVe siècle.

La cérémonie de la bar-mitsvah, à laquelle assistent la famille ainsi que toute la communauté, est un moment clé dans la vie d'un jeune juif. La bat-mitsvah fut introduite par les juifs libéraux au XIXe siècle.

Rosh Hashana et Yom Kippour

Les juifs fêtent le nouvel an à l'automne. Les célébrations de Rosh Hashana durent un ou deux jours et invitent au recueillement et à la méditation (les fidèles s'habillent parfois de blanc à cette occasion). Rosh Hashana est le jour à la fois de la Création du monde et du Jugement des hommes par Dieu. L'après-midi du premier jour, on sacrifie à la coutume nommée *tashlik* : après une prière pour implorer le pardon des péchés, on se débarrasse symboliquement de ces derniers en jetant des cailloux ou des miettes de pain dans de l'eau. On trouve traditionnellement à la table de Rosh Hashana des fruits (souvent des grenades) et du miel, symbolisant une «nouvelle année douce».

Rosh Hashana est suivi par dix jours de pénitence et d'examen de conscience, clôturés par Yom Kippour, la fête de la réconciliation, qui comprend un jeûne de vingt-cinq heures, une confession et une purification.

Lors des deux fêtes retentit le son d'un shofar, instrument à vent taillé dans la corne d'un bélier, sans embouchure chez les Ashkénazes, avec embouchure chez les Séfarades.

La *menorah*

Comptant parmi les premiers objets de culte du judaïsme (voir Exode, 25,31 *sq.*), la *menorah*, ou chandelier à sept branches, est devenue un symbole majeur de l'identité juive (en plus de l'étoile de David). La *menorah* qui fut apportée comme butin à Rome après la destruction du Temple de Jérusalem, en 70, n'a jamais été retrouvée. La valeur symbolique de la *menorah* est telle qu'une reproduction géante s'élève devant le Parlement israélien et qu'elle figure sur les armoiries d'Israël. Ses nombreuses reproductions ne sont généralement pas utilisées à des fins rituelles.

Ci-dessus :
On sonne le shofar à l'occasion de Rosh Hashana et de Yom Kippour. Cet instrument à vent remontant aux temps bibliques est taillé dans une corne de bélier. On en joue avec ou sans embouchure.

Ci-dessus :
La fête de Soukkot se célèbre dans la joie. La créativité est de mise dans la décoration de la soukka *avec de nombreux symboles agricoles, tels les fruits frais.*

Soukkot

À l'occasion de Soukkot, la fête des Cabanes ou des Tabernacles, les juifs commémorent l'habitat précaire des Hébreux durant leur séjour dans le désert. Soukkot, qui a lieu six jours après Yom Kippour, est aussi un jour d'action de grâces pour les récoltes et les moissons. Les croyants construisent des cabanes (*soukka,* en hébreu), dans lesquelles ils prient, mangent et, si le temps automnal le permet, dorment. Ces cabanes rappellent par leur architecture les huttes que construisirent les Hébreux pendant leur traversée du désert. Elles symbolisent aussi la fugacité des biens matériels et la pérennité de la foi. Soukkot est une fête joyeuse où chacun peut laisser libre cours à son imagination.

De nos jours, une *soukka* est généralement faite de bois et de toile de tente. On étend des nattes au sol, et des branchages forment le toit de telle sorte que l'on puisse observer les étoiles dans le ciel. Pendant les sept jours que dure Soukkot, les fidèles passent le plus de temps possible dans les cabanes. Le septième jour et dernier jour *(Hoshana rabba)* se déroulent sept processions destinées à invoquer la bénédiction divine sur la prochaine récolte.

Sim'hat Torah

Sim'hat Torah («Joie de la Torah», en hébreu) est la conclusion solennelle de Soukkot. Cette célébration clôt aussi le cycle annuel de lecture de la Torah et ouvre le suivant. Les lectures de la Torah s'accompagnent de festivités auxquelles les enfants participent également.

Hanoukka

Hanoukka célèbre la restauration du Temple de Jérusalem par Judas Maccabée en 164 av. J.-C.

En effet, Hanoukka ne trouve pas son origine dans la Torah, mais dans l'histoire : en 168 av. J.-C., le roi Antiochos IV Épiphane interdit aux juifs la circoncision et tenta d'im-

À gauche :
Pendant Soukkot, à Jérusalem, les fidèles se rendent en procession au mur des Lamentations en arborant des rameaux de palmier, de saule, de myrte et de cédrat.

Ci-dessous :
Hanoukka, fête des Lumières, se déroule sur huit jours en novembre ou décembre. Chaque soir, on allume une bougie à la 'hanoukia *(chandelier à neuf branches) en souvenir de la reconsécration du Temple de Salomon en 164 av. J.-C.*

poser par la force le polythéisme grec aux juifs de son royaume. Trois années durant, le prêtre Mattathias et son fils Judas Maccabée conduisirent la révolte dite des Maccabées contre le régime tyrannique des Séleucides.

Antiochos IV avait installé une statue de Zeus dans le Temple de Salomon, ce qui constituait une profanation. Expulsés de leurs maisons, les juifs combattirent dans la clandestinité pour défendre leur patrie, leur religion et leur temple profané.

En 164 av. J.-C., ils remportèrent la victoire finale contre Antiochos IV et purent reconstruire et purifier le Temple. Ils célébrèrent leur victoire huit jours durant. Le flacon d'huile découvert dans le Temple n'aurait pu alimenter la *menorah* qu'un journée, mais l'huile dura miraculeusement huit jours.

Aussi la fête des Lumières se déroule-t-elle sur huit jours, en novembre ou décembre. Tous les soirs, on allume une bougie d'un chandelier à neuf branches, une bougie servant à allumer les autres.

Ci-dessus :
Pourim, qui commémore l'intervention réussie d'Esther en faveur des juifs, ne se conçoit pas sans un repas de fête bien arrosé et agrémenté d'anecdotes savoureuses.

Pourim

La fête de Pourim, qui se célèbre entre fin février et début mars, rappelle le carnaval à certains égards.

Le judaïsme condamne d'une manière générale les déguisements, qui conduisirent dans le passé à des échanges de vêtements entre hommes et femmes, ce qui est interdit par la Torah. Cependant, Pourim semble faire exception à cette règle : ce jour-là, les croyants, avant tout les enfants, se déguisent et célèbrent dans la joie une fête qui a plutôt une origine tragique.

Pourim est le pluriel du mot assyrien *pour*, signifiant «sort» ou «tiré au sort». Aman, grand vizir du roi de Perse, avait persuadé ce dernier que ses sujets juifs constituaient un danger pour lui et avait arrêté la date de leur extermination en lançant des dés. Poussée par son oncle Mardochée, Esther, l'épouse juive du roi de Perse, obtint cependant la grâce des juifs, et Aman fut exécuté. Les jours de désespoir, pendant lesquels il devait être décidé du sort des juifs, devinrent par la suite des jours de fête, où l'on échange des cadeaux et où l'on fait l'aumône aux pauvres.

Pessah

Pessah, la Pâque juive, est la commémoration de la sortie des Hébreux d'Égypte. Elle commence à la première lune de printemps, qui tombe généralement en avril, et dure sept ou huit jours. Elle est symbolique du passage, à savoir du chemin accompli pour se rendre en Terre promise.

Conformément à son étymologie (le mot hébreu *pessa'h* signifie «grâce», «ménagement»), cette fête renvoie à la préservation du peuple hébreu par Dieu, qui fit s'abattre dix plaies sur l'Égypte pour convaincre Pharaon de laisser partir le peuple élu.

Le dixième de ces châtiments fut la mort de tous les premiers-nés sur le sol égyptien. Seuls en réchappèrent les premiers-nés juifs, car les Hébreux avaient marqué les poteaux et le linteau de leurs portes avec le sang d'un agneau.

Le soir de Pessah, les familles juives célèbrent le *seder* par un repas du même nom. En souvenir des privations endurées dans le désert, on sert à ce repas la *matsa*, galette de pain azyme (sans sel ni levain), ainsi que des aliments dotés d'une signification symbolique : des herbes amères *(maror)*, raifort ou laitue, comme symbole de l'esclavage subi, ou encore

Les mascarades de Pourim

Les premières mascarades à l'occasion de Pourim auraient eu lieu à la fin du XVe siècle dans les communautés juives d'Italie, sous l'influence du carnaval de Rome. Cette coutume se répandit ensuite au reste du monde. Un repas de fête arrosé de boissons alcoolisées est de mise ce jour-là, en souvenir du festin qui scella la victoire d'Esther sur Aman. Et les enfants ne se font pas prier pour se déguiser et jouer une reconstitution de la scène historique.

À gauche :
Défilé d'enfants déguisés à l'occasion de Pourim.

de l'eau salée, par référence aux larmes versées par les fils d'Israël réduits en esclavage en Égypte.

Shavouot

Cinquante jours après Pessah – à peu près en même temps que la Pentecôte des chrétiens –, les juifs célèbrent pendant deux jours Shavouot, la fête de la Révélation. Selon la tradition, les Hébreux devinrent de manière symbolique des hommes libres au moment où la Torah fut révélée à Moïse sur le mont Sinaï et où ils reçurent les Tables de la Loi. Shavouot est à la fois la fête du don de la Torah et une fête des Moissons, car elle coïncide avec la récolte du blé. Pendant ces deux jours chômés très festifs, on lit des passages déterminés de la Torah. Shavouot correspondait aussi autrefois, dans la tradition ashkénaze, à l'entrée à l'école élémentaire religieuse *('heder)*. En souvenir de ce jour, les enfants recevaient traditionnellement des pains d'épices sur lesquels étaient inscrits des versets de la Torah.

Ci-dessous :
Tous les plats du repas opulent de Pessah ont un sens symbolique. Cette commémoration de l'affranchissement du peuple juif et de sa sortie d'Égypte est une fête joyeuse, que l'on célèbre avec la famille élargie.

Les prescriptions en matière de pureté rituelle

Ci-dessus :
À l'instar de nombreuses autres religions, le judaïsme connaît l'impureté rituelle. Pour être rituellement pur, notamment avant la prière au mur des Lamentations, à Jérusalem, le croyant doit effectuer des ablutions particulières, comme ici à cette fontaine d'eau vive.

Page ci-contre :
Choix prodigieux de spécialités sucrées et salées dans une pâtisserie juive. Les aliments d'origine végétale sont généralement considérés comme kasher (purs) et peuvent être associés à des laitages ou à de la viande.

Les *mikvaot*

Jadis, presque chaque communauté juive disposait d'un *mikveh*. Certains de ces bains rituels ont été conservés.

La construction et l'utilisation d'un *mikveh* sont régies par des prescriptions particulières : l'eau doit être courante et naturelle, ce qui limite les possibilités d'approvisionnement à l'eau de source, à la nappe phréatique et aux eaux de pluie. Au Moyen Âge, presque tous les *mikvaot* puisaient leur eau directement à la nappe phréatique. Le bassin devait être rempli d'au moins 500 à 1 000 litres d'eau. On ne peut s'immerger dans un *mikveh* qu'entièrement nu, débarrassé de vernis à ongles et de rouge à lèvres. L'immersion doit être totale, cheveux compris.

Les *mikvaot* modernes ressemblent à des bains publics. Les visites des hommes et des femmes au *mikveh* sont régies par des prescriptions : le bain rituel est recommandé aux hommes avant le sabbat ou avant Yom Kippour. Les femmes doivent s'y baigner la veille de leur mariage, après avoir eu leurs règles et après un accouchement.

Les copistes de la Torah doivent s'immerger dans le *mikveh* avant d'entreprendre leur travail.

Taharah et *toumah*

Ces deux concepts clés en matière de pureté rituelle, qui découlent de la Torah, sont la *taharah,* pureté rituelle, et la *toumah,* septicité, impureté rituelle. L'application des prescriptions en matière de pureté rituelle se limite aujourd'hui à certains domaines particuliers et relèvent de l'hygiène corporelle, en relation avec la menstruation et le contact avec un mort. La *toumah* a également une signification sexuelle : le mot se réfère avant tout aux « pollutions » que l'homme génère par son sperme et la femme par ses règles, l'un et l'autre se trouvant lors de ces émissions en état d'impureté rituelle.

La kashrout

D'après la kashrout (« ce qui est approprié », en hébreu), ensemble de prescriptions relatives à l'alimentation, sont kasher, c'est-à-dire propres à la consommation, bovins, ovins et caprins. Le porc ainsi que tous les autres animaux invertébrés, tels les serpents, les insectes et les escargots, ne sont pas kasher. Un juif orthodoxe ne peut pas non plus consommer de fruits de mer, car ils ne présentent pas d'arêtes, ni de poissons qui sont dépourvus d'écailles ou de nageoires (l'anguille, par exemple). Un boucher agréé pratique l'abattage rituel des animaux en les saignant au moyen d'un couteau allongé (*'halaf* en hébreu). Il est aussi interdit de cuisiner ou consommer ensemble produits laitiers et carnés, conformément à la prescription biblique suivante : « Tu ne feras pas cuire un chevreau dans le lait de sa mère » (Exode, 23,19). C'est pourquoi les juifs orthodoxes possèdent pour chacun de ces deux types de produits un réfrigérateur et une batterie de cuisine distincts.

L'impureté rituelle

Pour retrouver sa pureté rituelle, un fidèle doit commencer par se laver très soigneusement avant de s'immerger entièrement dans de l'eau vive, c'est-à-dire courante. Depuis toujours, cette purification a lieu dans un *mikveh*. Des ustensiles, voire des locaux peuvent aussi être impurs. Dans les familles orthodoxes, on rend kasher de la vaisselle neuve en la plongeant dans le *mikveh*.

Les eaux vives jouent depuis toujours un rôle central dans la Bible : « Le Midrash renvoie lui aussi aux eaux vives du puits de Marie [Myriam, pour les juifs] qui accompagna le peuple d'Israël dans sa traversée du désert (6). »

La kabbale, expérience de la nature divine

Ci-dessous : Les kabbalistes pensent être investis de la mission de déchiffrer tous les secrets de l'Univers au moyen de la kabbale. Cela requiert des années d'exercice en compagnie de croyants partageant les mêmes idées.

Une sagesse occulte

Le concept de kabbale recouvre tous les enseignements ésotériques du judaïsme, essentiellement les formes d'occultisme apparues depuis le Moyen Âge. La Torah révèle la volonté de Dieu, à laquelle le croyant doit se conformer. La kabbale cherche quant à elle à pénétrer la nature divine, qui est à l'origine de toute vie. Selon la kabbale, il convient d'appréhender Dieu par la méditation et la contemplation, car il se dissimule et se révèle. La kabbale se considère comme une sagesse occulte de tous les enseignements spirituels, une mine de connaissances permettant de pénétrer tous les mystères de l'Univers. Cependant, comme il est difficile de l'interpréter correctement, le savoir mystique ne devrait être transmis qu'aux fidèles ayant atteint un niveau d'instruction religieuse particulièrement élevé.

La nature de la kabbale

Les enseignements de base de la kabbale cherchent à mettre en lumière la nature occulte de Dieu et à percer la structure cosmologique de l'Univers.

Les kabbalistes voient en Dieu la force de tout ce qui est vrai, ceux d'Espagne – réunis autour de l'auteur du *Zohar* – considérant le diable comme son *alter ego* maléfique. C'est à l'homme qu'il appartient de choisir son camp. La kabbale donne aux initiés la possibilité d'identifier les maillons entre l'homme et l'Univers, entre la Création et son Créateur. Ces « maillons » sont conçus comme des forces (spirituelles) par lesquelles l'homme peut lui aussi participer à la Création, mais seulement s'il sait se les concilier. Il doit aussi invoquer des puissances déterminées (anges, génies ou démons). C'est par des noms et des symboles, comme l'énonce le *Zohar*, que l'on réveille toutes les forces de l'Univers.

Pour les kabbalistes, les noms ne sont pas des appellations arbitraires mais transmettent la nature la plus profonde de ce qui est nommé. Quiconque connaît le vrai nom de quelque chose obtient un ascendant sur cette chose. Il y a dans la kabbale 22 forces créatrices, correspondant aux lettres de l'alphabet, que l'on mobilise en les contemplant ou en les prononçant pour identifier les énergies de l'Univers et les instrumentaliser.

À gauche :
La ville israélienne de Safed, berceau de la mystique juive, abrite la 'hamsa, *la main aux doigts écartés. Ce symbole de la kabbale représente la main de Dieu, qu'il impose sur les hommes, en signe de protection.*

Ci-dessous :
La kabbale connaît depuis quelque temps un regain de popularité. On trouve en librairie une littérature abondante en matière de mystique juive.

Le *Zohar*

L'ouvrage de référence de la kabbale est le *Zohar*, ou *Livre de la splendeur*, un manuel mystique écrit en araméen, qui parut au XIIIe siècle en Espagne sous forme manuscrite. Cet ouvrage comprenant tous les enseignements de la kabbale du Ier siècle jusqu'à cette époque serait l'œuvre du kabbaliste Moïse Ben Shemtob de Léon (1250-1305). Le *Zohar* fut imprimé pour la première fois en 1558 à Crémone.

Dans ses 2 400 pages très denses, ce manuel traite notamment de l'antinomie entre la hiérarchie du mal, les *sephirot* dits maléfiques, et la hiérarchie divine, celle des dix *sephirot* angéliques qui apportent à l'homme félicité et bénédiction, un monde de lumière d'émanation divine.

Ces dix aspects de Dieu jouent un rôle central dans la kabbale.

Ci-dessus :
Selon le Zohar, *des noms et des symboles permettent de réveiller toutes les puissances de l'Univers. Les noms révèlent à un kabbaliste la nature la plus intime de la chose nommée et lui confèrent ainsi des pouvoirs sur elle.*

La guématrie, ou l'enseignement pratique de la kabbale

La guématrie s'apparente à un art du déchiffrement. L'hébreu n'ayant pas de chiffres, chaque lettre de l'alphabet est associée à un nombre. Cette langue permet ainsi de jouer avec la valeur des différentes lettres pour former des mots dont la somme des lettres qui les composent est identique. En intervertissant ces mots, on peut découvrir dans un passage d'un texte sacré ou dans un nom une signification cachée. Ce système est certes transposable à d'autres langues, mais c'est l'hébreu que la foi juive considère comme la langue de Dieu.

Interprétations kabbalistiques : le mot « Amen »

Pour les kabbalistes, Dieu est le « un » parce qu'il est l'origine et le commencement de tout. « Un » se dit *echad* et se compose de trois lettres (contrairement à l'alphabet latin, l'alphabet hébreu ne comporte pas de voyelles proprement dites) dotées des valeurs numériques suivantes : aleph (1) + 'heth (8) + daleth (4). En additionnant ces chiffres, on obtient le nombre 13.

Au mot *ahava,* signifiant « amour », correspond la combinaison de chiffres suivante : aleph (1) + hé (5) + beth (2) + hé (5). La somme de ces chiffres est aussi le 13. Le kabbaliste en conclut que l'amour et l'unité (Dieu) sont de natures identiques.

Allant toujours plus loin, on peut additionner 13 et 13, et obtenir la valeur numérique de YHWH, le tétragramme de Dieu (Yahvé).

Le mot «amen» se prête aussi à une interprétation kabbalistique impressionnante. L'origine de ce mot que chrétiens, juifs et musulmans utilisent tous indifféremment pour dire «ainsi soit-il» est obscure.

Les kabbalistes voient plutôt dans ce mot une injonction à Dieu. En effet, ce mot se compose des lettres aleph, mem et noun, respectivement associées aux nombres 1, 40 et 50. Ces lettres sont aussi les premières lettres de trois mois hébreux en rapport avec Dieu : *Adonaï, melekh* et *ne'eman,* se traduisant par «Seigneur, fidèle roi». La valeur numérique du mot «amen» est 91, la somme des chiffres qui le composent est 10. Le nombre 10 symbolise les dix *sephirot,* Dieu en l'occurrence.

À gauche :
À l'instar de la lettre alpha de l'alphabet grec, aleph est la première lettre de l'alphabet hébreu. Les lettres, les sons et les mots constituent les éléments de la Création parce que Dieu l'a réalisée par sa parole.

Les dix degrés de Dieu

Chaque *sephirah* (*sephirot* au pluriel), concept central de la kabbale, renvoie à un des dix aspects de l'Absolu, de l'Infini *(Ein Sof),* à savoir du Dieu caché. Les dix *sephirot* sont représentés sous la forme d'un arbre (l'arbre du monde, ou l'arbre de vie mystique) comportant différents degrés de la nature divine, dans lesquels le monde caché de l'absolu, à savoir Dieu, devient visible. Ces degrés *(sephirot)* s'appellent, en commençant par le degré inférieur :

Les dix *sephirot* de l'arbre de kabbale

Kether – «Couronne» de la divinité
'Hokmah – «Sagesse» de Dieu
Binah – «Intelligence» de Dieu
'Hesed – «Grâce» ou «Miséricorde» de Dieu
Gebourah – «Pouvoir» ou «force» de Dieu
Tiphereth ou Ra'amim – «Miséricorde»
Netsah – «Victoire» de Dieu
Hod – «Majesté» de Dieu
Yesod – «Fondement» de toutes les forces agissantes et créatrices de Dieu
Malkouth – «Royaume» de Dieu

Les pouvoirs des *sephirot* sont aussi à l'œuvre dans l'individu. Ses membres sont des représentations d'un être intérieur, spirituel, représenté symboliquement par Adam Kadmon, le premier homme.

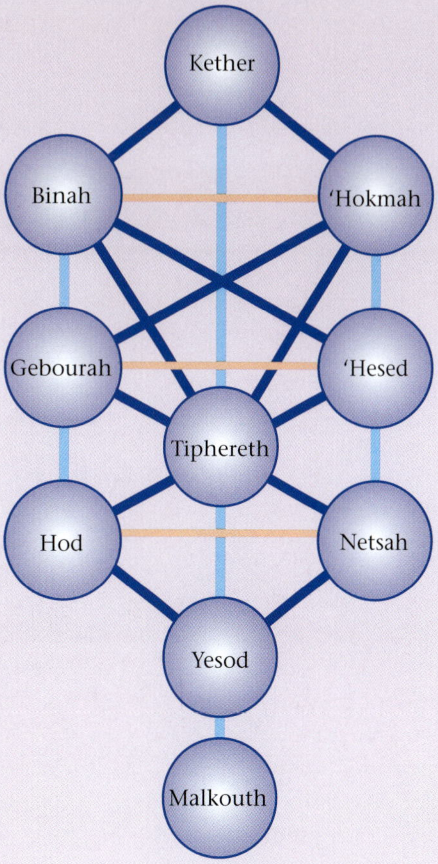

AUTRES RELIGIONS

6

Le confucianisme
La sagesse de Confucius

«Zi Gong demanda ce qui distingue un homme "noble". Maître Kong répondit : "Il ne prêche rien qu'il n'ait d'abord mis en pratique" (1).»

Le nom de Confucius et son œuvre

À droite : Maître Kong, ou Kongfuzi, que nous appelons Confucius, dispensa un enseignement, à la fois philosophique et religieux qui n'a en rien perdu de son actualité.

Vers 551 av. J.-C. naquit dans la petite principauté de Lu (dans l'actuelle province du Shandong) un enfant de sexe mâle, issu de la noble lignée des Kong, que l'on nommera plus tard Kongfuzi (maître Kong). Considéré par son peuple comme un grand enseignant, Kongfuzi tentera de ramener l'ordre dans un monde politique en plein chaos.

La forme latinisée de son nom, Confucius, dérivée de l'ancienne graphie K'ong-fou-tseu, remonte aux missions jésuites du XVIe siècle en Chine.

On sait beaucoup de choses sur la vie de ce lettré et philosophe… en apparence seulement, car sa biographie riche en légendes fut rédigée quatre cents ans après sa mort.

Le témoignage de Confucius

Le maître relate ainsi les grandes étapes de sa vie dans ses *Entretiens* : «À quinze ans, je résolus d'apprendre. À trente ans, j'étais debout dans la Voie. À quarante ans, je n'éprouvais plus aucun doute. À cinquante ans, je connaissais le décret du Ciel. À soixante ans, j'avais une oreille parfaitement accordée. À soixante-dix ans, j'agissais selon mon cœur, sans pour autant transgresser aucune règle (8).»

La doctrine de Confucius exhorte à l'ordre, dans un monde alors marqué par les troubles. Son enseignement mêle religion et philosophie, tout en s'appuyant sur d'anciens rituels magiques et des croyances primitives, comme l'existence des esprits.

Ci-dessous : Confucius au milieu de ses disciples, auxquels il enseignait la poésie, l'histoire, mais aussi la morale. Il était, semble-t-il, un enseignant remarquable.

La vie de Confucius

Son père mourut tôt, et le jeune garçon connut une enfance difficile. Il se maria à dix-neuf ans

Vie de Confucius
(dates plus ou moins précises)

551 av. J.-C. : naissance de Confucius.

549 av. J.-C. : mort de son père.

539–533 av. J.-C. : son grand-père Yan Xian lui donne des cours particuliers.

532 av. J.-C. : Confucius se marie.

532–502 av. J.-C. : il occupe divers emplois subalternes, dont gardien de troupeaux.

530 av. J.-C. : Confucius commence à enseigner. La légende veut qu'il ait eu 3 000 élèves (plus probablement 70 au vu des connaissances actuelles).

529 av. J.-C. : mort de sa mère.

523 av. J.-C. : il étudie la musique.

518 av. J.-C. : Confucius se rend à Luoyang, capitale sous les Zhou, et y rencontre Laozi, fondateur du taoïsme.

516 av. J.-C. : fuyant les luttes de pouvoir internes, Confucius s'exile à Qi, principauté voisine, puis retourne l'année suivante à Lu.

v. 500 av. J.-C. : début de son ascension politique ; Confucius devient *sikong* (intendant des travaux publics) auprès du duc Ding, puis *sikou* (ministre de la Justice).

498 av. J.-C. : chancelier suppléant, il donne ordre d'exécuter Shaozheng Mao, fauteur de troubles.

497 av. J.-C. : le prince de Lu accepte les quatre-vingts danseuses que lui envoie en cadeau la principauté voisine de Qi, ce qui pousse Confucius à s'exiler treize longues années.

497–484 av. J.-C. : Confucius erre d'État en État. Le philosophe chinois Wang Chong (27–97) expliqua que, tout ce temps, nul n'aurait pu « atteindre » Confucius, qui était comme un grand arbre dressé au sommet d'une montagne.

484 av. J.-C. : dans sa soixante-huitième année, Confucius est rappelé à Lu. Le chancelier Ji Kang lui demande occasionnellement conseil.

482 av. J.-C. : mort de son fils Li, puis de son disciple préféré Yen Houei et d'un autre élève (Zi Lu).

11 avril 479 av. J.-C. : mort de Confucius.

Ci-dessus :
À Qufu, lieu de naissance de maître Kong, se dresse le temple de Confucius. Il fut érigé à l'endroit même où se trouvait sa maison natale.

et occupa des emplois administratifs subalternes. Parallèlement, il étudia intensivement les us et coutumes du passé, se laissant (comme il l'avoue lui-même) guider par l'amour de l'Antiquité chinoise, des traditions.

Le talent pédagogique de Confucius se manifesta assez tôt, et il enseigna la morale, la poésie et l'histoire à de nombreux élèves. Treize années durant, il erra, accompagné de disciples, à la recherche d'un poste dans une cour princière. Finalement, il retourna à Lu et se consacra à la rédaction de son enseignement et du premier livre d'histoire chinois.

L'essence de son savoir se trouve résumée dans ses *Entretiens (Lunyu)*, ouvrage pédagogique transmettant sa doctrine. Confucius mourut en 479 av. J.-C., et ses disciples l'enterrèrent solennellement dans sa patrie.

Vénéré après sa mort

Après sa mort, les disciples de Confucius répandirent son enseignement dans tout le pays. Des siècles plus tard, il était révéré par la postérité. Un temple fut érigé dans sa ville natale ; quatre fois par an, un sacrifice y avait lieu en l'honneur du « premier des sages ». Au fil des siècles, maître Kong fut considéré comme « le modèle de dix mille générations » qui a été chargé de « transmettre les talents reçus du Ciel », et il en vint à bénéficier d'une vénération quasi divine.

L'enseignement de Confucius

« Le Maître enseignait spécialement quatre choses : les textes anciens, la pratique, la loyauté et la fidélité (2). »

Ci-dessus :
Dans le confucianisme, tout obéit à des règles strictes. Le Livre des cérémonies *donne des instructions précises pour chaque situation de la vie, comme ici la commémoration d'un décès, qui renforce la cohésion familiale.*

Sage et intègre

Une légende veut que dans sa cinquantième année, devenu haut fonctionnaire, Confucius ait eu l'opportunité de mettre en pratique dans sa principauté natale de Lu ses principes de gouvernement. Il y remporta semble-t-il un incroyable succès : sa seule apparition publique en tant que ministre de la Justice aurait suffi à faire sortir les criminels de leurs repaires et à inciter le peuple à l'honnêteté.

Mais un prince voisin, jaloux de l'essor de Lu, offrit à son souverain des chevaux de race et quatre-vingts danseuses afin qu'il se livre à la débauche et se détourne des principes de Confucius. Son plan fonctionna à merveille. Profondément déçu, le sage Confucius quitta son poste.

Selon certaines sources, il aurait ensuite erré treize longues années.

Des règles strictes

La parabole que l'on rapporte au sujet du Prince de Lu témoigne du but de Confucius : convaincre les hommes de mener un mode de vie strict. Lorsque le Prince échoue aux yeux du maître en se complaisant dans le luxe, ce dernier le quitte, déçu. « Il ne suffit pas d'atteindre le pouvoir à force d'intelligence, encore faut-il le conserver à force de vertu, sinon ce qui aura été obtenu sera inévitablement perdu. Il ne suffit pas d'atteindre le pouvoir à force d'intelligence et de le conserver à force de vertu, encore faut-il gouverner avec dignité, sinon le peuple sera insolent (3). » La dignité est une qualité déterminante, car elle ouvre la voie du Ciel. Le Prince en particulier a pour tâche de servir de guide sur les plans moral et religieux. Il est un homme « noble ».

Faire le bien – la hiérarchie de Confucius

« Celui qui possède le savoir à sa naissance, celui-là est un être supérieur (4). » Confucius recommande de donner « à chaque chose le nom qui est le sien », à chaque personne « la place qui est la sienne » (4). C'est sur cette base qu'il établit une véritable hiérarchie humaine. Il qualifie de « saints » les hommes du « premier degré » qui, de façon innée, savent suivre la loi du *tao*. Au « deuxième degré » se trouvent les hommes « nobles », qui guident le peuple (au « troisième degré »), car ils savent faire le bien. Tout cela semble idéaliste... Voici ce qu'en pense Confucius : « Qui observe la rectitude, quel mal aurait-il à gouverner? Qui ne sait se gouverner soi-même, comment pourrait-il gouverner les autres (5)? » Si un homme « noble » au pouvoir intériorise cette éthique, son gouvernement ne pourra être que juste et efficace.

« Noble » ou « vulgaire »

Confucius distingue homme « noble » et homme « vulgaire ». Ce dernier n'entend pas les ordres du Ciel et n'éprouve pas le profond respect

À l'extrême gauche : Jeune couple se mariant au Vietnam suivant les rites confucéens. Le fiancé fixe des fleurs à la robe de sa promise ; elles sont à la fois symbole de beauté et de fécondité.

Ci-contre : Confucius distingue l'homme « noble » de l'homme « vulgaire ». Il place tout en haut de sa hiérarchie celui qui possède le savoir à sa naissance.

qui leur est dû. Il raille tout ce qui est bon ou de valeur, et nuit à la communauté par ses actions. Confucius donne dans son système social la priorité aux hommes «nobles» : ils sont naturellement meilleurs que les autres, tout en restant faillibles. Les pensées de Confucius sont toujours valables aujourd'hui, à commencer par celles traitant de la religion ou de ceux qui la conspuent : «Une authentique prière vient d'un cœur pur et satisfait aux principes du ciel (6).» On peut tout au plus opposer que l'on n'a pas forcément envie de prier...

Culte et foi

«L'homme honorable donne une attention spéciale à neuf choses. Il s'applique à bien voir ce qu'il regarde, à bien entendre ce qu'il écoute; il a soin d'avoir un air affable, d'avoir une attitude déférente, d'être sincère dans ses paroles, d'être diligent dans ses actions; dans ses doutes, il a soin d'interroger; lorsqu'il est mécontent, il pense aux suites fâcheuses de la colère; en face d'un bien à obtenir, il se rappelle la justice (2).» Le système moral de Confucius donne des instructions claires sur la vie en communauté. Le premier des sages ne réfléchissait pas sur des questions métaphysiques, comme l'existence d'une vie après la mort ou d'un Créateur. Pour lui, seuls les hommes «nobles» ont la chance de survivre à la décomposition de leur enveloppe terrestre – tant que leur descendance respecte bien le culte des ancêtres. Confucius considérait qu'il fallait concrétiser sur Terre les lois parfaitement structurées et harmonieuses du Ciel (le *tao*) – il fallait également suivre les lois du Prince, lesquelles devaient être en accord avec celles du Ciel. Pour Confucius (à la différence de Laozi), le *tao* est un loi divine s'appliquant au monde; agir de façon morale contribue à instaurer l'harmonie cosmique. De ce point de vue, l'harmonie s'installe aussi lorsque les hiérarchies sont respectées et que le sujet révère son souverain, que le cadet respecte son aîné, que la femme obéit à son mari, que les enfants respectent leurs parents et leur obéissent.

Fêtes, règles et cérémonies

Le confucianisme ne laisse rien au hasard : il donne des instructions claires pour toute situation. Le *Livre des cérémonies (Yi-li)* indique les règles à respecter pour les principaux événements de la vie : naissance, mariage, visites, grandes réceptions données chez soi et funérailles. Dès que l'un des parents mourait, débutait pour ses enfants un deuil de plusieurs années. Durant tout ce temps, il fallait interrompre études et activité professionnelle. Aucun poste ne pouvait être conservé. Quant à la veuve, elle était tenue de rester fidèle au défunt; le remariage resta longtemps interdit.

Les idées fondamentales du confucianisme

« Apprendre sans penser est inutile, penser sans apprendre est dangereux (1). »

Les idées fondamentales du confucianisme, complétées au fil du temps par d'autres maîtres, se trouvent dans neuf ouvrages, les cinq anciens Classiques *(Jing)* et *Les Quatre Livres (Sishu),* qui furent intégrés dans le canon des écrits sacrés.

Le *Yijing,* ou *Livre des mutations,* antérieur à l'époque confucéenne, mondialement connu et consulté jusqu'en Occident, fait lui aussi partie des classiques toujours considérés comme essentiels.

La pratique du *Yijing*

Le *Livre des mutations* est un recueil d'oracles qui revêtent tout leur sens lorsqu'on les consulte pour répondre à une question précise et concrète, jusqu'alors irrésolue.

On forme un hexagramme en superposant deux trigrammes – figures composées de trois lignes pleines et brisées. On se sert pour cela de cinquante tiges de mille-feuille séchées (ou trois pièces de monnaie identiques).

L'ouvrage fournit une interprétation pour chacune des combinaisons successives, obtenues en lançant les tiges selon des règles bien définies.

Le *Yijing*

Rédigé voici environ quatre mille cinq cents ans, le *Yijing* (ou *Zhouyi*) est peut-être le plus ancien écrit chinois traitant de philosophie, de cosmologie et de prophéties.

Dans un ouvrage du lama Anâgârika Govinda, *La Structure interne du Yijing,* on peut lire que « la plus étonnante caractéristique du *Livre des mutations* réside dans le fait qu'il ne recherche pas l'immuable et l'éternel, mais déclare le changement même comme étant le principe premier de l'univers ». Les Chinois découvrirent ainsi l'idée de changement constant. Dans la Grèce antique, le philosophe Héraclite (v. 550-480 av. J.-C.) pensait de même, comme en témoigne sa plus célèbre maxime : *« Panta rhei »* (« Tout coule », tout se transforme). Et pour en revenir à Govinda, « nous sommes tous mortels tant que nous redoutons la mort, et immortels dès que nous nous laissons aller au rythme éternel de l'Univers dans lequel nous vivons. »

À droite :
C'est avec cinquante tiges de mille-feuille séchées – ou trois pièces de monnaie – que l'on pratique l'oracle du Yiking, *qui passe pour l'un des plus anciens du monde.*

Le secret du *Yijing*

La polarité du yin (féminin) et du yang (masculin) constitue le fondement du *Yijing* et explique la nature de l'homme. La synergie de ces deux principes centraux du cosmos donne naissance à toutes choses et tous phénomènes.

Autres ouvrages fondateurs du confucianisme

On compte aussi parmi les textes classiques du confucianisme le *Shu (Livre des documents),* le *Shi (Livre des odes),* le *Liji (Livre des rites)* et le

Chunqiu (Annales des printemps et automnes). Tous ces ouvrages, bien que rédigés du vivant de Confucius, présentent déjà l'essence de son enseignement.

Les Quatre Livres du canon cités plus haut correspondent aux pensées et aux textes de Confucius (ou analectes) compilés par ses disciples, auxquels s'ajoutent l'œuvre de Mengzi (Mencius), le *Zhongyong (L'Invariable Milieu)* traitant de thèmes philosophiques et, surtout, la *Daxue (La Grande Étude).*

Puis des ouvrages plus modestes, par exemple l'œuvre de Xunzi (ou maître Xun, première moitié du IIIe siècle av. J.-C.), un disciple de Confucius, vinrent s'ajouter au grand canon. Xunzi considérait l'homme comme foncièrement mauvais : seules l'étude et une morale stricte pouvaient l'éduquer. L'ordre était le moyen approprié pour apprécier la vie à sa juste valeur.

Ci-dessus :
Le confucianisme connaît nombre d'écrits philosophiques centraux, à commencer par les cinq anciens Classiques et Les Quatre Livres, *complétés au fil du temps par l'enseignement d'autres maîtres confucéens.*

À gauche :
Les éléments yin et yang constituent des forces universelles. Le principe du yin et du yang englobe tous les contraires : l'un ne peut exister sans l'autre. C'est aussi l'union du féminin et du masculin.

Le confucianisme et l'État moderne

Ci-dessus :
Des disciples sud-coréens de la doctrine confucéenne prient devant un autel. La Corée du Sud fait partie des pays accordant toujours beaucoup d'importance à la tradition et au mode de vie confucéens.

Confucius et la pensée chinoise

La pensée austère et néanmoins humaine de Confucius, marquée à la fois par une conduite morale et une pratique ouverte sur le monde, et conforme aux valeurs de la tradition, imprègne aujourd'hui encore la vie spirituelle et culturelle en Chine.

Avant la révolution menée par Mao, Confucius était honoré publiquement dans les temples et les écoles du pays, son culte étant, détail significatif, accompli non par des prêtres, mais par des fonctionnaires. Lors de la grande révolution culturelle (1966-1976), le confucianisme fut persécuté, comme toutes les religions de Chine. Les communistes ne jugèrent les idées confucéennes acceptables qu'en constatant qu'elles favorisaient la déontologie et la cohésion familiale dans d'autres pays – le Japon, Taïwan ou la Corée. En Chine, elles permirent aussi d'accroître la productivité.

L'influence d'autres religions et d'autres penseurs

Le confucianisme fut soumis relativement tôt à l'influence du bouddhisme et du taoïsme.

Le philosophe Zhou Dunyi (1017-1073) reprit les principes du yin et du yang et des «Cinq Éléments» – eau, feu, bois, métal et terre (voir le chapitre sur le taoïsme) –, et les associa à la doctrine confucéenne. Pour Zhou Dunyi aussi, il s'agit de concrétiser sur Terre l'harmonie et l'ordre du Ciel, mais avec les forces du yin et du yang.

Un autre érudit chinois, Zhu Xi (1130-1200), ajouta au confucianisme son enseignement sur deux concepts majeurs : toute vie se compose de *LI* – le Principe absolu – et de *qi* – énergie vitale, souffle (8).

L'homme s'apparente plus ou moins au *LI* éternel et indestructible; sa nature est déterminée par la force de son *qi*. L'énergie vitale est augmentée par l'étude constante (en harmonie avec la loi du Ciel). L'homme n'est sage que s'il

ressemble parfaitement au *LI,* après s'être purifié de tout ce qui était sombre et injuste en lui.

Le confucianisme moderne

« La piété filiale et le respect des aînés sont la racine même de l'humanité. »

L'intérêt de Confucius pour la préservation et la transmission des traditions anciennes – sans chercher à les adapter « au goût du jour » – fait de son enseignement un cadeau bienvenu pour les dirigeants.

Sans compter que le respect des puissants est un des piliers de la doctrine confucéenne. Le but est d'accéder à l'harmonie universelle ; par l'effort et la volonté, l'adepte peut contribuer à établir l'ordre parfait dans le chaos de la vie. À Taïwan en particulier, les anciennes structures religieuses du confucianisme sont encore intactes, parallèlement au taoïsme.

Le respect de son prochain est également essentiel. Dans le confucianisme moderne comme dans le taoïsme, il ne revient pas à l'individu un rôle aussi marquant que dans les traditions et religions occidentales.

Ces deux religions asiatiques considèrent l'homme comme un élément minuscule dans un vaste Tout – plus les individus se trouvent en harmonie avec les lois du Ciel, mieux le monde tourne.

À gauche :
Aujourd'hui encore, la doctrine de Confucius guide la jeunesse chinoise. La discipline et les devoirs envers l'État et les parents ne sont pas contestés.

Pas de récompense dans l'au-delà

S'accomplir dans ce vaste Tout est la récompense du confucianiste moderne. Il n'y a pour lui ni au-delà, ni paradis, ni Jugement dernier, ni enfer. Pour citer Confucius : « Celui qui ne sait pas ce qu'est la vie, comment saura-t-il ce qu'est la mort ? » Le confucianisme n'offre donc aucune récompense pour une vie vertueuse ici-bas.

L'au-delà lui-même reste assez nébuleux. Esprits et ancêtres doivent néanmoins être apaisés, car ils étendent alors la main au-dessus de la famille en signe de protection et de bénédiction.

Le confucianisme moderne ignore Dieu et ne cultive aucun concept théologique sur le monde. Dans la Chine d'aujourd'hui, la doctrine ancienne se traduit par la discipline vis-à-vis de l'État et le respect des enfants envers leurs parents. S'élever ne vaut pas la peine et n'existe pour ainsi dire pas ; le devoir confucéen prévoit juste de satisfaire à ses obligations. Le confucianisme constitue pour la jeunesse chinoise une véritable ligne directrice, qui trouve surtout son application pratique dans la vie de couple, le plan de carrière et l'éducation des enfants.

À gauche :
Le gouvernement communiste chinois utilise le confucianisme à ses fins, car il favorise la cohésion et la conscience professionnelle. C'est en grande partie pour cela que l'on enseigne la doctrine aux enfants à l'école.

Mencius, disciple de Confucius

Confucianisme et nature humaine

À droite :
Bien que de tradition confucéenne, Mencius était d'avis que l'homme est naturellement bon ; ce sont les expériences de la vie qui le corrompent.

Mengzi (v. 371-289 av. J.-C.) – Mencius en français – passe pour le «deuxième» fondateur du confucianisme. Il était originaire d'une principauté voisine de Lu, qui avait vu naître Confucius. L'œuvre de sa vie consista à faire connaître la doctrine de Kongfuzi dans les cours princières.

Son propre enseignement développe la thèse que l'homme est naturellement bon, de naissance. Ce sont sa vie et les expériences qu'il connaît qui corrompent l'homme faible. «J'aime la vie, et j'aime aussi la justice. Si je ne puis garder les deux à la fois, je sacrifierai ma vie, et je garderai la justice (7).» Quoi que l'homme endure, il ne doit pas s'écarter du droit chemin !

À droite :
Ce vieil homme a quelque chose de maître Kong. On dit qu'un habitant sur quatre de Qufu, ville natale de Confucius, est un descendant du grand philosophe.

Mencius ne distingue pas la même hiérarchie que Confucius. Il place le peuple au premier plan. «Si le Prince méconnaît ses devoirs, le peuple ignorera les siens (7).»

Un Prince peut gouverner tant qu'il se comporte de manière intelligente, juste et réfléchie. Dans le cas contraire, il doit renoncer à son autorité, et s'il agit en tyran, il peut être tué par le peuple.

Tu aimeras ton prochain !

Mozi (ve siècle av. J.-C.) est un autre disciple célèbre de Confucius. Farouche opposant de la guerre, il attribue au manque de philanthropie tous les conflits présents dans le monde. Il est connu pour avoir prêché l'amour universel de son prochain. La guerre, la jalousie, la maladie et la mort n'existent, de son point de vue, que parce que les hommes ne font pas de l'amour la force qui domine leur vie.

Selon Mozi, il existe un Être suprême qu'il appelle *Tian* (le Ciel) et dont il faut suivre la volonté.

Quelques maximes célèbres de Confucius tirées de ses *Entretiens*, ou *Lunyu* (2)

***Lunyu* I.4.**
« Je m'examine chaque jour sur trois choses : si, traitant une affaire pour un autre, je l'ai traitée avec loyauté ; si, dans mes relations avec mes amis, je n'ai pas manqué de sincérité ; si je n'ai pas négligé de mettre en pratique les leçons que j'ai reçues. »

***Lunyu* VIII.14.**
Le Maître dit : « Ne cherchez pas à vous immiscer dans les affaires dont vous n'avez pas la charge. »

***Lunyu* I.16.**
Le Maître dit : « Ne vous affligez pas de ce que les hommes ne vous connaissent pas ; affligez-vous de ne pas connaître les hommes. »

***Lunyu* XVII.3.**
Le Maître dit : « Il n'y a que deux classes d'hommes qui ne changent jamais de conduite : les plus instruits et les plus insensés. »

***Lunyu* XVII.2.**
Le Maître dit : « Les hommes sont tous semblables par leur nature profonde ; ils diffèrent par leurs us et coutumes. »

***Lunyu* XV.29.**
Le Maître dit : « Ne pas se corriger après une faute, c'est là qu'est la faute. »

***Lunyu* I.3.**
Le Maître dit : « Chercher à plaire aux hommes par des discours étudiés et un extérieur composé est rarement signe de plénitude humaine. »

***Lunyu* XV.23.**
« Ne faites pas à autrui ce que vous ne voudriez pas qu'on vous fît à vous-même. »

Ci-dessus :
On continue de citer les sages paroles de Confucius dans les pays industrialisés. La question de savoir si l'on applique soi-même ce qu'on veut enseigner aux autres semble tirée d'un manuel de politique moderne.

À gauche :
Le temple de Confucius à Nankin, situé au beau milieu d'un quartier commerçant, n'est que l'un des nombreux temples de Confucius que l'on peut visiter en Chine.

Le taoïsme
Laozi

À droite :
Nul ne sait qui était le sage que le monde connaît sous le nom de Laozi. Ce devait être un personnage humble et assez discret.

À droite :
Ce masque date de la dynastie des Zhou, quand se développèrent les représentations cosmologiques du Ciel et de la Terre, le principe du yin et du yang, et le Yiking.

«*Qui veut paraître, point ne rayonne* (1).»

Origines et évolution

Le taoïsme (ou daoïsme) est, avec le confucianisme et le bouddhisme, la principale tradition philosophique de l'histoire de la Chine. Il remonte à Laozi (autrefois écrit Lao-tseu). On attribue à cet «ancien maître» le *Tao-tö-king* (ou *Daodejing*), ouvrage classique traitant «de la Voie et de sa Vertu», soit le *tao* (ou *dao*). Au cours des deux mille ans qui se sont écoulés, le taoïsme a connu les influences les plus diverses – bouddhistes et confucianistes surtout –, subissant nombre d'évolutions. En dépit de leurs conceptions très différentes, les trois reli-

Le *Tao-tö-king*

Le *Tao-tö-king* renferme un enseignement destiné notamment aux gouvernants, pour les aider à instaurer la paix. Dans sa forme actuelle, quatre-vingt-un chapitres forment deux parties : la première traite du *tao* (la « Voie »), la seconde, du *te* (ou *de,* la « Vertu », la « Force »). Cet ouvrage ne présente aucune conception cohérente du monde. Il s'agit d'un recueil disparate d'aphorismes mystiques et énigmatiques, dont l'interprétation est laissée à chacun. C'est pourquoi on a vu naître au fil du temps des centaines de commentaires cherchant à expliciter ces textes – ainsi que d'innombrables traductions, dont voici un extrait : « La voie que l'on peut définir n'est pas le *tao,* la Voie éternelle. Le nom que l'on peut prononcer n'est pas le Nom éternel. Ce qui ne porte pas de nom, le non-être, est l'origine du Ciel et de la Terre. Ce qui porte un nom est la mère de tout ce que nous percevons, choses et êtres (2). »

gions (bouddhisme, confucianisme et taoïsme) purent se fondre dans la vie spirituelle chinoise pour donner naissance à une tradition. C'est pourquoi on les réunit aussi sous le terme d'« universalisme chinois ». Ces trois doctrines ont également exercé une grande influence sur la religion et la spiritualité d'autres cultures que celle de la Chine. Compte tenu de ses différents courants et de l'absence de démarcation nette par rapport aux autres religions, on peut difficilement obtenir des indications sur la taille de la communauté taoïste ; le seul nombre de taoïstes dans la République populaire de Chine demeure aujourd'hui encore obscur. On peut toutefois affirmer que c'est Taïwan qui en constitue le centre religieux actuel.

Les fruits de la dynastie Zhou

Impossible de savoir quand précisément la doctrine taoïste a vu le jour ; son émergence est contemporaine de la dynastie des Zhou (1025-256 av. J.-C.), quand on vit se développer les représentations cosmologiques du Ciel et de la Terre, les « Cinq Phases de Mutation », la doctrine du *qi* (énergie), du yin et du yang, avec le *Yijing (Livre des mutations).* Quant au *tao,* c'est le « principe cosmique » selon lequel il faut vivre, mais aussi le but à atteindre en suivant « la Voie ».

Laozi, le Vieux Maître

Aujourd'hui, on a tendance à douter de l'existence réelle du grand penseur et philosophe Laozi. À commencer par son nom, qui signifie littéralement « Vieux Maître », qui est davantage un titre qu'un véritable nom. Sima Qian (145-90 av. J.-C.) est considéré comme l'auteur de la biographie de Laozi ; celle-ci est toutefois entourée d'innombrables légendes et suscite la controverse parmi les chercheurs. Laozi aurait vécu en Chine au VIe siècle av. J.-C. – époque marquée par des troubles et des guerres, mais aussi par l'apogée de la philosophie chinoise. Une des questions centrales des érudits et des sages d'alors – comment faire régner justice et paix dans le monde ? – n'a jamais perdu de son actualité dans l'histoire de l'humanité.

Ci-dessous :
De nombreux philosophes ont marqué le monde religieux chinois. Il en va de même pour le taoïsme, qui compte aujourd'hui des communautés dans le monde entier.

Le *tao* et le *wuwei*

Le concept de *tao* développé par Laozi

Le terme *tao* fut employé dans la philosophie chinoise (par Confucius notamment) bien avant la publication du *Tao-tö-king,* mais il fallut attendre Laozi pour qu'il devienne le concept central que l'on sait.

Tao signifie à l'origine «la Voie»; en chinois classique, ce mot a aussi le sens de «méthode», «principe», «voie juste». Avec Laozi, *tao* revêt le sens de Principe premier embrassant toutes choses et sur lequel repose le monde dans son ensemble.

Le *tao* est la Réalité et le Mystère suprêmes, le Grand Un, la Loi cosmique et l'Absolu. Il engendre les «Dix Mille Êtres», le cosmos tout entier. Même l'ordre des choses naît de lui, comparable à une loi naturelle.

Pourtant, le *tao* n'est pas un être tout-puissant, mais plutôt le lieu indicible où s'abolissent toutes les contradictions (yin et yang).

L'action ineffable du *tao* est la source de toute existence, en produisant la dualité, le yin et le yang, le négatif et le positif, dont les mouvements et les transformations sont à l'origine du monde.

Sans aigre, pas de doux; sans douleur, pas de bonheur. Et inversement!

Le taoïsme, philosophie et religion

Si tout au long d'une histoire longue de plus de deux mille ans, on a vu se développer les approches et les doctrines les plus différentes, le taoïsme n'en demeure pas moins un système tant philosophique que religieux.

Vouloir distinguer les deux aspects de cet enseignement reviendrait à le simplifier excessivement, à en dénaturer le sens – comme si l'on cherchait à opposer la mentalité du sage à l'illumination du religieux. Tout taoïste digne de ce nom ne pourrait que s'étonner d'un tel non-sens.

Le symbole du yin et du yang

Un disque est partagé en deux zones que sépare une ligne médiane sinusoïdale. Dans la zone sombre se trouve un point clair, et dans la zone claire, juste en face, se trouve un point sombre. Ce sont ces forces positive et négative qui tiennent l'univers en équilibre. Le germe de chaque être vivant, de chaque chose et de chaque manifestation du monde renferme déjà son contraire.

Cette croyance dans l'harmonie des processus de transformation de toutes choses est omniprésente dans la tradition culturelle chinoise, tant sur le continent que sur l'île de Taïwan ; elle vaut pour les taoïstes comme pour les confucéens.

Ci-dessus : Le principe du yin et du yang a influencé presque toutes les religions d'Extrême-Orient, y compris le taoïsme. On en trouve les traces multiples jusque dans la vie quotidienne – comme sur cette simple porte en bois.

L'absence d'intention dans l'action, ou *wuwei*

Le *Tao-tö-king* décrit un principe qui apparaît d'abord paradoxal, mais nous éclaire en réalité sur le but des taoïstes : il s'agit du *wuwei,* littéralement « absence d'action », « non agir ». Pour Laozi, chaque être, chaque chose reconnaît spontanément sa propre « voie » *(tao)* à condition qu'on le laisse suivre son cours, sans intervenir ni agir. Le *wuwei,* prônant une absence d'intention dans l'action, peut dès lors être décrit comme une vertu caractéristique du taoïsme. Ainsi, êtres et choses s'ordonnent et évoluent conformément à leur nature propre. Le sage juge donc vain de gaspiller son énergie en actes ou en décisions. Vivre en harmonie avec le *tao* implique de se garder le plus possible d'interférer avec son action. On atteint plus sûrement son but quand on a recours aux processus naturels définis par le *tao* qu'en fournissant des efforts importants.

Ce que le *tao* attend des hommes

En laissant les processus source de changements suivre naturellement leur cours, le sage accède à la Vacuité intérieure. Il réalise ainsi l'acceptation et la réunion des contraires, car le *tao,* qui produit le yin et le yang, est à la fois l'origine de ces deux forces et leur fusion. Pour les Européens qui ont l'habitude d'être dans l'action, cette « voie » n'est pas aisée à comprendre de prime abord. Car suivre le *wuwei* ne signifie pas se montrer paresseux, se croiser les bras ou se résigner, mais plutôt avoir confiance en ce qui va arriver et se développer par la seule action du *tao*. Obéir au *wuwei* implique également d'accepter ce qui vous est offert. C'est en ce sens que le taoïsme est une doctrine exigeant de renoncer à tout ce qui, dans la culture occidentale, passe pour une qualité : vouloir donner forme soi-même à la vie et aux choses.

Ci-contre : La doctrine originelle du tao *ne connaît pas de dieux. Sa variante populaire, en revanche, pratiquée notamment à Taïwan, compte des milliers de dieux et d'esprits, comme ici le dieu de la Guerre.*

Page ci-contre : L'œuvre de Laozi met l'accent sur la description de l'unité retrouvée avec l'Absolu. Pour y accéder, l'homme doit emprunter un chemin dont la longueur est incertaine.

Éthique et pratique

L'influence politique du *Tao-tö-king*

Le *Tao-tö-king* formule des exigences tout à fait explicites vis-à-vis des gouvernants, exerçant ainsi une influence sur le comportement des puissants.

Celui qui utilise avec justesse la puissance du *tao* en n'intervenant pas, conformément au *wuwei*, agit selon Laozi sur « ce qui n'est pas encore ».

Ci-dessous : D'après Laozi, un grand souverain n'agit pas, mais laisse agir le tao.

Par son attitude en harmonie avec le *tao*, le taoïste influence donc tant les choses que les personnes, car il se trouve en rapport avec la source de tout.

Laozi recommande aussi l'idéal du *wuwei* aux hommes à la tête de l'État – à son époque, l'empereur et ses fonctionnaires.

« Celui qui garde sa sérénité ne rencontre pas le rhinocéros ni le tigre. Il traverse sans dommage les rangs d'une armée hostile (2) », écrit le grand sage.

Et il déconseille de gouverner le pays par une activité débordante et des intrigues politiques : il faut laisser agir les effets du *tao*.

Selon Laozi, un grand souverain se révèle dans l'inaction. « Le seul capable de maintenir son royaume dans l'ordre sans rien faire [...] veillait respectueusement sur lui-même et tournait gravement son visage vers le sud. C'était tout (3). »

Nombre d'hommes d'État modernes souriraient à cette proposition, compte tenu des problèmes majeurs que connaît le monde.

Le Vieux Maître n'encourage nullement la paresse, mais conseille de prendre les choses à la racine : en s'associant au *tao* et en agissant ainsi sur elles.

Éthique du taoïsme

Le taoïsme demande à l'homme d'être intérieurement placide et impassible, de vivre selon les lois du *tao*.

Il lui faut pour cela être capable de reléguer sa volonté à l'arrière-plan. Pour l'exprimer avec les mots de Laozi : « Le ciel et la terre sont éternels. Ils n'ont pas de vie propre (2). »

La réciproque est la suivante : pourquoi l'homme ressent-il qu'il est mortel? Parce qu'il vit et agit de façon égoïste.

La doctrine éthique du taoïsme veut que l'homme se conforme au *tao*. Comment peut-il y parvenir? En observant le cours du monde et en apprenant à connaître les règles et les manifestations du *tao*, principe à l'origine de tout.

Se consacrer au *tao*

Celui qui se laisse guider par le *tao* accède à l'harmonie, moins par l'entendement, par la volonté et par un comportement délibéré que de façon intuitive, en s'adaptant au cours des choses. Car il n'est rien dans le cosmos qui soit définitif : tout est soumis à mutation, et le sage réalise le *tao* en s'adaptant au changement et au devenir, qui forment l'ensemble du monde visible. Un homme moral, au sens du *tao,* est à même de laisser les choses survenir en gardant l'esprit pur, en ne laissant pas ses propres désirs et envies l'aveugler. Selon Laozi : « L'homme qui veut saisir l'espace n'étreint que le vide. Mieux vaut se fondre dans ce vide, dans ce vide immense, dans ce vide merveilleux. C'est le vide sublime, c'est le *tao* (2). » Par « vide », le sage entend l'abandon total du monde. Il ne faut obéir à aucun besoin, aucun dieu, aucun schéma de pensée. « Être le *tao* » signifie se consacrer entièrement à lui.

À gauche :
Nombre d'artistes chinois ont travaillé dans l'esprit du taoïsme. Ainsi sont nés la plupart des paysages – peints à l'encre de Chine – qui nous touchent. Ils représentent l'homme au milieu d'une nature qui le protège.

Pratiques taoïstes

Au fil des deux mille cinq cents ans qui se sont écoulés, on a vu se développer en Chine quantité d'écoles taoïstes proposant divers enseignements et pratiques. Le canon taoïste, compilé pour la dernière fois en 1442, renferme des milliers de textes sacrés traitant de philosophie, de magie, de médecine, de morale, de rituels… Les plus anciens, datant du IVe siècle av. J. C., décrivent une forme de méditation intensive associée à des voyages intérieurs dans des mondes spirituels.

Le but de nombreuses techniques complexes (dont des exercices de respiration et des « expériences » corporelles) est de retrouver l'Unité originelle par l'harmonisation du corps et de l'esprit, du yin et du yang.

À gauche :
Qui suit le tao *trouvera la paix intérieure et mènera une vie heureuse. Le premier pas consiste à cesser de se laisser entraîner par ses souhaits et ses désirs.*

Alchimie et *tao*

Ci-dessus :
Le taoïsme connut une période où l'alchimie joua un rôle important. Malgré quelques succès de taille, comme l'invention de la poudre à canon, on préféra ensuite se tourner vers une « alchimie interne » pour combattre le chaos régnant dans le corps.

La quête de l'immortalité par l'alchimie

Les taoïstes de différentes époques aspirèrent à l'immortalité et développèrent des techniques et des produits alchimiques – dont des pilules et des élixirs censés prolonger la vie. Cinabre, vif-argent et or y jouaient un rôle important. Il n'était pas rare que ceux qui absorbaient ces pilules mourussent… d'empoisonnement au mercure. Les alchimistes ne jouissaient donc pas d'une bonne réputation, dans la Chine ancienne comme ailleurs.

Pourtant, on peut leur attribuer bien des succès : grâce à leurs recherches, on inventa la poudre à canon et nombre de médicaments. Les pilules de longue vie cédèrent la place à une « alchimie interne » : plutôt que de mélanger des substances dans un laboratoire, le corps et l'esprit furent considérés comme un laboratoire, et des techniques mises au point afin de structurer le chaos intérieur et de réaliser Vacuité et Unité en cultivant vitalité, énergie et pureté de l'esprit. Le principe de microcosme-macrocosme en constitue la base.

Les « Cinq Éléments »

Dans le taoïsme, le concept d'élément revêt une dimension moins scientifique que métaphysique. Les cinq éléments classiques sont l'eau, le feu, le bois, le métal et la terre. Le yin et le yang, les deux forces centrales de l'Univers, leur ont donné naissance. Le feu et le bois sont associés au yang ; l'eau et le métal, au yin ; la terre reste neutre. Les Cinq Éléments agissent dans des constellations différentes du cosmos. Ainsi, l'ordre bois-feu-terre-métal-eau

Qing, shen et *qi* – trois forces de vie

Du point de vue cosmologique, trois forces, appelées « les Trois Purs » à Taïwan, sont aux commandes du corps humain : le *qing* (l'essence, les caractéristiques intrinsèques), le *shen* (l'esprit, la puissance spirituelle) et le *qi* (l'énergie vitale).

Le taoïsme recommande aussi de vivre en harmonie avec ces trois forces. La tête est le siège du *shen,* qui permet à l'homme de reconnaître le *tao*.

Le *shen* montre la voie à suivre ; il aide chacun à s'associer au cosmos et aux lois du *tao*. Laisser couler le *tao,* telle est la Voie à suivre : lâcher prise, ne rien retenir.

Dans le *dantian* (sous le nombril) se trouve le centre du *qi* (prononcez à peu près « tchi »), l'énergie vitale. Des exercices spécifiques (Qi Gong) permettent d'empêcher cette énergie de s'échapper et de la renforcer.

Le *qing,* lui, siège dans le bassin – c'est la source de l'énergie sexuelle et d'une assise stable dans la vie.

Le principe de microcosme-macrocosme

Le postulat selon lequel il existe des analogies entre cosmos, Terre et homme fait partie des concepts centraux du taoïsme : là-haut comme ici-bas, grand ou petit, tout est structuré de la même façon. Il existe donc une réciprocité entre microcosme (littéralement : « petit monde ») et macrocosme (« grand monde », soit le Tout).

Ils sont formés d'éléments identiques, qui se correspondent dans les moindres détails, car leur forme matérielle n'est que l'expression visible de la force cachée qui coule en eux. Par conséquent, l'homme est constitué de la même manière que l'Univers, et la Terre et l'Univers ont eux aussi une structure analogue.

Il en résulte que les étoiles influent sur les individus (ce qui apporte de l'eau au moulin de l'astrologie, d'après laquelle la position des étoiles exerce une influence directe sur la « trajectoire » de chacun).

Enfin, les éléments eux aussi sont structurés – et agissent – de façon analogue. C'est là l'essence de l'alchimie : par la force de la volonté, l'esprit de l'homme provoque des processus au niveau de la matière.

Celui qui est capable de gouverner les forces traversant le macrocosme comme le microcosme est un magicien.

Celui qui identifie les correspondances au sein de la nature en se basant sur les « signatures » (analogies physiques) détient la faculté de guérir.

Ces notions ne sont pas étrangères à l'Occident. Ainsi, le grand Paracelse (1493–1541), qui étudia intensivement la kabbale et l'alchimie, parvint à établir une systématique complexe de l'homme, reflet microscopique du macrocosme. Elle fut à l'origine de ses découvertes médicales et de ses succès de praticien.

Ci-dessus :
Le luopan *est une boussole géomantique ronde utilisée en feng shui. En tenant compte de données relatives à l'astrologie, à l'orientation des éléments souterrains, à la forme du paysage environnant et aux moments de la journée, on identifie les lieux où les énergies qi du Ciel et de la Terre se trouvent en parfaite harmonie.*

À gauche, dans l'encadré : Paracelse s'intéressa de près à la kabbale et à l'alchimie. Pour le grand médecin, l'homme est un microcosme associé au Tout, macrocosme agissant sur les différentes parties de son corps. Cette analogie témoigne de la parenté de sa pensée avec les représentations taoïstes.

engendre quelque chose, tandis que feu-eau-terre-bois-métal détruit. « La durée dans le changement » est le principe central des forces yin et yang.

Cette conception est également à la base de la médecine chinoise, qui part du principe qu'un élément en bloque ou en favorise un autre.

L'équilibre des forces présentes dans le corps est donc son objectif premier.

Le feng shui, une façon de se rapprocher de la nature

C'est dans le respect des Cinq Éléments et du yin et du yang que se développa l'art chinois du feng shui (en chinois *feng* signifie « vent », et *shui* veut dire « eau »).

Nombre d'Occidentaux aménagent aujourd'hui leur cadre de vie selon les principes du feng shui, en tenant compte des interactions entre homme, terre et cosmos.

En Chine, les taoïstes ont surtout recours au feng shui quand il s'agit de déterminer le meilleur emplacement pour construire une maison ou des bâtiments de tous ordres, ainsi que des tombeaux ou des temples.

Le taoïsme hier et aujourd'hui

Ci-dessus :
Dans le taoïsme coréen dit « populaire », démons, étoiles, esprits et dragons sont devenus des piliers de la doctrine. On croyait jadis que la constellation de la Grande Ourse avait le pouvoir d'accroître la durée de la vie humaine.

Le culte divin dans le taoïsme moderne

La doctrine originelle du *tao* ne connaît aucun dieu. En revanche, sa variante populaire, pratiquée notamment à Taïwan – où le taoïsme participe aujourd'hui de la culture quotidienne –, en compte des milliers.

Le culte des dieux y remonte à une époque antérieure au taoïsme (de même que les esprits dans le confucianisme). Ces divinités naturelles assistent l'homme dans le besoin – s'il parvient à s'attirer leur bienveillance. Il existe ainsi des dieux aidant à trouver le compagnon d'une vie. Dans le temple de Long Shan, à Taipei, la capitale, un dieu de la Sagesse barbu est vénéré à cet effet ; un autre soutient les étudiants qui passent des examens… Les trois forces taoïstes que sont *shen, qing* et *qi* (puis-

Le taoïsme en Corée

Le taoïsme ne fit son entrée en Corée qu'en 624 de notre ère, lorsque Gaozu, empereur de la dynastie chinoise des Tang, envoya dans le pays voisin un prêtre porteur d'écrits taoïstes. À la différence du bouddhisme, le taoïsme ne put toutefois s'enraciner durablement en Corée. Il n'empêche qu'aujourd'hui encore on trouve nombre d'éléments taoïstes dans les croyances populaires coréennes, si bien que le taoïsme qu'on y pratique est souvent qualifié de « populaire ». Démons, étoiles, esprits et dragons y sont devenus des éléments centraux de la doctrine, comme le prouve le culte de la constellation de la Grande Ourse, dont on croyait qu'elle pouvait prolonger la vie humaine. Par ailleurs, les prêtres du taoïsme coréen semblent avoir agi davantage en fonctionnaires qu'en guides spirituels. Le taoïsme chinois originel, lui, voit des spécialistes religieux suivre pendant des années l'enseignement d'un maître, pour œuvrer ensuite en tant que guérisseur. En Corée, on prétend que certains sont capables de chasser, avec force tours de passe-passe, les esprits malins responsables de maladies…

Taoïsme et management moderne

Si on le considère sous un angle moderne, le taoïsme s'apparente à la méthode de *Change Management* (accompagnement du changement), employée en entreprise. Dans les secteurs économique et politique, mais aussi dans un contexte personnel, nombreux sont les exemples où se cramponner avec entêtement ou inconsciemment à des habitudes, des rituels et des traditions, entraîne bien des difficultés. Dans tous ces domaines, le taoïsme agit comme une force dynamisante qui pousse à abandonner les anciennes structures, afin de ne plus faire obstacle au cours naturel des choses – et ainsi trouver la solution à son problème !

sance spirituelle, caractéristiques intrinsèques et énergie vitale) sont appelées «les Trois Purs» dans le taoïsme taïwanais. Dans chaque foyer ou presque de l'île chinoise, ces derniers sont représentés sous l'apparence de statues. Pour les Taïwanais, ils ne représentent pas uniquement *shen, qing* et *qi* mais symbolisent aussi, entre autres, *fu, lu* et *shu,* à savoir richesse, statut social et longue vie.

À gauche :
À Taïwan, il existe un temple taoïste dans lequel les croyants entrent en traversant la gueule d'un dragon, puis celle d'un tigre. Le dragon est symbole de chance et représente le yang ; le tigre symbolise le yin.

Ci-dessus :
Les prêtres taoïstes chassent les mauvais esprits par les rites et les prières. Ils apportent leur aide en cas de maladie, mais sont aussi mis à contribution en Corée au moment d'inaugurer un supermarché ou un immeuble de bureaux, ou encore de s'installer dans une nouvelle maison.

Pratiquer le *wuwei*

Le Sage ne garde rien pour lui.
Plus il donne aux autres,
plus il s'enrichit.
Et il possède un trésor précieux :
ce qu'il a donné aux autres.
Ayant tout donné,
tout lui est rendu au centuple.
La Voie du Ciel est d'agir sans demander,
d'obtenir sans lutter,
de s'enrichir en donnant.
Telle est la Voie du Ciel.
Le *tao* (2).

À droite :
Au plafond du temple taoïste de Man Mo, à Hongkong, pendent des spirales d'encens au bois de santal. Leur fumée doit faire parvenir aux dieux les messages, souhaits et prières rédigés sur des bouts de papier rouge accrochés au milieu des spirales.

Le taoïsme dans la République populaire de Chine

Le régime communiste chinois a implacablement opprimé toutes les religions du pays. Au cours de la Révolution culturelle (1966-1976) surtout, nombre de monastères et de temples furent rasés et des écrits sacrés détruits. Le dalaï-lama fut chassé du Tibet dès 1959, tandis que moines et nonnes, interdits d'habits religieux, étaient « rééduqués ».

Aujourd'hui, pourtant, beaucoup de Chinois se tournent à nouveau vers l'héritage philosophico-religieux : on reconstruit monastères et temples, on forme des moines et des nonnes, et des recherches sur le taoïsme sont menées dans différents départements universitaires. Au tournant du millénaire, on comptait déjà près de trois mille sanctuaires taoïstes en Chine.

L'État, quant à lui, diffuse une « version officielle » du taoïsme qui met surtout l'accent sur les bons sentiments, le patriotisme et les services à rendre à la collectivité. Dans la Chine d'aujourd'hui, la formation d'un taoïste englobe rituels, musique, calligraphie, philosophie, art du combat et langue anglaise. Il n'est cependant pas rare que les prêtres taoïstes ne fassent pas partie des organisations gouvernementales, si bien que les statistiques relatives à la diffusion effective du taoïsme dans la République populaire de Chine demeurent imprécises. Les temples reconstruits sont en général bien fréquentés, et à certaines occasions, comme la fête des Lanternes, on voit se rassembler des milliers et des milliers de pèlerins.

À droite :
Les prêtres taoïstes enseignent que trois forces influent sur le corps humain : le shen *(puissance spirituelle), le* qing *(caractéristiques intrinsèques) et le* qi *(énergie vitale). On les appelle à Taïwan « les Trois Purs ».*

Traditions anciennes

Un grand nombre de taoïstes fuyant la Révolution culturelle se retrouvèrent à Taïwan, où les leaders politiques prétendent depuis préserver la culture chinoise du déclin, grâce au taoïsme dit « religieux ». Dans la République populaire de Chine, on note deux grandes branches de tradition taoïste, nées au XIIe siècle : « la Voie de la réalisation de la Vérité » (ou « alchimie interne ») et « la Voie de l'Unité juste », renvoyant à la tradition ancienne des Maîtres célestes.

Autres maîtres du taoïsme

Zhuangzi

Ci-dessus : L'homme est-il un papillon qui rêve qu'il est un homme, ou l'homme rêve-t-il qu'il est un papillon ? Zhuangzi a étudié très sérieusement ce problème en apparence insoluble et a rédigé nombre de textes énigmatiques à ce sujet.

Origine et personnalité

Zhuangzi (v. 370-300 av. J.-C.), écrivain brillant, est le plus éminent représentant du taoïsme dit « philosophique ». On ne sait pas grand-chose de lui – si ce n'est qu'il devait être pauvre. Son ouvrage magistral, qui porte son propre nom, le *Zhuangzi,* révèle un homme d'une grande éducation et d'une profonde humilité. Maître Zhuang révérait Laozi, dont il s'estimait le disciple.

Sa conception de la vie s'exprime surtout vis-à-vis de la mort. Ses élèves avaient l'intention de le faire inhumer avec faste. Mais il leur opposa ceci : « Le Ciel et la Terre me serviront de cercueils ; le Soleil et la Lune me seront une paire de disques de jade ; les étoiles me seront perles et joyaux, et les Dix Mille Êtres me serviront de cortège (4). »

La question de la Réalité et de la Vérité

La question centrale occupant Zhuangzi est celle de la Réalité et de la Vérité. Son texte le plus célèbre portant sur ce sujet, publié d'innombrables fois, reste d'une grande actualité : « Un jour, Zhuangzi rêva qu'il était un papillon. Il en était tout aise. Quelle liberté ! Quelle fantaisie ! Il en avait oublié qu'il était Zhou [son nom personnel]. Soudain il se réveille et se trouve tout ébahi dans la peau de Zhou. Mais il ne sait plus si c'est Zhou qui a rêvé qu'il était papillon, ou si c'est un papillon qui a rêvé qu'il était Zhou. Mais entre Zhou et le papillon, il doit bien y avoir une distinction : c'est là ce qu'on appelle la transformation des êtres (5). »

Lorsqu'on rêve, on ignore qu'on rêve. Ce n'est qu'au réveil que le rêve s'avère non réel. Son existence n'en est pas moins réelle. Qu'est-ce donc que LA Réalité ?

Ci-dessus : L'intemporalité est au cœur de la pensée de Zhuangzi. Dans son œuvre majeure qui porte son nom, il explicite la nature du tao *à travers paraboles et anecdotes souvent paradoxales.*

L'apport de Zhuangzi au taoïsme

Le *Zhuangzi* explicite l'essence du taoïsme, à travers paraboles et anecdotes souvent paradoxales, entremêlées de discussions philosophiques. Zhuangzi s'y inspire de certaines idées du *Tao-tö-king,* sans toutefois se réclamer des visées politiques de Laozi. Ce dernier avait initialement pour but de montrer le chemin de la paix aux puissants du pays. Maître Zhuang, lui, se détourne du monde.

De grandes parties du *Zhuangzi* ne furent compilées qu'après sa mort, par ses élèves. Il fallut cette œuvre pour que Zhuangzi et le concept de *tao* soient connus bien au-delà des frontières de la Chine.

Sa philosophie du *tao*

Les paraboles de Zhuangzi renferment presque toutes l'idée maîtresse de sa philosophie : l'homme doit vivre sans attache avec le temps et en faisant preuve d'un abandon inconditionnel. Ainsi, lorsque l'épouse de Zhuangzi mourut, le maître se comporta de façon étrange : il chanta et battit le tambour. Il concevait en effet la vie comme une suite de mutations sans commencement ni fin. L'homme doit se plier à chaque changement et approuver jusqu'à la mort.

La nature de cette pensée évoque incontestablement le principe du *wuwei* («absence d'action») énoncé par Laozi.

Ce à quoi Zhuangzi ajoute : «Le Ciel tourne-t-il? La Terre est-elle fixe? Le Soleil et la Lune se disputent-ils leur place? Qui préside à tout cela? Qui le coordonne? Qui, sans rien faire, lui confère impulsion et mouvement? Pensera-t-on à un ressort, à un mobile à la marche inéluctable? Imaginera-t-on que tout cela se meut et tourne sur soi-même sans pouvoir jamais s'arrêter (5)?»

Liezi

L'irréalité du monde

Ce sont ses images et ses histoires souvent paradoxales, troublant surtout ceux qui les abordent avec un esprit occidental, qui donnent son attrait au taoïsme. Ce dernier suscite la curiosité mais peut prêter à des conclusions hâtives, voire fausses – comme de déduire que l'« oisiveté » est la clé du succès. Mais il remet aussi la Réalité en question en lui arrachant son voile.

Liezi, autre taoïste dont on ne sait pour ainsi dire rien, s'intéressa comme Zhuangzi à la Réalité des choses et aurait laissé un *Vrai Livre du Vide jaillissant* (connu aussi comme le *Liezi*) dont l'authenticité est fortement controversée, car il daterait des IIIe et IVe siècles de notre ère.

D'après cet ouvrage, riche en récits mystiques, le monde dans lequel nous vivons n'est ni réel ni important, car la Vérité se trouve au-delà. L'homme tient Vérité et Réalité pour une seule et même chose jusqu'à ce que son esprit, instruit par le taoïsme, comprenne enfin la mascarade qu'est la « Réalité ».

La parabole qui suit illustre ce propos.

L'empereur et le magicien

Un magicien invite un empereur à voyager avec lui. L'empereur agrippe fermement son manteau et tous deux s'élèvent dans les airs, jusqu'à un palais qui se dresse au milieu du ciel. L'empereur demeure quelques dizaines d'années en ce lieu voluptueux, puis demande au magicien de le ramener sur terre. « Quand il revint à lui, l'empereur se retrouva assis sur son siège, entouré de ses courtisans, sa coupe à demi pleine, son ragoût à demi mangé (6) . » Et le magicien d'expliquer à l'empereur ébahi : « J'ai enlevé votre esprit. Votre corps n'a pas bougé. [...] Toute distinction, de lieu, de temps, est illusoire. La représentation mentale de tous les possibles se fait sans mouvement et abstrait du temps (6). »

Tous les phénomènes du monde ne sont qu'illusion – la Vérité se trouve au-delà.

Ci-dessus :
Dans une histoire taoïste, un magicien montre à un empereur à quel point le monde réel est fragile. Toutes ses manifestations ne sont qu'illusion – la Vérité se trouve au-delà, dans l'Absolu.

Ci-dessous :
Celui qui emprunte le chemin spirituel du taoïsme appréhende le monde comme un ensemble infini de manifestations possibles. Il n'accepte rien comme certain, pas même le Moi.

Autres maîtres du taoïsme

Les Maîtres célestes

La Voie des Cinq Boisseaux de riz

Au IIe siècle av. J.-C., Zhang Taoling et son petit-fils fondèrent dans le Sichuan le « *tao* des Maîtres célestes ». Dans ce courant religieux aussi appelé *wudoumitao,* « Voie des Cinq Boisseaux de riz » (les nouveaux membres devaient verser cinq boisseaux de riz), prédominaient des idées messianiques et révolutionnaires : la dynastie impériale devait être renversée pour remettre le pouvoir au Maître céleste, Zhang Taoling. À la fin de la dynastie des Han orientaux, on vit régner durant près de trente ans un État ne faisant aucune distinction entre religieux et politique, caractérisé par un gigantesque appareil administratif. Les Maîtres célestes interprétaient le *Tao-tö-king* de façon tant ésotérique que pratique – mais surtout sur la base de la culpabilité et de son éradication. Il s'ensuivit une « gestion » presque bureaucratique du Ciel. Requêtes et prières étaient rédigées sous forme de formulaires, que l'on brûlait ensuite afin de les adresser aux divinités compétentes.

Tao et Laozi vénérés tels des dieux

Le *tao* des Maîtres célestes devint religion dans nombre de contrées chinoises. Des contributions obligatoires étaient perçues, grâce auxquelles les communautés plutôt modestes devinrent avec le temps des organisations économiquement importantes. Au Ve siècle, beaucoup de nobles adhérèrent à cette secte taoïste, qui attira aussi des artistes.

Dans le taoïsme, les dieux personnifient en général des forces naturelles comme le vent, la pluie ou la tempête. Laozi fut dès lors vénéré tel un dieu – non comme une divinité personnelle ainsi que le voudrait la conception occidentale, mais plutôt comme une sorte d'incarnation du *tao* absolu.

Ci-contre, à gauche : Le taoïsme connaît des dieux personnifiant des forces naturelles, comme le vent, la pluie ou la tempête. Le « tao des Maîtres célestes » administrait le Ciel divin de façon quasi bureaucratique.

Ci-contre, à droite : Les Maîtres célestes rédigeaient requêtes et prières sur des feuilles de papier qu'ils brûlaient ensuite, pour que la fumée qui s'élevait les fasse parvenir aux dieux.

Pensées intemporelles

Perles de sagesse

Le livre du «Vieux Maître» ne devient intelligible au profane en matière de pensée taoïste et de *wuwei* qu'après une lecture patiente. C'est ensuite que les formules en apparence paradoxales se révèlent être de véritables perles philosophiques.
Les passages suivants sont extraits du *Tao-tö-king* (2) :

Les rayons de la roue convergent au moyeu.
Ils convergent vers le vide.
Et c'est grâce à lui que le char avance.
Un vase est fait d'argile
mais c'est son vide qui le rend propre
à sa tâche.
Une demeure est faite de murs
percés de portes et de fenêtres,
mais c'est leur vide qui la rend habitable.
Ainsi, l'homme construit des objets,
mais c'est le vide qui leur donne sens.
C'est ce qui manque
qui donne la raison d'être.

Les cinq couleurs aveuglent l'homme.
Les cinq notes assourdissent ses oreilles.
Les cinq saveurs rendent sa bouche insensible.
Les courses et la chasse égarent son esprit.
Les richesses l'empêchent de progresser.
Ainsi le Sage tourne son regard en lui-même
Et, loin du tumulte et des passions,
exerce librement son choix.

Renoncez au savoir,
ne vous mêlez plus de morale.
Le peuple
s'en trouvera cent fois mieux.

Abandonnez toute justice humaine
et chassez ses lois.
Le peuple redécouvrira
les vertus familiales.

Renoncez au luxe,
bannissez le profit.
Il n'y aura plus de voleurs
ni de bandits.
Renoncez à tout cela
et croyez en l'inutilité de l'apparat.

Soyez simples,
demeurez fidèles à vous-mêmes.
Rejetez de vos cœurs
l'égoïsme et les désirs.
La voie s'ouvrira devant vous.

Pour notre monde moderne aussi, le *Tao-tö-king* traite de questions essentielles comme la recherche du sens de la vie et la réflexion sur Dieu. Pour l'homme occidental, s'engager sur la voie du *tao* n'est en rien facile ; après tout, cette dernière lui demande de jeter par-dessus bord des valeurs occidentales élémentaires, telles qu'ambition acharnée, maximisation des bénéfices au désavantage des autres, recherche du bonheur aux dépens des autres…

Ci-dessous :
Même le taoïsme moderne n'est pas exempt de superstition. On voit ici des croyants toucher, dans un temple de Pékin, un bélier taillé en relief dans la pierre et censé porter chance.

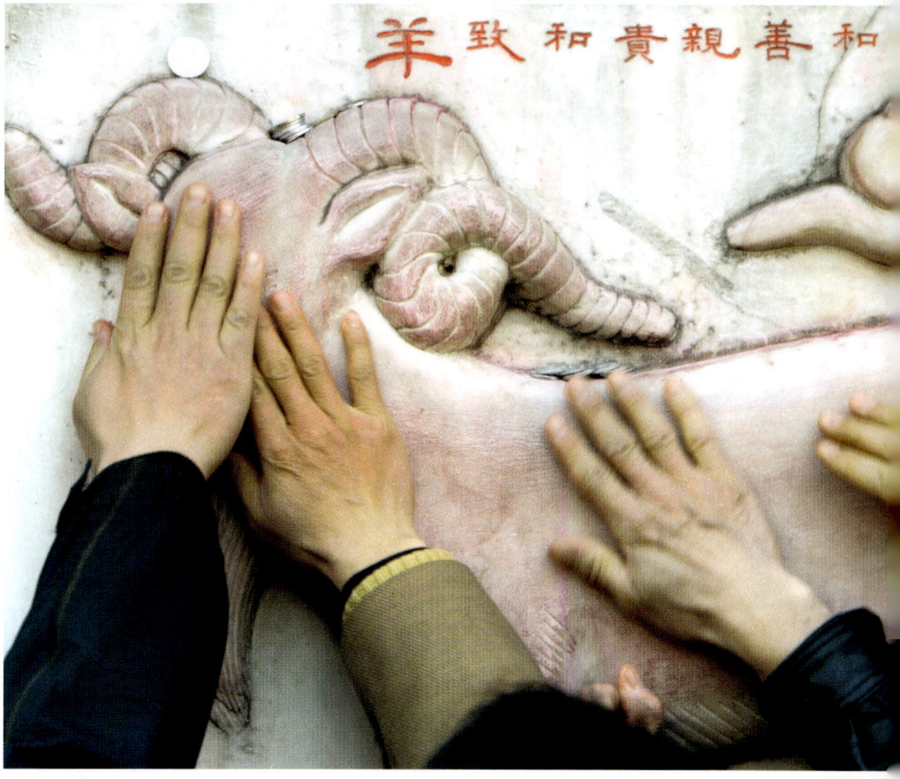

Le shintoïsme
La tolérance japonaise

Ci-dessus :
À Tokyo, mégapole moderne, le shintoïsme n'est qu'une des nombreuses religions. À la campagne, en revanche, la foi shinto est aujourd'hui encore largement répandue.

La vie religieuse au Japon

Au Japon, on n'entretient pas le même rapport avec la religion que dans les pays occidentaux chrétiens. Dans l'empire du Soleil levant, la religion se manifeste dans la vie quotidienne de façon moins dogmatique, moins ostensible. Pour une majorité de Japonais, il est naturel de respecter des coutumes et même des commandements religieux précis sans être pour autant «pratiquant», au sens propre du terme. Beaucoup se disent même incroyants, alors qu'ils observent chaque jour des rites religieux. À cela s'ajoute le fait que chacun peut se rendre un jour dans un sanctuaire shinto, puis prier le lendemain dans un temple bouddhiste… et vice versa. L'activité religieuse n'est pas nécessairement l'expression d'une conviction; elle fait tout simplement partie intégrante de la vie quotidienne et de l'identité de nombreux Japonais. Une telle attitude n'est possible que lorsque les exigences religieuses envers l'individu sont faibles et se contentent de formes de pratique simples et limitées en nombre.

Rituels et modèles

Par ailleurs, la vie religieuse au Japon est empreinte d'un grand sérieux, qui s'exprime par l'attention et le soin apportés aux rituels et aux actes religieux. Le principal y est la sincérité avec laquelle on les exécute, en observant un strict modèle traditionnel.

La foi est une vertu centrale au Japon, mais elle ne saurait exister en dehors de la pratique religieuse *ad hoc* (la pratique religieuse, en revanche, peut tout à fait exister en l'absence de foi). Quiconque s'écarte des modèles traditionnels est rapidement jugé égocentrique, ce qui est socialement considéré comme répréhensible.

Parallèles avec l'Occident

La situation religieuse au Japon présente néanmoins des parallèles avec celle des sociétés industrielles occidentales. C'est surtout dans les villes que l'engagement en faveur des institutions religieuses traditionnelles diminue. De même qu'aux États-Unis, de nouvelles sectes poussent comme des champignons dans les métropoles japonaises, tandis qu'en milieu rural les religions traditionnelles restent plus fermement ancrées. Comme en Occident, la séparation de la religion et de l'État est inscrite dans la Constitution du Japon moderne. On ne donne aucun cours de religion dans les écoles publiques, et tout soutien des communautés religieuses par l'État est proscrit.

Ci-dessus :
Sanctuaire shinto à Hokkaido consacré aux pêcheurs. Le shintoïsme se distingue aussi par sa tolérance envers les autres religions : il n'est pas interdit de se rendre un jour dans un sanctuaire shinto et d'aller prier le lendemain dans un temple bouddhiste.

Porte-bonheur au quotidien

Le Japon ne connaissant ni impôt au bénéfice des Églises ni financement par l'État des communautés religieuses, leurs institutions sont donc tributaires de dons et versements directs pour diverses activités.

On note deux principales rentrées d'argent : les grandes cérémonies organisées lors d'événements importants de la vie (mariage, création d'une société, construction d'une maison ou funérailles) ; la vente de symboles religieux et de talismans (principalement dans les sanctuaires publics).

Les porte-bonheur de toutes sortes connaissent un grand succès ; ils apportent une aide spirituelle dans la vie de tous les jours. Ce commerce est pratiqué avec le plus grand sérieux par les Japonais.

Traditions locales et légendes jouent un rôle important dans la crédibilité accordée à ces petits objets, même si on ne cesse d'en forger de nouvelles. Pour les Japonais, ces porte-bonheur sont une forme de religion pratiquée au quotidien.

À gauche :
Pour les Japonais, les porte-bonheur font partie de la pratique religieuse quotidienne. On en vend toutes sortes de modèles, jusque dans les temples.

Origines du shintoïsme

Ci-dessus :
Le mythe veut qu'Amaterasu, déesse du Soleil, se soit retirée dans une caverne. Les autres dieux parvinrent à l'attirer dehors par la ruse, et c'est ainsi que le monde sortit de l'obscurité. Son culte est associé à celui du tenno*, l'empereur japonais, qui passe pour son fils.*

La plus ancienne religion du Japon

Au Japon, les besoins religieux de l'individu furent, et sont toujours, satisfaits en grande partie par le confucianisme, le taoïsme et le bouddhisme, venus de l'étranger.

Le shintoïsme, ou *kami no michi* (ce qui signifie littéralement « la Voie des dieux »), originaire du Japon, est la plus ancienne religion du royaume insulaire.

Il se limita d'abord au culte primitif des ancêtres et des esprits, puis un shinto populaire, qui trouva de nombreux adeptes en milieu rural, se développa par rapport au bouddhisme, ou *butsudo* (« la Voie du Bouddha »), venu de Chine au milieu du VIe siècle.

Après bien des évolutions et à la suite du nationalisme grandissant, le shintoïsme devint religion d'État en 1868, avant d'être interdit en 1945 (sur ordre des Alliés, en raison d'une doctrine chauvine et totalitaire).

Aujourd'hui, le shinto cohabite au Japon avec le bouddhisme, le confucianisme et le taoïsme. Ces religions sont plutôt pratiquées de façon individuelle, tandis que la foi shintoïste sert surtout à la consécration religieuse d'engagements et d'établissements nationaux.

La déesse du Soleil et le *tenno*

Le fait que le culte de la déesse du Soleil, Amaterasu, soit associé à celui de l'empereur au pouvoir, le *tenno,* témoigne du caractère national du shinto. Le *tenno* passe en effet pour le fils de la déesse du Soleil. Il n'en fallait pas plus pour que le shinto devienne religion d'État – ce système idéologique concernant exclusivement la nation japonaise et son empereur.

Les lieux de culte shintoïstes

À l'origine, les lieux de culte n'étaient signalés que par des repères délimitant un carré « sacré ». Il pouvait s'agir, par exemple, de grosses pierres posées sur le sol.

On vit ensuite apparaître de véritables édifices cultuels, sanctuaires destinés à la conservation et à la protection des objets de culte. Ces derniers sont censés avant tout symboliser la présence du *kami*. L'entrée de ces temples est caractérisée depuis toujours par le *torii* (grand portique) la précédant. Ceux présentant la forme la plus simple se composent de deux piliers soutenant deux poutres transversales.

À gauche, dans l'encadré : Des hommes aussi, même occidentaux, ont été admis dans le cercle des kami *pour avoir fait le bien autour d'eux – à l'instar de Robert Koch, célèbre bactériologiste et prix Nobel qui découvrit le bacille de la tuberculose.*

Les *kami*

L'essence de la foi shinto (« la Voie des *kami* ») est résumée par le concept de *kami*, englobant ce qui est mystérieux, surnaturel, et provoque le plus profond respect chez l'homme : c'est le sacré, qui échappe au domaine humain. Il rassemble dieux et esprits, ainsi qu'ancêtres et personnalités marquantes, mais aussi le mont Fuji, le soleil, le vent ou encore de vieilles pierres.

La « liste » des *kami* semble sans fin, car de nouveaux éléments viennent s'y ajouter chaque jour. Le fait que le célèbre bactériologiste et prix Nobel Robert Koch (1843-1910) soit entré dans le cercle des *kami* (pour avoir découvert le bacille de la tuberculose) atteste de leur singularité. Outre des hommes, ce sont surtout des cadres naturels, ponctués d'arbres ou de falaises, qui se prêtent au culte.

Mélange de nationalisme et de croyance dans les esprits de la nature, le shintoïsme est surtout aujourd'hui pratiqué avec ferveur dans les milieux modestes – le culte des *kami* n'excluant nullement la vénération, en parallèle, du Bouddha.

À gauche : Prêtre shinto lors d'une cérémonie à Ise en l'honneur d'Amaterasu, la déesse du Soleil, considérée comme l'ancêtre de l'empereur. Le shintoïsme implique en effet le culte de la famille impériale.

La doctrine shintoïste

Une foi tournée vers l'homme

Le shintoïsme ne connaît aucun fondateur. Sa conception du monde est positive. Sa doctrine veut que l'homme soit naturellement bon et que tout mal soit l'œuvre d'esprits mal intentionnés. Le but de nombreux rituels est donc de s'attirer l'indulgence de ces mauvais esprits par la purification, les offrandes et la prière. Ces rituels sont accomplis par des prêtres, qui peuvent se marier et ne sont que peu organisés. Le shintoïsme ne connaît pas davantage d'écrit sacré fondateur – même si certains textes, dont le *Nihonshoki* (VIIe siècle) et le *Kojiki* (VIIIe siècle), occupent une place importante en renfermant une grande part des légendes et des histoires qui nous éclairent sur la vie religieuse dans le Japon antique.

Le shinto et maison impériale

Selon la légende, c'est en jouant que les enfants des divinités, ou *kami,* finirent par rendre le monde fertile, si bien que les dieux purent se réjouir de sa beauté. Cela témoigne de la conception positive du shintoïsme, qui ne voit que du bon dans la Création. Les hommes considèrent le fait que les dieux aient d'abord créé Amaterasu, le Soleil, comme un signe de l'importance de la maison impériale. Tout au long de l'histoire japonaise, le mythe de la déification du souverain entraîna périodiquement (et jusqu'en 1945) l'association directe de la foi shinto avec l'État et la famille impériale.

Les différentes formes de shinto

Au fur et à mesure de son évolution, le shintoïsme n'a pas produit d'orientations éthiques ou de dogmes différents, mais plutôt des formes distinctes de participation aux fêtes et rites traditionnels. On distingue surtout le shinto des temples, le shinto des sectes et le shinto populaire.

Le shinto des temples (dit *Jinja*) est le courant le plus ancien et le plus répandu. Doté d'une organisation stricte, il compte quelque 80 000 grands sanctuaires dans tout le pays. Dans ces lieux où sont vénérés les dieux, les êtres surnaturels sont chez eux. On les honore

Ci-dessous : Selon la légende, les dieux Izanagi et Izanami ont créé le Japon alors qu'ils se tenaient sur le pont céleste.

La naissance du Japon

Une des légendes du *Kojiki,* connue de chaque enfant au Japon, décrit la création du pays : « La terre n'existe que sous apparence visqueuse. Les dieux engagent Izanagi et Izanami à la rendre solide. Ils se placent sur le pont surplombant l'abîme et agitent le limon avec la lance divine. En la retirant, la vase dégoutte et forme l'île d'Onooro. Ils y descendent et commencent l'œuvre d'enfantement du monde. Étonnés de la faiblesse de leur progéniture, ils remontent demander conseil aux dieux, puis, agissant selon la bienséance, donnent naissance aux huit îles constituant le Japon. Ils engendrent les divinités qui président à l'atmosphère, à la terre, aux eaux et à l'automne. Ensuite naissent les dieux du Vent, des Arbres, des Montagnes, la déesse des Marais et enfin le dieu du Feu (1). »

Ci-contre :
Le tenno *(empereur) est tout à fait conscient de son importance pour le shinto d'État. Akihito lit ici un écrit ; il a revêtu l'habit traditionnel, comme lors du couronnement qui fit de lui le cent vingt-cinquième empereur du Japon.*

à l'aide de prières, de cérémonies dansées et de cadeaux. Les formes nationales du shinto des temples ont vu se développer le shinto d'État (dit *Kokka*), étroitement lié au shinto de la maison impériale.

Le shinto des sectes (ou *Kyoha*) englobe aujourd'hui treize groupes religieux et d'innombrables sous-groupes, nés au XIXe siècle. Chacun obéit à des croyances et à une doctrine propres. Ils furent souvent fondés en temps de crise par un guide charismatique et reposent généralement sur l'adoration d'une divinité centrale.

Le shinto populaire (ou *Minkan*) se manifeste essentiellement dans les zones rurales. Il se caractérise par des rituels destinés à repousser les démons et à favoriser la fertilité, les phénomènes naturels et les changements de saison, en parfait accord avec les cycles de la végétation.

Ci-contre :
Un prêtre shinto prépare des offrandes pour un rituel. Dans le shinto populaire, en milieu rural, les prêtres ont pour tâche de pratiquer des rituels pour chasser les démons, favoriser la fertilité ou le changement de saison.

La pratique shintoïste

Coexistence du bouddhisme et du shintoïsme

Si le shinto a d'abord cherché à se démarquer du bouddhisme, les deux religions coexistent et cohabitent aujourd'hui de façon harmonieuse. Tandis que les bouddhistes considèrent les *kami* comme des manifestations du Bouddha, celui-ci est pour les shintoïstes un *kami* de plus.

On rencontre souvent des temples bouddhistes à côté de sanctuaires shinto, voire dedans, et des moines bouddhistes prennent souvent part aux grandes fêtes shinto. Nombre d'adeptes du shinto se réclament également du bouddhisme. Si les cérémonies de mariage respectent en général les pratiques shinto, les funérailles suivent le rituel bouddhiste, la mort étant jugée néfaste par le shinto.

Rien dans la religion shintoïste ne permet d'expliquer clairement pourquoi, car elle n'a pas élaboré d'éthique propre. En revanche, au fil du temps, elle a emprunté au codex moral des confucéens, accordant surtout de la valeur à la pureté intérieure, à la sincérité du cœur *(makoto)* et à l'harmonie avec la nature.

La pratique shintoïste

Pas de service religieux régulier pour l'adepte du shinto : une grande partie de la vie religieuse demeure affaire personnelle. Cela n'empêche qu'il se tient souvent des fêtes et des processions, auxquelles se rend toute la communauté des croyants. Outre d'importantes festivités saisonnières, on donne nombre de fêtes plus petites pour honorer un *kami* ou célébrer un anniversaire – comme celui de la création d'un sanctuaire. Les innombrables *kami* sont vénérés non seulement dans les sanctuaires, mais aussi chez soi. Pour cela, on allume des bâtons d'encens et on offre à la divinité, sur un petit autel, boulettes de riz et autres mets. Le culte des ancêtres joue toujours un rôle important ; ceux-ci jouissent de la plus haute autorité en tant que membres «invisibles», tout en continuant de faire partie intégrante de la famille.

Ci-dessous :
Le principal sanctuaire, le plus sacré, est celui d'Ise. Dédié à la puissante déesse du Soleil, Amaterasu, il ne comprend pas moins de deux cents bâtiments et, comme le veut la coutume religieuse, on le reconstruit entièrement tous les vingt ans.

À gauche :
L'allégresse dans les fêtes, comme ici lors du festival dit « Tori no ichi », célébré au sanctuaire Otori, fait partie du shintoïsme.

Le shinto dans les domaines sociaux et culturels

Le shintoïsme est étroitement lié à la vie sociale et culturelle des Japonais. Si, dans les grandes villes, les influences occidentales diminuent la pratique du shinto, en milieu rural la foi est restée très vivante. La religion se manifeste aussi au travers de cérémonies traditionnelles accompagnant projets de construction, inaugurations d'usine ou baptêmes de navire.

Le shinto n'a pas toujours eu de sanctuaires. Ses adeptes accomplissaient à l'origine les rituels dans de beaux endroits considérés comme sacrés. Au fil du temps, on bâtit de petits abris pour protéger les participants et l'autel des aléas climatiques ; c'est ainsi que des sanctuaires dotés de salles destinées à la prière et aux sacrifices virent le jour. Derrière se trouve, inaccessible, le « saint des saints » : on y conserve le symbole du *kami* – miroir, épée, poignard ou autre.

Ci-dessous :
Le « festival de la Boue » est une fête particulièrement joyeuse qui se tient près du sanctuaire Warabi à Yotsukaido. Les jeunes hommes traversent en courant un champ de boue, pratique censée porter bonheur.

Le sanctuaire d'Ise

Le sanctuaire d'Ise, à l'est de Kobe et d'Osaka, est le principal lieu de culte shintoïste. Consacré à la puissante déesse du Soleil, Amaterasu, il fut fondé au IVe siècle et comprend quelque 200 bâtiments. Une coutume religieuse veut qu'on les reconstruise entièrement, tous les vingt ans. Les derniers travaux remontent à 1993. Tous les bâtiments présentent le style japonais classique. Les touristes ne peuvent pénétrer dans aucun d'entre eux ; la plupart sont d'ailleurs entourés de hautes clôtures en bois. Plusieurs millions de Japonais se rendent chaque année en pèlerinage au sanctuaire d'Ise. Ces voyages entrepris par dévotion personnelle sont également considérés comme bénéfiques pour la nation dans son ensemble – ce qui explique les visites de nombreux hommes politiques.

Les *torii*

Les *torii,* portiques précédant l'entrée des temples shintoïstes, sont presque toujours recouverts de laque rouge (rendant le bois plus résistant aux intempéries) – à la différence de ceux du Japon prébouddhique. Dans les anciennes représentations de l'au-delà, les *torii* marquent les limites des différentes régions du monde des morts chez les bouddhistes. Cela porte à croire que les *torii,* importants emblèmes du shinto moderne, sont en réalité d'origine bouddhiste.

Les *kami* et l'importance de la pureté rituelle

Le concept de pureté rituelle est une caractéristique marquante de l'histoire documentée du shinto. Le croyant s'attire les foudres des *kami* en enfreignant les commandements relatifs à cette pureté. Dans le shintoïsme, la dichotomie entre « pur » et « impur » est largement plus signifiante que celle séparant le bien du mal. Les crimes graves sont aussi considérés comme une souillure. Des cérémonies rituelles permettent d'agir contre ces souillures, la mort étant jugée comme la source principale d'impureté. La divinité honorée ne doit donc pas être confrontée à la mort, ni au sang ni à la maladie. De l'avis de nombreux érudits, le rejet de la mort et de ses corollaires, l'enterrement par exemple, trouve son fondement dans une démarcation croissante du shinto vis-à-vis du bouddhisme. Dans le Japon moderne, ce dernier marque encore de son empreinte la culture funéraire et les représentations prédominantes sur l'au-delà. Le fait que le bouddhisme soit essentiellement « responsable » de la mort et de l'au-delà, et les *kami* de la vie et du monde terrestre, procède probablement d'une volonté ancienne, devenue depuis tradition, de distinguer clairement les deux religions.

Ci-dessous, à gauche : Les torii *du sanctuaire Fushimi Inari, à Kyoto, sont laqués de rouge. Cette couleur indique qu'ils sont en réalité d'origine bouddhiste.*

Ci-dessous, à droite : Cette jeune mariée signe ses vœux dans le sanctuaire shinto Meiji, à Tokyo. Sa tenue est blanche, en signe de pureté. Dans le shintoïsme, l'opposition entre « pur » et « impur » est bien plus significative que celle qui existe entre « bien » et « mal ».

Le Tenrikyô

Le Tenrikyô – une religion récente

Le Tenrikyô (« Enseignement de la Vérité Divine »), religion monothéiste, doit sa naissance à la révélation que connut le 26 octobre 1838 sa fondatrice, Miki Nakayama (1798–1887).

Selon elle, c'est « Oyagami » (mot japonais signifiant « Dieu-Parent »), divinité jusqu'alors inconnue, qui a créé le monde pour pouvoir se réjouir de la vie harmonieuse des hommes. Oyagami s'est contenté de leur prêter leur corps ; en revanche, ils peuvent disposer librement de leur cœur. Mais les actes égoïstes nous éloignent de Dieu ; ce n'est qu'en purifiant notre cœur que nous pourrons retrouver le chemin menant à Lui.

Ce retour à Dieu est rendu possible, entre autres, par les actions désintéressées et l'entraide, comme le soutien aux personnes défavorisées. L'homme y gagne la « Vie de Joie » qu'Oyagami a prévue pour tous.

Évolution jusqu'à nos jours

Avant que la nouvelle religion ne bénéficie, à partir de 1908, du statut privilégié de « secte du shinto », ses adeptes furent pourchassés, et Miki Nakayama arrêtée à plusieurs reprises.

Le 26 janvier 1887, la fondatrice de la religion mourut alors même qu'elle célébrait un service religieux au Jiba, défiant l'interdiction de la police. Mais, pour ses fidèles, elle a simplement dissimulé son corps physique et vit toujours dans son sanctuaire, afin de continuer à servir d'intermédiaire entre Dieu et les hommes.

Même après sa mort, Oyagami continue de sentir, de penser et d'agir à travers elle. Shoyashiki, le village qui a vu naître Miki Nakayama, est devenu avec le temps une ville, Tenri.

En 1970, la communauté du Tenrikyô quitta la tutelle shinto ; elle souligne depuis son autonomie. Elle dirige divers organismes sociaux et culturels, et exerce une vaste activité missionnaire qui a permis de propager la foi en dehors du Japon. On trouve aujourd'hui des missions notamment aux États-Unis, en Amérique du Sud, à Taïwan, en Corée, en Chine et en Europe. Le nombre des croyants est estimé à environ 4 millions dans le monde entier.

À l'origine était Jiba

Selon le Tenrikyô, « Jiba » est le lieu où le Dieu du Japon a créé tous les hommes, et où ils doivent retourner. Il se situe plus ou moins au centre du Japon et fut découvert en 1875 par Miki Nakayama.

C'est là que se trouve, près du sanctuaire de la fondatrice, l'église mère du Tenrikyô, qui reste ouverte aux croyants jour et nuit et où se tiennent des services religieux quotidiens. Dix personnes choisies avec soin, cinq hommes et cinq femmes, y représentent symboliquement par différents gestes de la main les dix aspects de la protection infinie exercée par Oyagami. Au cours d'une danse sacrée appelée *kagura zutome* on commémore son acte créateur.

Kagura zutome *est une danse rituelle symbolisant la Création. Elle n'est exécutée qu'au Jiba, et le Tenrikyô la considère comme un pas vers la délivrance.*

Délivrance et paradis terrestre

Au Jiba se dresse au vu de tous le *kanrodai,* support en bois sur lequel repose un récipient sacré destiné à accueillir la rosée du ciel. Cette rosée doit donner la vie éternelle, mais elle ne tombera du ciel que lorsque la « Vie de Joie » se sera instaurée partout dans le monde.

Les fidèles du Tenrikyô croient aussi à l'idée de la renaissance éternelle de l'âme – toutefois pas dans le sens bouddhiste d'une extinction dans le *nirvâna,* ni selon la conception chrétienne d'une entrée au paradis, dans le ciel. Ils pensent plutôt qu'il existe un paradis terrestre où tous les hommes doivent accéder à une vie de félicité.

Les mandéens
La dernière religion gnostique

Ci-dessus :
La religion des mandéens remonte sans doute à Jean-Baptiste. C'est pourquoi on appela longtemps ses adeptes les « chrétiens de saint Jean ».

L'essence de la foi mandéenne

La foi des mandéens (de *manda*, signifiant « connaissance ») renferme des éléments juifs, gnostiques et chrétiens – comme l'acte de communion et le repos dominical. Jean-Baptiste passe à leurs yeux pour un réformateur religieux. Car il baptisa dans le Jourdain non seulement Jésus, mais aussi le rédempteur mandéen – Manda d'Hayyé (« Connaissance de vie »). Ce Messager céleste fut envoyé sur Terre *(tibil)* par le Dieu suprême *(mana rurbe)* afin d'apporter à Adam et à son épouse Hawa (et non Ève) la révélation de leur origine divine. Ce n'est que par cette vérité que l'homme peut être délivré. À la fin du monde, Manda d'Hayyé délivrera de l'enfer toutes les âmes pieuses.

Un « sous-dieu » à l'origine du monde

Les mandéens pratiquent la dernière religion gnostique du monde. La gnose, ou « connaissance supérieure des choses divines », se trouve au centre de leur religion, dont l'origine reste entourée de mystère. Les gnostiques partent du principe que ce n'est pas Dieu, mais un démiurge (sorte de sous-dieu) qui a créé le monde. Ce démiurge tente de dissimuler aux hommes la véritable connaissance de Dieu, mais la gnose permet de dévoiler la vérité.

Les dernières études étaient l'hypothèse selon laquelle les premiers mandéens seraient apparus au Ier siècle de notre ère, puisant leurs origines religieuses dans le judaïsme, la gnose et Jean-Baptiste, le « Précurseur du Messie », comme l'appelle le Nouveau Testament.

Les mandéens vivent aujourd'hui en Iran et dans le sud de l'Iraq. Ils rejettent le christianisme et tiennent Jésus pour un faux prophète. On estime le nombre des adeptes à quelque 50 000 en Irak et 10 000 en Iran. Dans les deux pays, les mandéens sont victimes de persécutions de la part de l'islam.

Le baptême : rite central

Le baptême par immersion totale dans une eau courante est un rite central chez les mandéens ; on le pratique lors des services religieux dominicaux, mais aussi à l'occasion de mariages, de naissances et de décès. Le baptisé communie ensuite d'un morceau de pain consacré par le prêtre et de *mambuha*, eau cérémonielle. Seuls les croyants peuvent assister à la messe de requiem, qui doit permettre à l'âme du

défunt de s'élever. Les mandéens rejettent la circoncision. Ils se conforment aux Dix Commandements et tiennent le mariage et la famille pour très importants. Ainsi, le célibat est proscrit. Ils suivent des règles alimentaires strictes. Ils n'emploient aucune image, aucune statue pour prier. Les adeptes perdent leur appartenance à la communauté religieuse en se mariant avec des non-mandéens.

Par ailleurs, la communauté n'accepte pas d'éventuels convertis depuis la période islamique, peut-être en réaction à la charia interdisant de quitter la foi musulmane sous peine de mort.

Ci-dessus :
Les mandéens n'ont jamais pu prendre part à la vie sociale en Iraq. Ils se sont repliés dans les ramifications du delta du Tigre et de l'Euphrate (dans le sud du pays), où ils vivent aujourd'hui encore de la façon la plus simple.

Le *Ginza*

Le *Sidra Rabba* (« Grand Livre »), qui est connu de l'Occident comme le *Ginza* (le « Trésor »), constitue l'ouvrage sacré des mandéens. Parfois nommé « Livre d'Adam », il se divise en deux parties : le « *Ginza* de droite » rassemble des textes mythologiques et cosmologiques; le « *Ginza* de gauche » est un recueil de chants et d'hymnes. On peut notamment y lire que Jésus-Christ est un faux prophète. D'après la foi mandéenne, Jean-Baptiste est le vrai prophète. Il aurait été persécuté dès sa naissance par les juifs et se serait retiré au bord du fleuve Jourdain, avant de regrouper autour de lui les vrais fidèles.

À gauche :
L'eau vive est pour les mandéens le seul élément où l'on peut donner le baptême. D'après leur texte sacré, le Ginza, *Jésus est un prophète accusé d'avoir dénaturé l'enseignement de Jean-Baptiste.*

Le bahaïsme
La dernière religion révélée

Ci-dessus :
Temple bahaï à New Delhi, appelé temple du Lotus.

Le babisme

Ali Muhammad (1819–1850) est le fondateur du mouvement messianique qui annonça la venue de l'*imam mahdi,* comme promis par la tradition chiite.

Les chiites considèrent cette figure emblématique comme un homme pur (car dénué de tout péché) et capable de conférer également un grand crédit politique à sa religion. Ali Muhammad déclara qu'il était lui-même l'*imam mahdi* attendu. Il se fit appeler « le Bab » (littéralement « la Porte ») et rassembla autour de lui des partisans enthousiastes… s'attirant ainsi des opposants au sein de l'islam chiite.

En 1848, la communauté qui s'était créée autour de lui finit par se détacher totalement de l'islam et développa une religion propre.

Après de violents affrontements avec l'autorité publique, ainsi que la tentative de diviser la Perse et d'établir une théocratie, le babisme fut anéanti après quelques années d'existence seulement. Les massacres firent près de 20 000 victimes parmi les partisans du Bab, et celui-ci fut fusillé en place publique, en 1850.

Peu avant sa mort, il avait désigné son successeur : le jeune Mirza Yahya dit « Matin d'Éternité » (1830–1912), âgé de dix-neuf ans seulement. Ce dernier ne parvenant pas à rassembler la communauté, déchirée par des luttes intestines, c'est son demi-frère Mizra Hussein Ali (1817–1892), son aîné de treize ans, qui prit la direction du mouvement.

Page ci-contre :
Baha Allah est mort en Palestine. Le Proche-Orient (ici, vue sur la péninsule du Sinaï) est, comme nulle autre région du monde, un véritable berceau des religions : il a vu naître le judaïsme, le christianisme, l'islam, le bahaïsme et la foi mandéenne.

Mizra Hussein Ali, porteur d'une nouvelle révélation divine

La foi bahaïe (de *baha,* qui signifie « lumière », « éclat »), née en Perse (l'Iran actuel) à la fin du XIXe siècle, est aujourd'hui répandue dans le monde entier. Ce groupe dissident de l'islam chiite s'inspire de pratiques iraniennes ou islamiques. Le fondateur du bahaïsme, Mizra Hussein Ali (1817-1892), était un ardent disciple d'Ali Muhammad, dit le Bab (1819-1850), prophète ayant prédit en 1844 qu'on verrait apparaître, dix-neuf ans plus tard, un messager de Dieu. Mizra se considérait justement comme cette « incarnation de Dieu ». Les bahaïs pensent qu'il est le dernier d'une série d'incarnations divines – le Bouddha, Jésus-Christ, Krishna et Mahomet étant considérés comme ses prédécesseurs –, et que le monde connaît grâce à lui une nouvelle révélation.

Mizra Hussein Ali prit le titre de Baha Allah (« Splendeur de Dieu »). En tant que messager de Dieu, il jugeait que le babisme n'était qu'un pas vers une nouvelle religion à venir. Baha Allah se voyait comme l'accomplissement des enseignements de Moïse, de Jésus-Christ, de Mahomet et de toutes les doctrines précédentes. Au cours du XXe siècle, cette foi s'enrichit encore avec les apports de l'hindouisme et du bouddhisme.

Ci-dessus : Mausolée-jardin de Baha Allah à Acre. Baha Allah y fut assigné à résidence par les Turcs et arrêté à plusieurs reprises.

Persécution, mort et succession de Baha Allah

Baha Allah fut persécuté par les Turcs, assigné à résidence à Acre (Israël) et emprisonné à plusieurs reprises. Il mourut en Palestine le 29 mai 1892, peu après sa mise en liberté.

Son fils Abdul Baha (1844-1921) poursuivit le même objectif de fonder une religion universelle, en répandant lui-même la doctrine paternelle.

Obtenir une réparation morale et sociale pour les défavorisés est une des « revendications » centrales du bahaïsme. Abdul Baha passa lui-même de nombreuses années en prison et ne recouvra la liberté qu'en 1908, lorsque des peuples de l'Empire ottoman se soulevèrent contre les sultans et obtinrent leur indépendance.

Il désigna à son tour l'aîné de ses neveux, Shoghi Effendi Rabbani (1897-1957), « gardien de la cause de Dieu ». Ce dernier n'ayant laissé aucun testament, le titre s'éteignit à sa mort.

Depuis, c'est à un directoire de neuf membres désignés tous les cinq ans, et dont le siège se trouve dans la ville d'Haïfa, en Israël, qu'incombe l'administration du mouvement religieux.

Ci-dessus : Le sanctuaire du mont Carmel dominant la baie d'Haïfa (Israël) est un des principaux mémoriaux bahaïs. La foi bahaïe repose sur l'unité de Dieu, des religions et de toute l'humanité.

Les trois piliers de la foi bahaïe

La foi bahaïe repose sur trois piliers : unité de Dieu, unité des religions et unité du genre humain.

Le bahaïsme est également considéré comme la dernière religion révélée. Toutes les autres, à commencer par les cinq grandes religions mondiales, sont certes reconnues comme divines du fait de leur origine, mais elles ont perdu de leur crédit, à en croire les bahaïs.

Des trois piliers découlent des devoirs éthiques, sociaux et politiques : l'homme et la femme ont les mêmes droits et doivent recevoir la meilleure éducation spirituelle et morale; il faut réaliser la paix mondiale mais aussi l'harmonie entre la science et la foi; il faut refuser les préjugés de toutes sortes et résoudre les questions sociales; introduire une langue et une écriture communes à toute l'humanité... et établir un gouvernement, un Parlement et une Cour d'arbitrage au niveau mondial.

Les aspects sociaux de la religion

La foi bahaïe prône l'abolition progressive du luxe et de la richesse démesurée, ainsi que l'éradication de la pauvreté. Les bahaïs se considèrent comme des citoyens du monde et rejettent toute forme de nationalisme. Selon Baha Allah, chaque homme doit avancer sur le «chemin de la perfection». Le but de chacun? Se comporter de telle sorte qu'il soit à l'origine d'un progrès permanent. «Que chaque matin soit meilleur que la veille, et chaque lendemain plus riche que le jour précédent (1).» Après sa mort, une nouvelle vie, meilleure, commence pour le bahaï. La foi bahaïe ne connaît ni rituels ni prêtres. Seul l'écrit sacré, recueil de textes du Bab, de Baha Allah et d'Abdul Baha, fait autorité. Chaque fidèle peut enseigner à d'autres. L'étude des paroles de Dieu, les prières et le jeûne sont les éléments clés de la vie des croyants. L'année bahaïe compte 19 mois de 19 jours; à chaque changement de mois, la communauté des fidèles se rassemble pour la «fête des Dix-Neuf Jours».

Le bahaïsme dans le monde

Grâce à Shoghi Effendi, les bahaïs ont développé un système organisé à l'échelle mondiale; ils sont aujourd'hui 5 ou 6 millions d'adeptes – dont des communautés grandissantes en Inde et en Afrique du Sud. En Europe, le nombre des fidèles s'élève à quelques dizaines de milliers, et à près de 100 000 en Amérique du Nord. Dans les pays islamiques, la communauté religieuse est interdite. En Iran – où vivent aujourd'hui encore environ 2,5 millions de croyants –, plusieurs bâtiments anciens furent détruits en 2004 afin d'effacer toute trace de cette religion. En 1992 parut pour la première fois une traduction anglaise de l'écrit central des bahaïs, le *Kitab-i-Aqdas*. Depuis, la foi connaît aussi une diffusion croissante en Occident. Ainsi, quelque 2 000 fidèles vivent actuellement en Allemagne. Dans le hameau de Langenhain (commune de Hofheim, dans les contreforts du Taunus), on a inauguré en 1964 la première « maison d'adoration » bahaïe en Europe. Les principaux mémoriaux bahaïs (les sépultures du fondateur de la religion et de son successeur) se trouvent à Haïfa et à Acre, en Israël.

Parenté avec l'islam

La doctrine des bahaïs présente une grande parenté avec celle de l'islam, mais on note aussi des différences de taille : ainsi, leur livre sacré n'est pas le Coran, mais le code religieux du *Kitab-i-Aqdas*. Celui-ci renferme les devoirs de chaque croyant, comme les trois prières quotidiennes, ainsi que les règles à respecter pour le jeûne annuel de dix-neuf jours, le pèlerinage dans les lieux sacrés... Le mariage aussi est une obligation; longtemps, la polygamie fut autorisée. Les délits sont punis d'amende, d'exil et de prison.

Ci-dessous, à gauche : Sanctuaire bahaï du mont Carmel (en gros plan) près d'Haïfa. Les bahaïs doivent prier chaque jour (matin, midi et soir), jeûner dix-neuf jours par an et se rendre en pèlerinage dans leurs lieux saints.

Ci-dessous, à droite : « Maison d'adoration » à Wilmette (Illinois, États-Unis). Sur le plan politique, les bahaïs demandent la création au niveau mondial d'une Cour d'arbitrage, d'un Parlement et d'un gouvernement.

Les religions des sociétés traditionnelles

Ci-dessus :
Les religions traditionnelles se caractérisent par leur lien avec la nature. Ces religions sans fondateur ne connaissent ni hiérarchie ni gardien suprême de la foi.

Des religions sans fondateur

Les religions traditionnelles se différencient des autres religions par le fait qu'elles n'ont pas de fondateur. Personne ne les a créées à partir de conceptions nouvelles sur Dieu et la Création du monde. Ces religions sont pratiquées par les sociétés traditionnelles – au sein desquelles l'individu vit comme une composante de la nature au cœur de celle-ci –, tandis que les religions mondiales, telles que le christianisme, l'islam ou le bouddhisme, sont des formes d'expression religieuse de l'homme civilisé – qui instrumentalise et exploite la nature. En effet, dans les sociétés industrialisées, l'homme ne se considère pas comme une composante de la nature, mais comme son maître. Dans les sociétés traditionnelles, en revanche, l'homme s'inscrit dans son environnement et ne sépare pas le surnaturel, le divin ou le transcendant de l'immanent, c'est-à-dire de ce qu'il identifie comme réel et qui constitue son univers concret. Son expérience lui a appris que l'environnement est plus fort que lui, qu'il n'a aucun pouvoir sur les maladies frappant lui-même ou les animaux, la mort, la sécheresse, la famine, entre autres épreuves. Tout ce qui arrive est l'expression d'une force omniprésente : ici-bas et dans l'au-delà, dans la nature organique ou minérale.

Autre caractéristique : la sphère d'influence des religions traditionnelles est circonscrite à un groupe ethnique, tandis que les religions mondiales franchissent les frontières ethniques et nationales. On parle pour l'Afrique de « religions traditionnelles », pour l'Asie de « religions tribales », pour l'Amérique de « religions autochtones » ou encore « afro-américaines » et, pour l'Océanie, de « religions indigènes ».

L'intervention de guérisseurs

Des esprits peuvent être hostiles à l'homme, soit que ce dernier les ait froissés involontairement, soit qu'ils se révèlent par nature maléfiques. Les esprits peuvent provoquer la maladie tant chez l'homme que chez les animaux qu'il élève. C'est pourquoi il faut les apaiser, souvent en recourant à l'aide spirituelle d'un guérisseur ou d'un chaman. Le marabout africain, par exemple, peut conjurer les esprits et les apaiser. Si les marabouts et les chamans peuvent apporter une aide, c'est parce que, dans la représentation précise qu'ils se font de l'âme humaine, cette dernière peut se dissocier du corps, même vivant, à savoir dans le rêve et dans l'état de transe – état dans lequel la conscience devient réceptive à des perceptions extrasensorielles et dans lequel l'âme quitte le corps pour entreprendre un voyage.

À l'extrême gauche :
Danse, rituel, pratiques de magie et légendes rapportées par la tradition orale sont au cœur des religions traditionnelles. Elles partagent toutes une même croyance, selon laquelle l'homme doit sortir de son enveloppe charnelle – par exemple par la danse extatique – pour parvenir aux divinités.

Ci-contre :
Les chamans sont à la fois prêtres et guérisseurs. Au cours de leur année d'apprentissage, ils s'exercent à entrer en contact dans un état de transe profond avec les divinités maléfiques qu'ils tiennent pour responsables de la survenue des maladies.

Le pouvoir du chaman sur les esprits

Le chaman apaise les esprits, les rend bienveillants ou les éloigne.

Les pouvoirs qu'il tire du plus profond de lui-même lui permettent d'être au service des forces surnaturelles en dehors du pouvoir humain, tout en s'opposant à ces forces, ce qui tient de l'exercice sur la corde raide : le chaman prend de l'ascendant sur les esprits et exerce un pouvoir sur eux.

Il expulse son âme de son enveloppe charnelle, qu'il met ainsi à la disposition des forces spirituelles qui y sont à l'œuvre.

Cette entreprise n'est pas dépourvue de danger : il peut arriver qu'un chaman sombre dans la folie.

Les chamans

Les chamans sont des intermédiaires entre le monde d'ici-bas et l'au-delà. Ils donnent à l'au-delà et au surnaturel le nom d'« autre monde ». Les chamans sont en outre des guérisseurs, qui sont persuadés que le monde d'ici-bas et notre réalité quotidienne sont régis par des forces dépassant l'entendement humain – mais pas hors de portée de l'âme. Des expériences particulières, telles que présages, rêves, visions, crises pathologiques, permettent de déceler les individus prédisposés au chamanisme.

Après une initiation appropriée, le futur chaman fait un apprentissage qui peut durer jusqu'à une année auprès d'un ou plusieurs chamans.

Les chamans étaient chargés de fonctions religieuses importantes dans la civilisation archaïque des chasseurs-cueilleurs, bien avant l'apparition des religions mondiales, avec leurs prophètes, leurs intercesseurs en la personne de prêtres et leurs réformateurs.

Le chaman détermine ce qui affaiblit son patient : des esprits maléfiques qui ont pris possession de lui par la magie noire exercée par des voisins hostiles, des sorciers ou des magiciens. Les maladies graves accompagnées de troubles de la conscience sont généralement interprétées comme un vol ou un enlèvement de l'âme, que le chaman doit aller chercher dans l'autre monde. C'est dans un état d'extase qu'il entreprend à cette fin un voyage dans l'autre monde, un voyage dangereux en des lieux où règnent esprits et démons.

Les religions traditionnelles d'Asie

Ci-dessus :
En Papouasie-Nouvelle-Guinée, il y eut jusqu'à une date récente des chasseurs de têtes. Les conceptions des sociétés traditionnelles en matière de morale et d'éthique divergent considérablement des conceptions occidentales, ce qui donne souvent matière à conflit.

Les mythes de la Création

Chez les Bhilo, en Inde, c'est le dieu Bhagavan qui a créé l'Univers entier, laissant à son assistant, le géant Nung, le soin de le modeler dans les détails. C'est ainsi que ce dernier corrigea la Création de Bhagavan par des faits héroïques : il abattit notamment un soleil superflu, instaurant ainsi des conditions de vie normales sur Terre. Chez certains peuples de Polynésie, la Terre descend tout simplement du ciel pour se poser sur la mer originelle ou sort des eaux de cette mer, tandis que, pour d'autres peuples, toutes les choses de la Création apparaissent à la faveur d'une lutte entre un être du monde supérieur et un être du monde inférieur. Selon une tradition répandue dans le sud-ouest de la Chine, un frère et une sœur furent les seuls survivants d'une inondation dévastatrice et furent désignés par les dieux pour devenir les ancêtres de l'humanité entière. Dans l'est de l'Indonésie, les hommes naissent de l'union du Ciel et de la Terre. Pour les Khmers – un peuple d'origine austroasiatique établi principalement dans l'Insulinde et au Cambodge, mais aussi en Thaïlande, au Laos et au Vietnam –, les hommes descendent d'un couple de grenouilles et sont devenus progressivement des hommes. Les Toungouses de Sibérie croient en un dieu créateur qui n'intervient cependant pas dans le cours que prennent les choses, laissant cette responsabilité à des êtres surnaturels ou à des divinités. Ils sont responsables de la fertilité des champs et des êtres humains. Ils ont aussi des esprits habitant des montagnes ou des lacs sacrés, qui doivent être apaisés de temps en temps par l'entremise de chamans.

Le culte des ancêtres et des morts

Toutes les sociétés traditionnelles attachent une grande importance au culte des ancêtres. Elles ont une conscience aiguë du fait que, sans les générations qui les ont précédées, elles n'existeraient pas. Ancêtres et divinités assument ensemble la protection des hommes et le maintien de l'ordre.

Toute infraction ayant des conséquences pour la communauté, l'ordre doit être rétabli par des rituels sophistiqués, comme ceux des chasseurs de têtes ou des sacrifices humains, observés il y a encore quelques années en Papouasie-Nouvelle-Guinée. La civilisation moderne fait un tabou du cannibalisme et réprime ces rituels. Aux yeux de certaines tribus qui pratiquaient le cannibalisme, il ne s'agissait pas là d'un crime. Depuis que la civilisation s'est emparée de l'espace vital de ces cultures, les religions traditionnelles connaissent elles aussi des changements substantiels.

La conception de l'au-delà dans les religions traditionnelles africaines

Les deux âmes des Éwés

Les Éwés, qui comptent de nombreuses tribus, vivent dans la forêt pluviale d'Afrique de l'Ouest.

Ils croient à la préexistence (vie prénatale) de l'âme dans une patrie des âmes identique au monde terrestre.

Avec la naissance de chaque enfant se réalise la réincarnation d'un ancêtre défunt. L'âme que reçoit l'enfant est en deux parties : la plus importante – «l'âme de vie» –, provient de la patrie des âmes, à savoir du monde des dieux; la partie la moins importante – «l'âme de mort» – est quant à elle attribuée au monde d'en bas.

Le monde d'en bas

L'âme de vie retourne toujours au monde des dieux. L'âme de mort descend dans le monde d'en bas, auquel on donne entre autres le nom de «maison derrière le fleuve». Elle y rencontre les ancêtres.

Le chemin qui y mène étant difficile et pénible, l'âme doit être pourvue de tout le nécessaire, qui sera placé dans la tombe.

Contrairement au mythe de la Création et aux croyances d'autres religions, on peut tout à fait venir à manquer de nourriture dans l'au-delà des Éwés.

Si cela se produit, les morts peuvent exiger des vivants qu'ils déposent au sol des offrandes de nourriture.

Parfois, l'arrivée dans le monde d'en bas s'accompagne d'un jugement : non seulement les ancêtres interrogent le nouveau venu sur l'état du monde, mais encore ils veulent savoir s'il a commis des délits. Sa place dans le monde d'en bas en dépend, les bonnes âmes étant strictement séparées des mauvaises.

Ci-dessous :
À l'occasion des danses tribales, on invoque les dieux ou les esprits des morts. Avec des masques et des habits particuliers, les danseurs se donnent une apparence hors du commun pour « entrer » dans un autre monde.

Les religions traditionnelles d'Amérique et d'Océanie

À droite :
Cet esprit polynésien est susceptible d'apparaître en rêve à un chaman. Son apparition est généralement porteuse d'un message.

Les conceptions des Indiens d'Amérique

Toutes les civilisations indiennes ont une conception bipartite du monde : le monde naturel et le monde surnaturel. Le premier correspond à la Terre habitée, au disque terrestre ; le monde surnaturel qui la surplombe, à savoir le ciel, repose sur quatre poteaux et un «arbre central». Celui-ci, l'«arbre du monde», fait le lien entre l'homme et le ciel, le monde surnaturel des dieux, des esprits et des ancêtres.

Tous les morts vont sans distinction au royaume des morts. Il s'agit d'un «endroit de félicité», auquel les Indiens donnent aussi le nom de «terrain de chasse éternel». Il reproduit le mode de vie du monde naturel, mais dans des conditions optimales (nourriture en quantité suffisante, par exemple).

Ci-dessous :
L'animal auquel un individu s'identifie le plus fortement devient son animal totémique, telle cette panthère des neiges.

La croyance au totem

Le totem est, chez les Indiens d'Amérique du Nord, le nom donné à l'esprit protecteur d'une personne. Les animaux totémiques jouent dans les civilisations traditionnelles comme celles des Indiens un rôle important. C'est après une longue période de jeûne que l'Indien peut avoir la vision de son animal totémique. Ce dernier représente les qualités et les besoins de chaque individu. Il existe deux sortes de totems. Le totem central définit qui l'on est ou ce que l'on est, à savoir l'animal auquel un individu s'identifie le plus fortement ; ce peut être un loup, un ours ou un puma, des animaux qui représentent les côtés sauvages, indomptés de la nature humaine. Le «totem extérieur», ce sont les esprits qui entourent l'individu et que ce dernier invoque pour qu'ils le guident. L'Indien d'Amérique du Nord découvre souvent son animal totémique en rêve : prenant l'apparence de son animal totémique, il voit quelle attitude adopter dans une situation donnée. Ce sont des rêves intenses, dans lesquels les Indiens voient des messages de leur âme.

L'animisme

Dans les religions traditionnelles d'Océanie (Polynésie, Micronésie, Mélanésie et Philippines), l'interaction entre l'homme et la nature est contenue dans le concept d'«esprits», qui n'est cependant pas à comprendre au sens occidental de «revenants».

Dans ces sociétés traditionnelles, les esprits symbolisent les relations de dépendance et d'interdépendance réelles entre les individus et entre ceux-ci et la nature. La dénomination d'animisme introduite par des chercheurs occidentaux ne rend compte que de manière très parcellaire du phénomène des «esprits» dans les religions traditionnelles des mers du Sud. On sait aujourd'hui que ces religions, que l'on a souvent qualifiées de primitives et de naïves, sont des systèmes de croyances très développés et équilibrés, parfaitement adaptés aux modes de vie traditionnels.

L'animisme

C'est l'ethnologue britannique Edward Burnett Tyler (1832-1917) qui forgea le concept d'animisme en relation avec la religion des sociétés traditionnelles, qu'il considérait comme primitives. On entend par animisme la croyance en des êtres spirituels qui animent la nature entière : montagnes, fleuves, plantes, animaux, etc. Tout ce qui est perceptible, comme l'éclair, le tonnerre ou encore le bruissement des arbres, est attribué à ces êtres.

La manière dont Tyler et ses successeurs appliquèrent ce concept aux religions traditionnelles est représentative d'un certain sentiment de supériorité occidental. Les thèses de Tyler sont désormais dépassées.

Ci-dessous : Les Indiens d'Amérique du Nord découvrent généralement leur animal totémique en rêve, parfois aussi dans des visions spontanées.

Glossaire

Concepts clés du christianisme

Apôtre : disciple choisi par Jésus-Christ pour prêcher l'Évangile ; nom donné plus tard à tout missionnaire propageant la foi chrétienne.

Athéisme : rejet de la foi en Dieu et de l'origine spirituelle du monde.

Célibat : état des ecclésiastiques catholiques qui ne sont pas mariés, pour satisfaire au vœu de chasteté.

Confession : profession de foi (religieuse) d'une communauté.

Croisades : expéditions militaires, menées principalement entre les XIe et XIIIe siècles, et ayant pour objectif la propagation de la foi chrétienne.

Crucifix : représentation du Christ sur la croix.

Culte : ensemble de pratiques réglées par une religion.

Diaspora : à l'origine, nom donné au peuple juif qui se dispersa à travers le monde antique après la destruction du Temple de Jérusalem ; par extension, ensemble des membres d'une communauté dispersée (les Arméniens, par exemple).

Dogme : point de doctrine établi auquel doivent souscrire les partisans d'une doctrine.

Dualisme : doctrine admettant l'existence de deux forces qui se complètent ou s'opposent (le bien et le mal, par exemple).

Eucharistie : (issu du grec, remerciement) rite central des offices religieux chrétiens ; dans l'Église catholique, communion sous les espèces du pain et du vin en souvenir du sacrifice de Jésus-Christ.

Évangile : (issu du grec, bonne nouvelle) livre regroupant des paroles de Jésus et retraçant des étapes de sa vie ; textes attribués aux quatre évangélistes Matthieu, Marc, Luc et Jean.

Excommunication : peine ecclésiastique par laquelle le croyant est exclu de la communauté et qui doit l'amener à revenir dans le droit chemin.

Gnose : doctrine théologico-mystique remontant à la fin de l'Antiquité ; les gnostiques croient que Jésus a enseigné des connaissances secrètes nécessaires au salut. Une partie de ce savoir secret était la séparation entre la matière et l'esprit.

Hiérarchie de l'Église : organisation de l'Église catholique. À sa tête se trouve le pape, qui décide souverainement dans toutes les affaires religieuses. En descendant dans la hiérarchie, on trouve les cardinaux, les archevêques, les évêques, puis les prêtres et les diacres.

Martyr : croyant torturé, voire exécuté au nom de sa foi.

Messe : office religieux auquel assistent les fidèles. Le sacrement central de la messe catholique est l'eucharistie.

Monothéisme : croyance en un Dieu unique (par opposition au polythéisme).

Mystique : pratiques et connaissances censées permettre de faire l'expérience directe de Dieu.

Notre Père : principale prière de toutes les confessions chrétiennes ; elle fait partie intégrante des offices religieux depuis le Ve siècle.

Œcuménisme : (issu du grec, terre habitée) mouvement visant au rapprochement des Églises chrétiennes du monde entier.

Ordre : regroupement de monastères ou de couvents souscrivant à une même règle.

Ostensoir : objet de culte richement orné dont la forme rappelle celle d'un soleil ; il est destiné à contenir l'hostie et à la présenter à l'adoration des fidèles sur l'autel de l'église ou lors des processions.

Panthéisme : conception du monde selon laquelle Dieu et le monde ne font qu'un.

Polythéisme : croyance en un grand nombre de divinités (par opposition au monothéisme).

Reliques : objets présumés de la Passion de Christ (couronne d'épines, clous, etc.) ou restes d'un saint (tout ou partie du corps, ossements), que les fidèles vénèrent.

Rosaire : dans l'Église catholique, prières récitées dans un ordre déterminé en faisant passer entre les doigts, à chaque prière, une perle d'un chapelet.

Sacrement : acte rituel ; l'Église catholique et les Églises d'Orient en connaissent sept (baptême, confirmation, eucharistie, mariage, pénitence, ordre et onction des malades) ; l'Église protestante en a seulement deux (baptême et eucharistie).

Saint : personne qui, après sa mort, est canonisée par l'Église pour avoir mené une vie exemplaire, réalisé des miracles, etc., et à laquelle on adresse des prières d'intercession.

Schisme : division au sein d'une confession religieuse, comme celui entre les Églises d'Orient et d'Occident.

Scolastique : courant apparu au sein de l'Église au Moyen Âge et qui tente de concilier croyance et raison.

Secte : groupement religieux fermé, doté d'une organisation et d'une doctrine ; généralement en protestation contre la ou les religions établies.

Septante (version des) : traduction en grec de l'Ancien Testament.

Sermon sur la montagne : sermon dans lequel le Christ renversa toutes les valeurs établies.

Trinité : Dieu est en trois personnes, le Père, le Fils et le Saint-Esprit.

Vulgate : traduction en latin de l'Ancien Testament.

Concepts clés de l'islam

Allah : Dieu, l'Unique, le Créateur.

Calife : (successeur, en arabe) depuis 632, titre officiel donné aux successeurs de Mahomet.

Chahada : profession de foi ; c'est l'un des cinq piliers de l'islam.

Charia : corpus de lois et prescriptions religieuses reposant sur la révélation de Mahomet.

Chiites : les « partisans d'Ali ». Courant minoritaire de l'islam (9 %).

Coran : (lecture, en arabe) le livre saint de l'islam, les Révélations de Dieu.

Derviche : mystique et ascète, adepte du soufisme, le courant mystique de l'islam.

Djinns : esprits malfaisants ou bons génies peuplant l'espace et intervenant dans la vie des hommes.

Hadith : (conversation, récit, en arabe) recueil des actes et paroles de Mahomet ; deuxième source des prescriptions religieuses, après le Coran.

Hadj : pèlerinage à La Mecque. C'est l'un des cinq piliers de l'islam.

Imam : (guide, en arabe) musulman conduisant la prière dans une mosquée ; chef spirituel.

Kaba : (cube, en arabe) principal sanctuaire de La Mecque.

Mecque, La : première ville sainte de l'islam, but du hadj pour les musulmans.

Médine : deuxième ville sainte de l'islam ; elle abrite le tombeau de Mahomet et de sa fille Fatima ; l'hégire (exil du Prophète dans cette ville, en 622 de l'ère chrétienne) est le point de départ du calendrier musulman.

Muezzin : musulman appelant à la prière du haut du minaret d'une mosquée.

Mosquée : édifice consacré au culte et souvent à l'étude.

Oumma : communauté des musulmans du monde.

Ramadan : neuvième mois du calendrier musulman (de type lunaire), mois de jeûne.

Salat : prière rituelle, qui doit être effectuée à cinq moments de la journée. C'est l'un des cinq piliers de l'islam.

Sawm : jeûne du mois de ramadan. C'est l'un des cinq piliers de l'islam.

Soufi : mystique et ascète, adepte du soufisme.

Surate (ou sourate) : chapitre du Coran.

Sunna : (coutume, usage, en arabe) constitue l'un des fondements du droit islamique, en complément du Coran.

Sunnites : membres du courant majoritaire au sein de l'islam ; musulmans orthodoxes (90 %).

Wahhabites : partisans d'un courant très conservateur de l'islam sunnite.

Zakat : aumône légale, impôt religieux versé à l'État. C'est l'un des cinq piliers de l'islam.

Concepts clés de l'hindouisme

Atman : âme individuelle, par opposition à l'âme cosmique qu'est le brahman. L'*atman* est appelé à se fondre dans le *brahman* une fois qu'il n'est plus attaché à un corps et condamné à passer une vie de plus ici-bas.

Avatar : incarnation d'une divinité, généralement Vishnou.

Baba : « père », titre par lequel on s'adresse respectueusement à un maître spirituel ou à un ascète.

Bhagavad-Gita : dialogue philosophique entre Krishna et le guerrier Arjuna, datant d'environ 200 av. J.-C., cet écrit est parfois considéré comme la bible des hindous.

Bhakti : dévotion.

Brahmâ : dans la triade divine *(trimurti)*, dieu créateur de l'Univers.

Brahman : principe divin absolu, âme cosmique universelle s'opposant à l'*atman*. C'est la dissolution de toute dualité, l'union des contraires : l'endroit où s'abolissent le « je », le « ça », le temps, l'espace.

Brahmane : groupe de castes le plus élevé.

Dharma : loi, obligation religieuse.

Ishta Deva : divinité d'élection, qui ne représente qu'un aspect du *brahman*.

Karma : action, bonne ou mauvaise.

Krishna : dieu pastoral, incarnation de Vishnou.

Mahâbhârata : long poème épique composé entre 400 av. J.-C. et 400 apr. J.-C. La *Bhagavad-Gita* constitue le sixième chapitre de cette œuvre, qui en comprend dix-huit.

Mantra : formule incantatoire.

Mâyâ : illusion.

Moksha : libération.

Om (ou *aum*) : exclamation mystique.

Râmâyana : épopée composée entre 200 av. J.-C. et 200 apr. J.-C. Elle comprend la geste du héros Rama, qui fut divinisé pour devenir un avatar de Vishnou. Est à l'origine de la *bhakti*.

Rigveda : recueil d'hymnes sur les thèmes de la création du monde, de la mort et des rituels.

Sadhu : ascète itinérant, ne vivant que d'aumônes, car il a renoncé aux biens de ce monde.

Samsâra : cycle des morts et des renaissances.

Shiva : dans la triade divine *(trimurti)*, dieu destructeur, qui danse sous sa forme de Nataraja.

Shruti : ensemble de textes sacrés dont font partie les Veda.

Smriti : textes sacrés, épopées comme la *Bhagavad-Gita*.

Swami : titre donné aussi bien à Dieu qu'à un maître spirituel.

Trimurti : triade divine composée de Brahma, Shiva et Vishnou.

Tirthayatra : pèlerinage menant à un ou plusieurs lieux saints *(tirtha)*.

Veda : recueil de textes sacrés que l'on divise traditionnellement en quatre parties selon leur rôle : *Rigveda, Samaveda, Yajurveda* et *Atharvaveda*.

Vishnou : dans la triade divine *(trimurti)*, dieu qui préserve le *dharma*, le monde. Dieu se manifestant sous dix incarnations.

Yuga : cycle de l'Univers ; l'hindouisme en compte quatre.

Concepts clés du bouddhisme

Arhat : « sans-retour », « méritant ». Selon l'enseignement du Bouddha, un *arhat* se trouve au quatrième degré, le plus élevé, peu avant la plénitude.

Bardo : état intermédiaire dont il existe six sortes : naissance, rêves, méditation, instant de la mort, réalité suprême et devenir.

Bodhi : Éveil, Illumination.

Bodhisattva : «être d'Éveil», qui se réincarne volontairement.

Bön : religion prébouddhique au Tibet.

Bouddha, le : l'Éveillé.

Bouddhisme tibétain : forme de bouddhisme qui s'est développée à partir des bouddhismes chinois et vajrayâna.

Dharma : la Loi; différents facteurs de l'existence, par lesquels tout naît.

Hînayâna : «Petit Véhicule», ensemble d'écoles bouddhiques traditionalistes.

Karma : «fait» ou «acte». Les bonnes et les mauvaises actions, ainsi que leurs incidences positives et négatives sur une vie ultérieure.

Kôan : formule paradoxale, énigmatique et troublante pour l'esprit en zen.

Lamaïsme : bouddhisme tibétain; bouddhisme vajrayâna au Tibet.

Mahâyâna : «Grand Véhicule». Bouddhisme s'adressant aussi aux laïques.

Mandala : «cosmogramme», représentation circulaire et harmonieuse (divinité).

Mantra : formule magique.

Nirvâna («extinction») : fin du cycle des renaissances.

Prajnâ : sagesse ultime selon le Mahâyâna.

Samsâra : flux, cycle des renaissances.

Sûnya, sûnyatâ : vide, vacuité, absence d'existence. Tout n'est qu'apparence.

Sûtra : texte canonique.

Tantra : texte ésotérique.

Tantrisme : union des principes masculin et féminin par des rituels définis, des enseignements secrets, des techniques respiratoires ainsi que des pratiques sexuelles.

Theravâda : «Enseignement des Anciens», forme la plus ancienne de bouddhisme, encore pratiquée de nos jours.

Vajrayâna : «Véhicule du Diamant», courant d'inspiration hindouiste au sein du bouddhisme, le troisième en importance.

Zen : bouddhisme japonais, dont les origines remontent au taoïsme chinois.

Concepts clés du taoïsme, du confucianisme et du shintoïsme

Amaterasu : déesse du Soleil (shintoïsme)

Feng shui («vent-eau») : art de vivre en harmonie avec son environnement et la nature (taoïsme).

Jiba : lieu mythique au Japon, où Dieu créa l'homme (shintoïsme).

Kami : divinités incarnant les forces naturelles, attachées à un sanctuaire et faisant l'objet d'un culte (shintoïsme).

LI : Principe absolu (confucianisme).

Qi : énergie vitale, souffle originel (taoïsme).

Qing : essence, caractéristiques intrinsèques (taoïsme).

Sanctuaire shinto : lieu de culte, temple, sanctuaire (shintoïsme).

Shen : divinités occupant l'univers; puissance spirituelle, ou esprit personnel de l'homme (taoïsme).

Tao, ou *Dao* : «Voie». Principe cosmique, indicible (taoïsme).

Tao-tö-king, ou *Daodejing* : «Livre de la Voie et de la Vertu», ouvrage central du taoïsme attribué à Laozi.

Tian : ciel habité par des divinités; Dieu (confucianisme).

Torii : portique, généralement peint en rouge, en avant de l'entrée des sanctuaires shinto (shintoïsme).

Wuwei : non-agir (taoïsme).

Yiking (Livre des mutations) : ouvrage antérieur au confucianisme.

Yin et yang : principes contraires de l'univers (masculin/féminin) et leur union.

Concepts clés du judaïsme

Amida : prière synagogale devant être récitée debout.

Arche d'alliance : coffre qui renfermait à l'origine les Tables de la Loi; vraisemblablement disparue dans la destruction du premier Temple de Jérusalem en 586 av. J.-C., l'Arche d'alliance est actuellement représentée symboliquement dans les synagogues par l'*aron,* armoire sainte renfermant les livres sacrés.

Ashkénaze : juif originaire d'Allemagne ou d'Europe centrale.

Bar-mitsvah et Bat-mitsvah : accueil des jeunes garçons et filles au sein de la communauté des adultes croyants.

Hanoukka : fête des Lumières; mobile, elle dure huit jours.

Kabbale : tradition donnant une interprétation mystique de l'Ancien Testament.

Kaddish : prière des morts.

Kashrout : volet de la loi hébraïque concernant la préparation rituelle des aliments ainsi que leur consommation, la manipulation de la vaisselle et l'utilisation des lieux; on appelle kasher (ou casher) les aliments préparés conformément à la kashrout.

Kiddoush : bénédiction donnée au début du sabbat ou d'un temps de fête.

Kippa : petite calotte que portent les juifs pratiquants de sexe masculin.

Menorah : chandelier à sept branches, objet de culte dans le deuxième Temple; symbole de l'identité juive.

Mishna : transmission orale de la tradition de génération en génération.

Mitsvah : commandement (pluriel : mitsvot).

Pessah : Pâque juive (célébration de la sortie d'Égypte), en avril.

Rabbin : docteur de la loi juive et ecclésiastique; titre : rabbi.

Sabbat : septième jour de la semaine (samedi) célébré de manière solennelle.

Séfarade : juif originaire du Bassin méditerranéen.

Shoah (mot hébreu qui signifie «anéantissement») : extermination des juifs d'Europe, entre 1938 et 1945, à l'instigation du régime nazi allemand.

Synagogue : lieu de prière et de réunion.

Talith : châle de prière.

Talmud : corpus de commentaires destiné à l'enseignement rabbinique.

Tanakh : Bible hébraïque; correspond à l'Ancien Testament des chrétiens.

Tefillin : phylactère; bandes de parchemin sur lesquelles sont inscrits des versets de la Bible, que les hommes portent au bras et au front, principalement pendant la prière du matin.

Bibliographie et sources

CHRISTIANISME

La Sainte Bible, trad. par Louis Segond

Baladier, Charles/Lapierre, Jean-Pie (sous la dir. de) : *La Petite Encyclopédie des religions.* Éditions du Regard. Paris 2000

Berger, Klaus/Nord, Christiane (sous la dir. de) : *Das Neue Testament und frühchristliche Schriften. Erste vollständige Ausgabe aller älteren Schriften des Urchristentums, neu übersetzt und kommentiert.* Francfort-sur-le-Main/ Leipzig 1999

Brosseder, Johannes (sous la dir. de) : *Dialogfähige Theologie.* Neukirchen-Vluyn 1998

Duchet-Suchaux, Gaston/Pastoureau, Michel : *La Bible et les Saints. Guide iconographique.* Flammarion. Paris 1994

Eco, Umberto/Martini, Carlo Maria : *Croire en quoi?* Rivages. 2006

Edwards, David L. : *Das Christentum. Die Geschichte seiner ersten zwei Jahrtausende.* Würzburg 2001

Ernst, Stephan/Engel, Ägidius : *Grundkurs christliche Ethik. Werkbuch für Schule, Gemeinde und Erwachsenenbildung.* Munich 1998

Hann, Martin : *Die Bibel.* Paderborn 2005

Israël, Gérard : *La Question chrétienne. Une pensée juive du christianisme.* Petite Bibliothèque Payot. Paris 1999

Kollmann, Bernd (sous la dir. de) : *Antikes Judentum und frühes Christentum.* Festschrift für Hartmut Stegemann zum 65. Geburtstag. Berlin 1999

Küng, Hans : *Christ sein.* Zurich 1977

Küng, Hans : *Kleine Geschichte der katholischen Kirche.* Berlin 2002

Leplay, Michel : *Foi et Vie des protestants.* Desclée de Brouwer. Paris 1996

Steenblock, Volker : *Kleine Philosophiegeschichte.* Stuttgart 2002

Wiebus, Hans Otto : *Religionen, Sekten, Seelenfänger.* Bindlach 1997

Wilber, Ken : *Halbzeit der Evolution. Der Mensch auf dem Weg vom animalischen zum kosmischen Bewusstsein.* Francfort-sur-le-Main 2004

Wilson, Brian : *Christentum.* Fribourg-en-Brisgau 2000

ISLAM

Sources des citations :

(1) Schimmel, Annemarie : *Muhammad.* Kreuzlingen, Munich 2002

(2) Hughes, Thomas Patrick : *Lexikon des Islam.* Wiesbaden 1995

(3) Hofmann, Murad : *Islam.* Kreuzlingen, Munich 2001

(4) Fiedler, Teja/Sandmeyer, Peter : *Die sechs Weltreligionen.* Berlin 2005

(5) http://www.gutenberg.org

Autres sources :

Koran. Das heilige Buch des Islam. Munich 1999

Bobzin, Hartmut : *Mohammed.* Munich 2000

Halm, Heinz : *Der Islam. Geschichte und Gegenwart.* Munich 2005

Krämer, Gudrun : *Geschichte des Islam.* Munich 2005

Reidegeld, Ahmad A. : *Handbuch Islam. Die Glaubens- und Rechtslehre der Muslime.* Spohr 2005

Ruthven, Malise : *Der Islam. Eine kurze Einführung.* Ditzingen 2000

Schimmel, Annemarie : *Sufismus. Eine Einführung in die islamische Mystik.* Munich 2000

HINDOUISME

Sources des citations :

(1) Prabhupada, Srila : *Srimad Bhagavatam.* Birkenfeld s. d.

(2) Mensching, Gustav : *Die Söhne Gottes. Aus den heiligen Schriften der Menschheit.* Wiesbaden s. d.

(3) Glasenapp, Helmuth : *Indische Geisteswelt.* Holle 1958

(4) http://www.paranormal.de

(5) http://www.rajasthan-indien-reise.de

(6) http://www.hinduismus.de

Autres sources :

Der Hinduismus. Bibliothek der Weltreligionen. Paderborn 2005

Gunturu, Vanamali : *Hinduismus.* Munich 2002

Michaels, Axel : *Der Hinduismus. Geschichte und Gegenwart.* Munich 1998

Schumann, Hans Wolfgang : *Die großen Götter Indiens. Grundzüge von Hinduismus und Buddhismus.* Munich 2004

Stietencron, Heinrich von : *Der Hinduismus.* Munich 2001

Trutwin, Werner : *Die Weltreligionen : Hinduismus.* Düsseldorf 1998

Zimmermann, Jutta Maria : *Vedische Mantras. Begegnung mit dem Yoga.* Stuttgart 2002

BOUDDHISME

Sources des citations :

(1) *Le Livre d'Urantia,* Urantia Foundation, 1994. Trad. par Chris et Nicole Ragetly, citation extraite de *Chuang Tzu : Basic Writings,* Burton Watson. Columbia University Press, New York

(2) *Traité de Bodhidharma,* trad. par Bernard Faure. Le Mail 1986

(3) *La Pratique sauvage,* Gary Snyder, trad. par Olivier Delbard. Éd. du Rocher 1998

(4) *Flânant sous le ciel – Balade autour d'une quarantaine de poèmes chinois du tao et du chan,* trad. par Daniel Giraud. Blockhaus 2006

(5) *Montagne froide,* Han Shan, trad. du chinois par Martin Melkonian. Fourbis 1996

(6) *Souvenirs de Maître Xu Yun,* rassemblés d'après les souvenirs et les notes de Jy Din Shakya, recueillis par Ming Zhen (Chuan Yuan) Shakya, trad. de l'anglais par Shi Chuan Guang

(7) D'après *Bardo Thödol – Le Livre des morts tibétain,* Eva K. Dargyay et Gesche Lobsang, trad. de l'allemand par Valdo Secrétan. Albin Michel 1981

Autres sources :

Brück, Michael von : *Zen. Geschichte und Praxis.* Munich 2004

Dalaï-lama : *Die Lehren des tibetischen Buddhismus.* Munich 2000

David-Neel, Alexandra : *Die geheimen Lehren des tibetischen Buddhismus.* Fribourg-en-Brisgau 2002

Han, Byung-Chul : *Philosophie des Zen-Buddhismus.* Ditzingen 2002

Keown, Daniel : *Lexikon des Buddhismus*. Düsseldorf 2005

Nhat Hanh, Thich : *Wie Siddharta zum Buddha wurde. Eine Einführung in den Buddhismus*. Munich 2004

Reichle, Verena : *Die Grundgedanken des Buddhismus*. Francfort-sur-le-Main 1994

Schiekel, Munish B. (sous la dir. de) : *Dhammapada. Die Weisheitslehren Buddhas*. Fribourg-en-Brisgau 2005

JUDAÏSME

Sources des citations :

(1) Krauss, Rolf : *Das Moses Rätsel*. Munich 2001

(2) Mensching, Gustav : *Die Söhne Gottes. Aus den heiligen Schriften der Menschheit*. Wiesbaden s. d.

(3) http://www.judentum-projekt.de

(4) http://www.payer.de

(5) http://www.israelaktuell.de

(6) http://www.judentum-projekt.de

Autres sources :

Boeckler, Annette (sous la dir. de) : *Die Tora*. Berlin 2001

Fromm, Erich : *Das jüdische Gesetz. Zur Soziologie des Diaspora-Judentums*. Berlin 1989

Müller, Ernst : *Der Sohar. Das heilige Buch der Kabbala*. Munich 2005

Schoeps, Hans Joachim : *Jüdische Geisteswelt. Zeugnisse aus zwei Jahrtausenden*. Darmstadt, Genève s. d.

Schoeps, Julius H. : *Neues Lexikon des Judentums*. Gütersloh 2000

Schoeps, Julius H. : *Theodor Herzl. Die Utopie des Judenstaates*. Teetz 2003

Scholem, Gershom : *Ursprung und Anfänge der Kabbala*. Berlin 2001

Scholem, Gershom : *Zur Kabbala und ihrer Symbolik*. Francfort-sur-le-Main 2001

Spiegel, Paul : *Was ist koscher? Jüdischer Glaube – jüdisches Leben*. Berlin 2005

Trutwin, Werner : *Die Weltreligionen : Judentum*. Düsseldorf 1998

CONFUCIANISME

Sources des citations :

(1) http://daodejing.free.fr

(2) *Lunyu. Les Entretiens de Confucius*, trad. par Séraphin Couvreur

(3) http://www.radiocanada.com/par4/ind/confucius.htm

(4) *Perspectives : revue trimestrielle d'éducation comparée*, vol. XXIV, n°s 1-2. Unesco, Bureau international d'éducation, Paris 1994

(5) *Les Entretiens de Confucius*, trad. du chinois, présenté et annoté par Pierre Ryckmans. Gallimard, coll. «Connaissance de l'Orient» 1987

(6) http://fr.clearharmony.net

(7) *Les Quatre Livres – Œuvres de Meng Tzeu*, trad. par Séraphin Couvreur, Les Belles Lettres, Paris 1950

(2) Anne Cheng, *Histoire de la pensée chinoise*. Éditions du Seuil 1997

Autres sources :

Bauer, Wolfgang : *Geschichte der chinesischen Philosophie. Konfuzianismus, Daoismus, Buddhismus*. Munich 2001

Chen, Hanne : *Konfuzianismus erleben*. Bielefeld 2003

Ess, Hans van : *Der Konfuzianismus*. Munich 2003

Lee, Ming-huie : *Der Konfuzianismus im modernen China*. Leipzig 2005

Oldstone-Moore, Jennifer : *Konfuzianismus*. Cologne 2005

Wilhelm, Richard (sous la dir. de) : *I Ging. Das Buch der Wandlungen*. Munich 2005

TAOÏSME

Sources des citations :

(1) *Lao Tseu. Tao Te Ching*, trad. par R. Wilhelm et É. Perrot, Médicis 1993

(2) *Tao-tö-king. Le Livre de la Voie et de la Vertu*, Laozi, nouv. trad. par Conradin von Lauer. Jean de Bonnot 1990

(3) D'après *Gespräche – Lun-Yü*, trad. par Richard Wilhelm, Diederichs Eugen 1982

(4) D'après *L'Intelligence de la Chine. Le social et le mental*, Jacques Gernet. *NRF*, Gallimard 1994

(5) d'après Anne Cheng, *Histoire de la pensée chinoise*. Éditions du Seuil 1997

(6) D'après *Les Pères du système taoïste*, Léon Wieger S.J. Les Belles Lettres 1950

Autres sources :

Bauer, Wolfgang : *Geschichte der chinesischen Philosophie. Konfuzianismus, Daoismus, Buddhismus*. Munich 2001

Chen, Hanne : *Daoismus erleben*. Bielefeld 2001

Fischer, Theo : *Wu wei. Die Lebenskunst des Tao*. Reinbek 2005

Laotse : *Die Weisheit des Laotse*. Francfort-sur-le-Main 2002

Wildish, Paul : *Daoismus im Überblick. Die Weisheitslehre von Yin und Yang*. Fribourg-en-Brisgau 2002

Wohlfart, Günter : *Zhuangzi. Meister der Spiritualität*. Fribourg-en-Brisgau 2002

Zhuangzi : *Das wahre Buch vom südlichen Blütenland*. Munich 2002

Zhunagzi : *Das höchste Glück*. Francfort-sur-le-Main 2005

SHINTOÏSME

Sources des citations :

(1) Novak, M. / Cerna, Z. : *Japanische Märchen und Volkserzählungen*. Dausien 1997

Autres sources :

Kitayama, Junyu : *Der Shintoismus. Die Nationalreligion Japans*. Berlin 1943

Laube, Johannes : *Oyagami. Die heutige Gottesvorstellung des Tenrikyo*. Wiesbaden 1978

Littleton, C. Scott : *Shintoismus*. Cologne 2005

Lokowandt, Ernst : *Shinto. Eine Einführung*. Munich 2001

Obayashi, Taryo : *Ise und Izumo. Die Schreine des Shintoismus*. Fribourg-en-Brisgau 1982

MANDÉISME

Sources :

Rudolph, Kurt : *Die Mandäer*. Göttingen s. d.

Widengren, Geo (sous la dir. de) : *Der Mandäismus*. Darmstadt 1982

BAHAÏSME

Sources des citations :

(1) http://www.bahai.org

Autres sources :

Bürgel, Johann Christoph : *Iran im 19. Jahrhundert und die Entstehung der Bahai-Religion*. Hildesheim 1998

Hutter, Manfred : *Die Baha'i. Geschichte und Lehre einer nachislamischen Weltreligion*. Marburg 1994

Towfigh, Stephan A./Enayati, Wafa : *Die Bahaii-Religion*. Munich 2005

RELIGIONS TRADITIONNELLES

Crowley, Vivianne : *Naturreligion. Was Sie wirklich darüber wissen müssen*. Munich 2002

Gerlitz, Peter : *Heiliger Baum, heiliges Tier. Mensch und Natur in archaischen Kulturen*. Düsseldorf 2003

Quack, Anton : *Heiler, Hexer und Schamanen. Die Religionen der Stammeskulturen*. Darmstadt 2004

Crédits des illustrations

Abréviations :
h. = haut ; b. = bas ; g. = gauche ;
d. = droite ; c. = centre.

Beer, Günter : 249

Corbis : 2 Images.com, 10 Magnus Johansson/Reuters, 12 Dave Bartruff, 13 Brooklyn Museum of Art (h., b.), 14 Blue Lantern Studio, 15 Brooklyn Museum of Art (g., d.), 16 Johanson Krause/Archivo Iconografico S.A., 17 Stefano Bianchetti (g.), Brooklyn Museum of Art (d.), 18 Stefano Bianchetti, 19 Christie's Images (g.), Historical Picture Archive (d.), 20 Bettmann, 21 Corbis (g.), Chris Hellier (d.), 22 Bettmann (g.), Karl-Heinz Haenel (d.), 23 Burstein Collection, 24 Bob Krist (c.), Hanan Isachar (b.), 25 Richard T. Nowitz, 26 Bettmann, 27 Christel Gerstenberg (h.), Bettmann (b.), 28 Bettmann, 29 Bettmann (c., b.), 30 Tom Bean (g.), Bettmann (d.), 31 Richard T. Nowitz, 32 Bettmann (g., d.), 33 Bettmann, 34 Dietrich Rose/zefa (h.), Stapleton Collection (c.), 35 Bettmann, 36 José F. Poblete (g.), Francis G. Mayer (d.), 37 Paul Almasy, 38 Stapleton Collection (g.), Bettmann (b.), 39 Bettmann, 40 Bettmann (h.), Jerry Lampen/Reuters (b.), 41 Max Rossi/Reuters, 42 Charles & Josette Lenors, 43 James L. Amos (h.), David Lees (b.), 44 Christie's Images, 45 Massimo Listri (h.), Bettmann (b.), 46 Robert Maass (g.), Paolo Cocco/Reuters (d.), 47 David Butow/Corbis Saba, 48 Historical Picture Archive (g.), Reuters (d.), 49 Summerfield Press, 50 Blaine Harrington III (g.), Bob Krist (d.), 51 Alessandra Benedetti, 52 Elio Ciol, 53 Bettmann (g.), Chris Hellier (d.), 54 Gianni Dagli Orti (g.), Archivo Iconografico, S.A. (d.), 55 The Art Archive, 56 Sandro Vannini, 57 Russell Underwood (h.), Charles & Josette Lenars (b.), 58 Günter Rossenbach/zefa (g.), Sean Sexton Collection (d.), 59 Archivo Iconografico, S.A. (h.), London Aerial Photo Library (b.), 60 Brooklyn Museum of Art (g.), Ariel Skelley (d.), 61 Jonathan Blair, 62 Raymond Gehman (g.), Bettmann (d.), 63 Elio Ciol, 64 Najlah Feanny/Corbis Saba, 65 Archivo Iconografico, S.A. (h.), Michael Mulvey/Dallas Morning News (b.), 66 Christian Charisius/Reuters, 67 Jack Moebes (h.), Michael Dalder/Reuters (b.), 68 Brooklyn Museum of Art (g.), Wendy Stone (d.), 69 Bettmann, 70 A. Huber/U. Starke/zefa, 71 Jacques Pavlovsky/Sygma (h.), Herbert Spichtinger/zefa (b.), 72 Kazuyoshi Nomachi, 74 Kazuyoshi Nomachi, 75 Kazuyoshi Nomachi (h.), Reuters (b.), 76 Frans Lemmens/zefa, 77 Kazuyoshi Nomachi (h.), Historical Picture Archive (b.), 78 Hanan Isachar (h.), Kazuyoshi Nomachi (b.), 79 Bettmann, 80 Brooklyn Museum of Art, 81 Kazuyoshi Nomachi (h.), Bettmann (b.), 82 Adam Woolfit, 83 Steve McDonough (h.), Krause, Johansen/Archivo Iconografico, S.A. (b.), 84 Massimo Listri, 85 Jennifer Kennard (h.), Marco Cristofori (b.), 86 Francoise de Mulder, 87 Roger Wood (h.), Reuters (b.), 88 Charles & Josette Lenars (h.), Roman Soumar (b.), 89 Setboun, 90 Burstein Collection, 91 Bettmann (h.), Archivo Iconografico, S.A. (b.), 92 Patrick Chauvel/Sygma, 93 Bettmann, 94 Kazuyoshi Nomachi, 95 Kazuyoshi Nomachi (h.), Earl & Nazima Kowall (c.), 96 Kazuyoshi Nomachi, 97 Atef Hassan/Reuters, 98 Kazuyoshi Nomachi, 99 Archivo Iconografico, S.A. (g.), Olivier Martel (d.), 100 Hanan Isachar, 101 Mohsen Shandiz/Sygma (h.), Bettmann (b.), 102 Kazuyoshi Nomachi, 103 Claro Cortes IV/Reuters (h.), Setboun (c.), 104 Damir Sagolj/Reuters, 105 Kazuyoshi Nomachi (h.), Ceerwan Aziz/Reuters (b.), 106 Kazuyoshi Nomachi, 107 Joseph Sohm/Visions of America, 108 Dave Bartruff, 109 Hanan Isachar (g.), Fayaz Kabli/Reuters (d.), 110 Kazuyoshi Nomachi, 111 Kazuyoshi Nomachi (h.), David Rubinger (b.), 112 Aaron Horowitz (h.), Robert Harding World Imagery (b.), 113 Gavriel Jecan, 114 Charles & Josette Lenars (h.), Najlah Feanny (b.), 115 Dean Conger, 116 Reuters, 117 Reza ; Webistan (h.), Peter Macdiarmid/Reuters, 118 David Lees, 119 Bettmann (h.), Danny Lehman (b.), 120 Gavriel Jecan, 122 Kazuyoshi Nomachi, 123 Paul W. Liebhardt (h.), Kazuyoshi Nomachi (b.), 124 Diego Lezama Orezzoli, 125 Angelo Hornak (g.), Lindsay Hebberd (d.), 126 Wolfgang Kaehler (g.), Adam Woolfitt (d.), 127 Brigitte Sporrer/zefa, 128 Jeremy Horner, 129 Bettmann (h.), Stapleton Collection (b.), 130 Paul C. Pet/zefa, 131 Steve Raymer (h.), Richard Cummins (b.), 132 Chris Lisle, 133 Luca I. Tettoni (h.), Blaine Harrington III (b.), 134 Bettmann, 135 Hulton-Deutsch Collection (h.), Christine Kolisch (b.), 136 Gavriel Jecan, 137 Archivo Iconografico, S.A. (h.), Jeremy Horner (b.), 138 Angelo Hornak, 139 Chris Lisle (h.), Angelo Cavalli/zefa (b.) ; 140 Michael Freeman, 141 Brooklyn Museum of Art (h.), Peter Guttman (b.), 142 Stapleton Collection, 143 Angelo Hornak (g.), Ted Streshinsky (d.), 144 Historical Picture Archive, 145 Paul Seheult/Eye Ubiquitous (h.), Arvind Garg (b.), 146 Eye Ubiquitous, 147 Arne Hodalic, 148 Corbis, 149 Sam Diephuis/zefa (h.), Michael Freeman (b.), 150 Chris Lisle, 151 Hulton-Deutsch Collection (h.), Frans Lemmens/zefa (b.), 152 Lindsay Hebberd, 153 Amit Bhargava (h.), Earl & Nazima Kowall (b.), 154 Jitendra Prakash/Reuters, 155 Lindsay Hebberd (h.), Arvind Garg (b.), 156 Utpal Baruah/Reuters, 157 Noshir Desal/Corbis Sygma (h.), Steve Raymer (b.), 158 Lindsay Hebberd, 159 Jim Zuckerman (h.), Alen MacWeeney (b.), 160 Lindsay Hebberd, 161 David

Sutherland (h.), Anders Ryman (b.), 162 Sophie Elbaz/Sygma, 163 Brian A. Vikander (h.), Hulton-Deutsch Collection (b.), 164 John W. Gertz/zefa, 166 Eye Ubiquitous, 167 Kevin R. Morris (g.), Sheldan Collins (d.), 168 Lindsay Hebberd, 169 Lindsay Hebberd (h.), Sakamoto Photo Research Laboratory (b.), 170 Frans Lemmens/zefa (g.), Macduff Everton (d.), 171 Yang Liu, 172 Archivo Iconografico, S.A., 173 Bettmann (h.), Charles & Josette Lenars (b.), 174 Christie's Images (g.), Earl & Nazima Kowall (d.), 175 Keren Su, 176 Robert Harding World Imagery, 177 Louise Gubb/Corbis Saba (h.), Andrew Wong/Reuters (b.), 178 Kevin R. Morris, 179 Liu Liqun (h.), Tibor Bognár (b.), 180 Catherine Karnow, 181 Bettmann (h.), China Span, LLC (b.), 182 Asian Art & Archaeology, Inc., 183 Lowell Georgia (g.), Macduff Everton (d.), 184 Fridmar Damm/zefa, 185 Michael Freeman (h.), Simon Marcus (b.), 186 Burstein Collection, 187 Bettmann (h.), Allen Ginsberg (b.), 188 Hans Georg Roth, 189 Kevin Fleming (g.), Jean Pierre Amet/Corbis Sygma (d.), 190 Ed Kashi (h.), Brooks Kraft (b.), 191 Michael DeYoung, 192 Bradley Smith, 193 Ashley Cooper (h.), Chris Lisle (b.), 194 So Hing-Keung, 195 Archivo Iconografico, S.A. (h.), Lindsay Hebberd (b.), 196 Leonard de Selva, 197 Bob Krist (h.), Rob Howard (b.), 198 Daniel Lainé, 199 Jennifer Kennard (h.), Earl & Nazima Kowall (b.), 200 Chris Hellier, 201 Michael Freeman (h.), Nathan Benn (b.), 202 Bennett Dean/Eye Ubiquitous, 203 David Bathgate (h.), Dave Bartruff (b.), 204 Robert van den Berge/Corbis Sygma, 205 Bettmann (h.), Angelo Cavalli/zefa (b.), 206 Arvind Garg, 207 Angelo Cavalli/zefa (h.), Reuters (b.), 208 Peter Guttman, 210 Historical Picture Archive, 211 Alinari Archives (h.), Ricki Rosen/Corbis Saba (b.), 212 Gianni Dagli Orti, 213 Stapleton Collection (h.), Fine Art Photographic Library (b.), 214 Bettmann, 215 William Whitehurst (g.), Stapleton Collection (h.), 216 Arte & Immagini srl, 217 Historical Picture Archive (h., b.), 218 Dave Bartruff, 219 Nathan Benn (h.), Brooklyn Museum of Art (b.), 220 Eric and David Hosking, 221 Richard T. Nowitz (h.), John C. Trever, PhD./The Dead Sea Scroll Foundation, Inc. (b.), 222 David Turnley, 223 Bob Krist (h.), Fred Prouser/Reuters (b.), 224 Richard T. Nowitz, 225 Nathan Benn, 226 Bettmann, 227 Elio Ciol (h.), Bettmann (b.), 228 Bob Krist, 229 Richard T. Nowitz (g.), Stefano Bianchetti (d.), 230 Tim Page, 231 David Rubinger (h.), Historical Picture Archive (b.), 232 Peter Turnley, 233 Ted Spiegel (h.), Richard T. Nowitz (b.), 234 Archivo Iconografico, S.A., 235 David Rubinger (h.), Richard T. Nowitz (b.), 236 Owen Franken, 237 Peter Guttman (h.), Ted Spiegel (b.), 238 Richard T. Nowitz, 239 Historical Picture Archive (h.), Kevin Cruff (b.), 240 The Art Archive, David H. Wells (g.), Bettmann (d.), 242 David H. Wells (h.), David H. Wells (b.), 243 Randy Belinsky/Reuters, 244 David H. Wells, 244/245 David H. Wells, 245 Richard T. Nowitz, 246 David H. Wells, 247 Richard T. Nowitz (h., b.), 248 Ed Kashi, 250 Les Stone/Sygma, 251 Richard T. Nowitz (g.), Les Stone/Sygma (b.), 252 Les Stone/Sygma, 253 Michael Freeman, 254 Yuriko Nakao/Reuters, 256 Bettmann (h.), Archivo Iconografico, S.A. (b.), 257 Jack Fields, 258 Setboun, 259 Michael S. Yamashita (g.), Nevada Wier (d.), 260 Kevin R. Morris, 261 Setboun (h.), Creasource (b.), 262 Setboun, 262/263 Setboun, 263 David Butow, 264 Archivo Iconografico, S.A. (h.), Keren Su (b.), 265 Historical Picture Archive (d.), Dave Bartruff (b.), 266 Burstein Collection (h.), Asian Art & Archaeology, Inc. (b.), 267 Leonard de Selva, 268 Macduff Everton, 269 Michael S. Yamashita (h.), Archivo Iconografico, S.A. (b.), 270 Burstein Collection, 271 Christie's Images (h.), Joyce Choo (b.), 272 Alain Nogues/Corbis Sygma, 273 Archivo Iconografico, S.A. (g.), Betty Mallorca (d.), 274 Bettmann, 274/275 Bohemian Nomad Picturemakers, 275 Simon Kwong/Reuters, 276 Macduff Everton (h.), Julia Waterlow/Eye Ubiquitous (b.), 277 Terry W. Eggers, 278 Tim Page, 279 Asian Art & Archaeology, Inc. (h.), Setboun (b.), 280 Stapleton Collection (g.), Simon Kwong/Reuters (d.), 281 Guang Niu/Reuters, 282 James Leynse, 283 Michael S. Yamashita, 284 Asian Art & Archaeology, Inc., 285 Bettmann (h.), Kimimasa Mayama/Reuters (b.), 286 Peter Harholdt, 287 Anonymous/Sygma (h.), Chris Lisle (b.), 288 Gideon Mendel, 289 Michael Freeman (h.), Shunsuke Akatsuka/Reuters (b.), 290 Murat Taner/zefa (g.), Yuriko Nakao/Reuters (d.), 291 Yuriko Nakao/Reuters, 292 Archivo Iconografico, S.A., 293 Nik Wheeler (h., b.), 294 John and Lisa Merrill, 295 Hanan Isachar (h.), Corbis (b.), 296 Hanan Isachar, 297 Richard T. Nowitz (g.), Richard Hamilton Smith (d.), 298 Paul C. Pet/zefa, 299 Torleif Svensson (g.), Frans Lemmens/zefa (d.), 300 Rob Howard, 301 Mike R. Whittle/Ecoscene, 302 James L. Amos (h.), David Samuel Robbins (b.), 303 Arne Hodalic

Fillery, Burga : 253 (schéma)

Index

L

M

N

O

P

Q

R

S

T

UV

W

XY

Z

L'éditeur remercie, pour leur révision scientifique et leurs précieuses indications, la Mosquée de Paris (chapitre «L'islam») et M. Michael Lawton, directeur de la communauté juive libérale Gescher LaMassoret de Cologne (chapitre «Le judaïsme»).

Copyright © Parragon Books Ltd pour l'édition originale

Parragon Books Ltd
Queen Street House
4 Queen Street
Bath BA1 1 HE, UK

Réalisation de projet : ditter.projektagentur Gmbh
Coordination et recherche iconographique : Irina Ditter-Hilkens
Maquette : Sabine Vonderstein

Tous droits réservés. Aucune partie de ce livre ne peut être reproduite, stockée ou transmise par quelque moyen électronique, mécanique, de reprographie, d'enregistrement ou autre que ce soit sans l'accord préalable des ayants droit.

Copyright © 2007 pour l'édition française

Réalisation : ML Éditions, Paris
Traduction : François-Xavier Durandy (p. 120-163),
Christèle Jany (p. 10-71, 208-253, 298-310),
Ève Personne (p. 72-119),
Sabine Wyckaert-Fetick (p. 164-207, 254-297)

Relecture : France Varry

ISBN 978-1-4054-9041-2

Imprimé en Malaisie
Printed in Malaysia